RENATE DALAUN

IM MONDSCHATTEN

Neuveröffentlichung

Band 7
des Gesamtwerkes

ARTE FACTUM Verlagsgesellschaft - NÜRNBERG

Impressum

Verlag: arte factum Verlagsges., Nürnberg
Titelabb.:   Axel-Alexander Ziese, Trebitz/Elbe
Layout: MAAZ und Redaktion KUNST-aktuell, Nürnberg
             Label sro, Kutna Hora
             ISBN 3 - 92 33 26 - 63 - 7
             Copyright 2000

RENATE DALAUN
Band 7 des Gesamtwerkes

IM MONDSCHATTEN

ROMAN

Norden 2000
Renate Dalaun

Vorwort des Verlegers zum Gesamtwerk Band 7

Sich der Verlegung eines schriftstellerischen Gesamtwerkes zuwenden zu können, ist für den Verleger und seine Mitarbeiter eine besondere Arbeit, die sich über Jahre und Jahrzehnte hinziehen kann. Das in über vier Jahrzehnten geschaffene Werk von Renate Dalaun (Pseudonym) wird von uns in respektabler Form publiziert. Lyrik, lyrische Hörbilder, ein Bühnenstück, Kurzepik und drei Sammelbände mit Erzählungen sind bereits erschienen, ein weiterer Roman folgt mit diesem Buch.

Seit Mitte der 50er Jahre wurde, anfänglich in Zeitungen und Zeitschriften, ihre Lyrik veröffentlicht, bis zum Erscheinen des ersten eigenen Buches nach einem Jahrzehnt 1968. Es folgten in einem Turnus von jeweils zwei Jahren weitere Bücher mit lyrischen Hörbildern und Gedichten, die in den beiden ersten Bänden dieser Gesamtausgabe zusammengefasst sind und von der Autorin und dem Lektor Thomas Schillo homogen zu einem Ganzen vereinigt wurden.

Neben der Lyrik und den Hörbildern schrieb die 1935 in Karlsbad-Fischern geborene, nach Hessen aus- und in die Oberpfalz übergesiedelte Autorin Kurzgeschichten, Satiren, viele Erzählungen und jetzt den Roman IM MONDSCHATTEN. Einige Fakten aus dem beruflichen Leben von Renate Dalaun: Sie legte nach dem Studium die I. und II. Lehramtsprüfung für Volksschulen und nach vier Jahren Schuldienst in Bayern die Lehramtsprüfung für Realschulen und Fachoberschulen ab. Gleichzeitig besuchte sie drei Jahre lang das Nürnberger Konservatorium. Neben ihrer beruflichen Tätigkeit studierte sie weiterhin Pädagogik und in den Nebenfächern Kunstgeschichte, Literatur und Musikwissenschaften. 1975 promovierte sie im Fach Pädagogik und unterrichtete seitdem an Fachoberschulen. Nach 41 Dienstjahren, Anfang des Jahres 2000, Versetzung in den Ruhestand und Aufnahme einer ehrenamtlichen Tätigkeit an der VHS.

Nürnberg / Schloss Trebitz 2000   *Axel-Alexander Ziese*

Teil I

"Tooot toootaaalle Soooooneeenfi finsteerniiiis" buchstabierte ein Kind, das einem auf einer Bank im Park sitzenden Herrn, dem Vater vermutlich, aus einer Zeitung vorlas.

Anfang August sollte der Neumond auf der Verbindungslinie Sonne - Erde stehen, d.h. der Mondmittelpunkt musste auf dieser Linie liegen.

Mit Hilfe einer Zeichnung erklärte der Vater dem Kind das Geschehen. Es blinzelte misstrauisch in die Sonne, während er von einem gasförmigen Stern erzählte, der sich seiner Masse wegen nur geringfügig bewegt.

"Sie strahlt ihre Energie ab und gibt uns Licht und Wärme, dass du schwimmen und sonnenbaden kannst." Die drei Schichten hörte ich ihn noch nennen, die um die Sonnenachse rotieren. "Zwanzig km dick ist die Fotosphäre, auf der man manchmal die Sonnenflecken und Fackeln sehen kann." Den Rest der Erklärung nahm mein Ohr nicht mehr auf. Aber das Kind sah ich noch aus der Ferne die Sonne betrachten. Es trug eine Sonnenbrille und stand mitten auf der Bank.

Vor Jahren erlebte ich eine Sonnenfinsternis und maß daher dem Ereignis keine besondere Bedeutung bei.

Die Nymphe sprudelte das kühle Wasser über den Beckenrand, und ich kühlte meine Hände, befeuchtete die Stirne, der flirrende blaue Himmel über mir. Die Sonne hatte bereits genügend Zeit, für ungemütliche Wärme zu sorgen.

Am Parkende bog ich in die Altstadt ab und lief an der Stadtmauer entlang.

Eigentlich spielte der an der Naabtalachse gelegene Ort, der ein Spätentwickler blieb, in seiner 750-jährigen Geschichte keine nennenswerte Rolle. Die großen Ereignisse rollten an ihm vorbei. Selbst Goethe äußerte sich nicht über seinen kurzen Besuch. Die erfolgreiche Abwehr der Mongolen erweckte zwar kurzfristig das Interesse Karl IV., aber das änderte nichts an den häufigen Verpfändungen.

Ich liebte diesen Ort seiner Ruhe, der Stille am Fluss und in den alten Gassen wegen, lief oft an der Stadtmauer entlang oder fuhr mit dem Fahrrad, wenn ich mich nicht auf meine Füße verlassen wollte, einsame Wege um und außerhalb der Stadt.

Ja, ich mochte dieses Städtchen und ärgerte mich über jede Renovierung, die einen Teil der moosbewachsenen Mauer kostete. Die Bewohner der kleinen alten Häuser an dieser Mauer mit dem Blick in den schmalen Bach, der etlichen Enten und zwei stolzen Schwänen Heimat bot, waren beneidenswert.

Auch dort, wo sich das Bachbett verbreiterte, in der Nähe des Holzstegs gehörte der schöne Blick zur Wohnung. Sogar im Winter vergnügten sich die Enten auf dem halb zugefrorenen Wasser. Kein Auto, kein Baustellenlärm störte je die Stille dieser abgeschiedenen kleinen Welt. Es gab auch keine Gegend außer der Heide- und Wattlandschaft, die mich mit einer solchen Intensität zum Wandern aufforderte wie diese blaugrünen Hügel hinter gelbleuchtenden Raps- und Löwenzahnfeldern.

Die Ereignisse der letzten Jahre aber erschienen mir so bemerkenswert, dass ich ernsthaft einen Wohnsitzwechsel, ja sogar einen Ortswechsel erwog. Es fing mit zerschlagenen Fensterscheiben und einem zerstörten Rollladen an, setzte sich in zertretenen Lupinenbeeten und einem reduzierten Lattenzaun fort. Als ich zwei lang erwartete Lexika, vorschriftsmäßig verpackt, mit Poststempel versehen, im Garten beim Schneeräumen fand, war das Maß voll. Es bestand kein Zweifel, man boykottierte mich. Zugegeben, ganz unschuldig war ich an dieser Entwicklung nicht. Wie ein Fremdkörper lebte ich, die

die Stille, die Ruhe suchte, in einer Umwelt, für die Lärm zum Alltag gehörte, geradezu existenznotwendig war.

Ein Musik-Center sollte ausgerechnet in diesem Wohnviertel gebaut werden. Man erwartete, dass Lautsprecher, die neue CDs, Platten, kurz vokale und instrumentale Unterhaltungsmusik anbieten, neue Kunden anwerben, Vorübergehende ansprechen. Auch eine Musiktherapie war geplant.

Meine Gegenstimme hatte wesentlich dazu beigetragen, den Bau in dieser Wohngegend zu verhindern.

Um die Bewohner an permanente Musik- bzw. Lärmbelästigungen zu gewöhnen, brachte ein besonders schlauer Musikliebhaber an jedem Haus einen Lautsprecher an.

Eines Tages vibrierte auch meine Wohnung unter den nervenzersetzenden Klängen der Unterhaltungsmusik und dem Geschrei unmündiger Gören ins Mikrophon.

Den Vertretern des Musik-Centers blieb die Undankbarkeit derer, die wegen Ruhestörung Anzeige erstatteten, unverständlich.

Der Lärm wurde schließlich eingestellt, die Lautsprecher mussten abmontiert werden.

So in der Abgeschiedenheit vor mich hin zu leben, wie ich es in den Ferien, wenn ich mich nicht gerade auf Reisen befand, liebte, gelang mir allerdings nicht.

Ein Kind stand eines Tages in meinem Garten. Jann nannte es sich, von Johannes abgeleitet, wie ich vermutete. Warum er nach dem Tode der Großmutter ausgerechnet zu mir gekommen war, wusste er so wenig wie ich. Lea Schwarz hieß die Verstorbene. Im Übrigen schien seine Herkunft eine Chiffre zu bleiben.

Das Jugendamt, das ich verständigte, konnte nur feststellen, dass es keine weiteren Verwandten gab, die geeignet waren, die Erziehung des Neunjährigen zu übernehmen. Jann sollte in ein Kinderheim eingewiesen werden, falls sich nicht Adoptiveltern fanden.

"Meine Großmutter ist gestorben. Kann ich jetzt bei dir wohnen?", fragte er. Das Du schien ihm selbstverständlich zu sein. "Bei mir willst du wohnen? Aber du kennst mich doch gar nicht", stellte ich entsetzt fest. Jann ließ sich nicht schrecken. "Wir sind hier oft vorbeigegangen, und die Großmutter hat gesagt, in diesem Haus ist genug Platz für dich."

Es ist wahr, außer Tante Grete, Vater und mir lebte niemand im Haus, und Jann durfte vorerst das Gästezimmer beziehen. Tante Grete und Vater wohnten im oberen Stockwerk. "Im Winter kriecht die Kälte unten aus allen Fugen", begründete die Tante ihre Wahl.

Jann versuchte ich meiner Berufstätigkeit und meines Zeitmangels wegen von den negativen Seiten zu überzeugen. "Du wärest hier meist allein. Das würde dir doch sicher nicht gefallen. Im Heim dagegen warten viele Buben in deinem Alter, die mit dir spielen möchten." "Ach die!", sagte er abwertend. "Ich komme hier gut allein zurecht, wenn du mir das Mittagessen in die Bratröhre stellst. Aber ich kann auch mittags Milch trinken, und wir essen eben dann am Abend, wenn du Zeit hast." "Na, wir werden sehen. Du bleibt solange hier, bis das Jugendamt eine Lösung für dich gefunden hat", wich ich aus und hielt vorsichtig die Hoffnung hinter den Zähnen zurück.

Er schien vorerst zufrieden zu sein, denn er fürchtete, von Sozialpädagogen herumgereicht oder in ein Heim abgeschoben zu werden.

Jann erwies sich als völlig selbstständig, räumte sogar sein Zimmer auf und bemühte sich, mir so wenig wie möglich zur Last zu fallen, was für ein neunjähriges Kind ungewöhnlich ist.

Dass er zu Gleichaltrigen keinen Kontakt suchte, hing mit seinem bisherigen Leben in der Isolation am Waldrand zusammen. Die Großmutter war offensichtlich eine sehr wortkarge Frau.

Bei schönem Wetter schwammen wir stundenlang im See herum, fütterten die Schwäne im Bach.

Wenn keine Zeit für ihn blieb, las er gierig alle Bücher, besonders Sachbücher, die ich ihm gab, und ich hatte Mühe, ihn zu überzeugen, dass man mit neun Jahren zwischen 19 und 20 Uhr auch in den Ferien schlafen sollte.

Er nörgelte oder klagte nicht, zeigte sich bescheiden und fiel nicht auf. Ob er las, mit seinem Elektrokasten spielte, den ich ihm schenkte oder mit der Lupe kleine Tiere untersuchte, er störte mich nie. Bei schönem Wetter grub er im Garten ein riesiges Loch, um auf Grundwasser zu stoßen. Er wusste sich immer allein zu beschäftigen. Jann lebte so unauffällig neben mir her, dass mir seine Gegenwart oft nicht bewusst wurde. Er suchte keinen Mutter- oder Großmutterersatz, obwohl er ihr Sterben immer in der Erinnerung fand und diese strenge Frau, die ihn erzog, sicher sehr geliebt haben musste. Ich wäre ihm auch als männlicher Partner recht gewesen. Worum es ihm ging, war der Raum, der in meinem Haus für ihn vorbestimmt zu sein schien. Er verteidigte auch später fest entschlossen dieses Zimmer, das er allein bewohnen durfte, in dem er ungestört lesen und spielen konnte.

Da auch Jann gerne wanderte - er hatte oft große Strecken mit der Großmutter zurückgelegt - liefen wir in den Ferien stundenlang mit dem Rucksack durch Felder und Wiesen, über Brücken und Stege und durch den Wald.

Seine rücksichtsvolle, hilfsbereite Verhaltensweise erstaunte mich. Die strenge Großmutter schien ihn umsichtig und klug

zu sozialem Verhalten erzogen zu haben. Was mir aber besonders auffiel, waren seine Kenntnisse der Tier- und Pflanzenkunde. Er konnte viele Blumen und Heilkräuter benennen. "Die Großmutter hat die Kräuter gesammelt", sagte er. "Schau, Bärlauch! Die darfst du nicht mit den giftigen Maiglöckchen verwechseln, sonst sterben wir an der Suppe. Schmeckt ein bisschen nach Knoblauch. Die Großmutter" - nie fiel der Begriff Oma - "hat das Gewürz auch in den Salat geschnitten."
Er aß Brombeeren im Garten und wusste, dass sich warmer Brombeersaft bei Husten und Heiserkeit als hilfreich erweist. Er brachte ein Bündel Brunnenkresse und behauptete, man könnte den Eintopf mit Vitamin C anreichern.
Dass er sich Gänseblümchenblüten auf sein Butterbrot legte, schreckte mich anfangs sehr. Ich ließ mich aber bald von der Nützlichkeit und Güte etlicher Kräuter überzeugen, und es gab gebackenen Holunder zum Nachtmahl und Tees aus verschiedenen Frühlingskräutern, was zu einem großen Erfolgsgefühl geführt hätte, wäre ich nicht gezwungen gewesen, die Kräuter in meinem Heilkräuter-Kompass vor der Zubereitung nachzuschlagen. "Du kannst mir auch ohne diesen Kompass glauben", sagte er. "Ich kenne fast alle Heilpflanzen, die es bei uns gibt." Und das stimmte tatsächlich.
Seine Kenntnisse schlossen aber auch die Wiesenblumen ein. Er fand Sauerampfer, den Wiesenkopf, Weißklee und die Ackerwinde, konnte das Wiesentäschel vom Hirtentäschel unterscheiden. Er wusste, dass das Labkraut erst im Juni blüht und dass der Spitzwegerich in seinem Hustensaft an trockenen Grasplätzen wächst. Er spielte mit Würmern, Käfern und Schnecken, fütterte einen Igel und beobachtete die Wespen und Bienen. "Ich will sie doch einmal erforschen, wenn ich studiert habe", sagte er. "Welches Tier willst du denn erforschen?", frag-

te ich neugierig. "Nach dem Abitur suche ich meinen Vater, und dann forsche ich mit."

Die Mutter hatte das Geheimnis mit ins Grab genommen, und die Großmutter hinterließ ihm nur eine Vermutung: Wer der Freundin Perlen-, Korallenketten und Muschelbroschen schenkt, müsste beruflich mit Meerestieren arbeiten. Woher Lea die Gewissheit nahm, dass Janns Vater in der Forschung tätig war, konnte man nachträglich nicht mehr so genau sagen. Es war daher nicht verwunderlich, dass Jann Meerestiere erforschen wollte.

Er blinzelte mich etwas unsicher an: "Na ja, eigentlich mag ich viele Meerestiere, aber Delfine, Seebären und Seepferde und Haie haben schon viele erforscht. Vielleicht erforsche ich die Meergrundeln an der Küste, Heringe oder Plattfische oder den Tintenfisch. Quallen und Polypen mag ich nicht."

Vielleicht hatte ihm der Vater, bevor er ihn verleugnete, die Liebe zu den Meerestieren in seine pränatale Wiege gesungen.

Bei einem Spaziergang am Fluss entlang setzten wir uns in der Nähe des Wehrs auf eine Bank.

Die Sonne verstrahlte giftige Kräfte. Das Licht war viel zu weiß an diesem Tag und glänzte kaum in den Wassermassen, die über das Wehr stürzten.

"Auf meinem Foto sitzt meine Mutter auf einer Bank am Wehr, so wie wir", sagte Jann. Dieses Bild und ein Tonband mit der Stimme der Mutter waren Geschenke der Großmutter, und er hatte sie gut aufbewahrt.

"Ein intelligentes, vielseitig interessiertes Kind", stellte auch das Jugendamt fest, als es telefonisch eine Pflegemutter ankündigte. "Kannst du nicht einfach sagen, dass ich nicht da bin? Ich gehe spazieren, dann brauchst du nicht lügen", fragte er. Ich versuchte ihm die Vorteile einer Pflegemutter auszumalen, aber

Jann suchte keine Mutter. Er wollte in unserem Haus, in diesem Zimmer wohnen. Warum er Vorschriften und Gebote fürchtete, obwohl man ihm kaum etwas verbieten musste, weiß ich nicht. Sein Verhalten unterschied sich kaum von dem des Erwachsenen, der seine Zeit nach eigenem Gutdünken verteilt. Da auch meine Essgewohnheiten nicht zeitlich fixiert waren, fiel seine Unpünktlichkeit nicht auf. Tante Grete, die über den "Überfall", wie sie Janns Einquartierung bei uns nannte, verärgert war, zweifelte auch an meinen Erziehungsmethoden und riet dringend zu einer Pflegemutter oder einer Heimeinweisung. "Wie kannst du uns mit einem fremden Kind belasten?", fragte sie empört. Trotz ihrer unumstrittenen Kochkunst bevorzugte Jann meine schnelle Küche. Im Gegensatz zu ihren mit großem Aufwand zubereiteten Mahlzeiten gab es Vitaminbrei, Gemüse, Schwarzbrot und allerlei Milchprodukte, Salate. Obst und Beeren bot der Garten in Fülle. Es war die "grüne Küche" der Großmutter, die er gewöhnt zu sein schien, wenn es bei mir auch keine Ziege zu melken ab.

Trotz Tante Gretes Einladungen begnügte er sich mit meinem fleischlosen Angebot, das er, ohne an bestimmte Zeiten gebunden zu sein, genoss.

Vielleicht spürte Jann auch ihre Ablehnung. "Der ist doch kein Kind", behauptete sie, obwohl dieser Behauptung jede Begründung fehlte.

Die Pflegemutter kam tatsächlich, wollte ihn, da sie einen Auftrag vom Jugendamt hatte, sofort mitnehmen. Nach einem langen Gespräch reagierte sie ähnlich wie Tante Grete. Der "kritische, intelligente, aber kontaktschwache Junge" gehörte, wie sie meinte, sofort in die Hände einer Pflegemutter. Jann wehrte sich, wollte wenigstens immer die Ferien bei mir verbringen. Wie sollte er verstehen, dass ein freies Zimmer nicht ausreichte. Man erlaubte es ihm schließlich.

Es war ein Samstag, an dem wir das Musik-Center besuchten, das schließlich außerhalb der Stadt, von Wohnvierteln getrennt, errichtet wurde.

Ich wollte dieses Lärm-Zentrum eigentlich meiden, aber Jann interessierte sich für die neuen CDs. Die Verbindung von Filmtechnik und Filmmusik reizte auch mich. Jann stand bereits vor der Haustüre. Seine Zehen wippten ungeduldig über den Bordstein. Die mit der Spannung entstandene Unruhe bestimmte seine Haltung. Alles Neue interessierte ihn. Am Parkplatz tönte uns ein Musikgeflecht entgegen. Meine Angst vor Lärmbelastung erwies sich als begründet. Jemand sang die neuesten Hits durchs Mikrofon. Auf der anderen Seite verbanden sich Unterhaltungsmusik mit klassischen Werken zu einem seltsamen Klanggemisch, das wie Nebel über dem Gebäudekomplex lag. Bald tönte es uns aus lärmenden Autoradios der Nachbarn wieder entgegen und sorgte für die Unvergesslichkeit des Musik-Centers.

Neue Schallplatten, CDs wurden angeboten. Lautsprecher motivierten Passanten vor dem Gebäude zum Kauf, luden aber auch zum Besuch des Imax-Kinos ein, wo moderne Technik Filmmusik attraktiver erscheinen lassen sollte. Auf "virtuelle Realität" verwies ein Schild, das zum Untergeschoss zeigte. Wir sahen uns die große Auswahl näher an. "Peter und der Wolf" wollte ich Jann kaufen, aber er konnte es kaum erwarten, bis er das Imax-Kino besuchen durfte.

Ich erinnere mich noch sehr genau an die nationalsozialistischen Kampfverbände, die auf der Leinwand durch das Brandenburger Tor zogen. Gegenüber erschien die Schlägertruppe der SA mit weißen Armbinden, Hitlers "Hilfspolizei". Auf der rechten Leinwand zehrten Rauch und Flammen an einem Stapel "Zersetzungsliteratur", während links die von Himmler geführte "Schutzstaffel" marschierte. Die an den vier Wänden gezeigten Bilder gehörten zu einem Film, aber das Nebeneinander schuf für den Zuschauer erhebliche Probleme.

Die Selektion auf der Rampe des Vernichtungslagers von Auschwitz ließ den Atem gerinnen. Alle trugen den Stern, Kinder mit erhobenen Händen und angstvollen Gesichtern. Dann der Abtransport in die Vernichtungslager. Erst das Kreischen der Betrachter ließ uns an Blausäure denken, die hartgesottene Männer in die Öffnungen der Totenkammern warfen. Gegenüber suchten Angehörige unter toten und isolierten Körperteilen Söhne und Ehepartner. Düstere Wolken hingen über dem Schlachtfeld. Auch die durch Großangriffe zerstörten Städte luden die Zuschauer emotional auf.

Die Aufforderung "Bewältigen Sie Ihre Vergangenheit!" lockte viele Menschen, vor allem viele Neugierige an. Wie in der Bildergalerie gingen wir von Raum zu Raum. Die Vertreibung der Deutschen, Angeklagte, die zum Tod verurteilt wurden vor dem Hintergrund schauerlicher Filmmusik, Kinder und alte Leute, auf Stöcke gestützt, auf der Flucht. Die sudetendeutsche Misere im Bild, von dissonanten Klängen untermalt.

Das emotionale Aufladen durch die moderne Technik und die neue Art der Filmmusik gelangen zweifellos, aber wüste Beschimpfungen des Regimes waren die Folge, nicht Reflexion, Besinnung, Bewältigung der Probleme, was durch Lärm und Massenandrang eher verhindert wurde.

Am letzten Sonntag in den Ferien besuchten wir den Zoo. Es war Janns Geburtstagswunsch. Er hatte in seinen neun Lebensjahren nie eine andere Stadt und noch nie einen Zoo besucht. Obwohl er die großen Elefanten und die Raubtiere bewunderte, lange den lustigen Äffchen zusah, mit mir geduldig von einer

15

Tiergruppe zur anderen lief, galt seine Vorliebe den Meerestieren, den Seeigeln und Seesternen im Aquarium, der Schildkröte und vor allem den Delfinen und dem Seepferd. Jann kannte ihre Lebensgewohnheiten, ihre Kunststücke faszinierten ihn. "Weißt du, sie begleiten Schiffe, schließen sich den Menschen an, weil sie sehr intelligent sind, nur eine andere Sprache haben. Sonst würden sie sich mit uns unterhalten." Er glaubte, sein unbekannter Vater hätte Delfine erforscht. Die Großmutter vermutete einen Ozeanologen in ihm.

"So viele Meeresforscher wird es in der BRD ja nicht geben. Vielleicht siehst du ihm auch ähnlich. Wenn du erwachsen bist, wirst du ihn sicher eines Tages finden", tröstete ich ihn. Denn darauf schien er sehr großen Wert zu legen. Dass er meinem Jugendfreund etwas ähnlich sah, verschwieg ich.

Dann aber begann die Schule und wir trennten uns. Gab es einen Grund dafür? Sicher hätte ich es durchsetzen können, dass er blieb, wo er war, aber ich zögerte so lange, bis mir die Entscheidung abgenommen wurde. Da er die angebotene Pflegemutter ablehnte, musste er während der Woche im Heim leben. An den Wochenenden durfte er bei mir das Gästezimmer bewohnen, das ich in ein Jugendzimmer umwandelte.

An einem Abend besuchte ich dann das Theater der virtuellen Realität. Labyrinthisch führte eine Treppe und etliche Gänge zu einem großen Saal im Untergeschoss.

"Alle Kräfte, die im Realen liegen", sagte ich, um Janns Frage nach dem Begriff zu beantworten, aber was sich dann ereignete, war weder in Worte zu fassen, noch zu verstehen. Ich tauchte in eine scheinbar reale Welt ein, ohne es zu bemerken, handelte, dachte, fühlte, lebte in ihr. Jann durfte, da er das 18. Lebensjahr nicht erreicht hatte, nicht teilnehmen.

Ich wusste zwar, dass diese scheinbare Wirklichkeit durch Spiegel und Linsen dort gesehen wird, wo sich die Verlängerung der gespiegelten und gebrochenen Lichtstrahlen schneidet, aber als ich tatsächlich in diese magische Welt eintrat, hatte ich alle Erklärungsversuche vergessen.

Längst ersetzte moderne Technik Bildschirmbrille und Datenhandschuh und sorgte für das Computer gesteuerte Bild, für die Illusion einer dreidimensionalen Szene.

Es war ein faszinierender Tripp, bei dem das Außergewöhnliche scheinbar Realität wurde. Choreografen waren die Akteure in diesem magischen Theater. Sie ließen farbige Punkte vor meinen Augen auf einer Glasbühne tanzen und schirmten mich von meiner realen Umgebung ab. Der Mensch hat die Tendenz, Einzelheiten zu einem Ganzen zu verbinden, nebeneinanderliegende Lichtpunkte als Ganzheit wahrzunehmen. Was ich erwartete, war daher eine Fata Morgana.

Das Licht des Augenblicks, ein Aufwallen und aus einer Leerform wächst langsam ein Anfang. Die Leere bevölkert sich mit Personen. Jann sucht die Spuren seines Vaters.

Wer aber hat mich ins Bild gebracht? Ich irre zwischen Passanten hin und her, beteilige mich an der Spurensuche. Der Nebel, unser Begleiter, zieht eine feine Schleife um uns, bis sie sich auflöst. Die Sonne bricht plötzlich, unerwartet durch. Woher kenne ich diese Gegend? Die saftgrüne Ebene. Am Horizont die zarten Konturen einer Allee. Dort drüben die Gehöfte. Dramatisches spielt sich nur am Himmel ab, der sich jetzt im Kanal spiegelt. Der Wind reißt Wolkenstücke ab, treibt sie mutwillig vor sich her, aber Wasser und Luft in weichen, fließenden Übergängen.

Frauen mit Einkaufskörben unterhalten sich, stehen mitten auf der Straße. An die verzwergte Sprache muss man sich erst wieder gewöhnen. "De Zee steekt hondert tongen naar dij uit." Das Meer streckt hundert Zungen nach dir aus, sagt sie, deutet in Richtung Kanal.

Unsere Exkursion gleicht einer Herbergssuche. Großmutter Lea schweigt sich in meine Gedanken, aber die Abwesenheit des Gesuchten, dessen Namen wir nicht kennen, liegt auch in ihrem Blick. Aber er findet nicht den Mut zum Nichtsein. Wir entdecken immer wieder Spuren.

Ozeanologe könnte er sein, vermuten wir mit Großmutter Lea.

Der Lichtschein kommt aus einer offenen Türe. Wir betreten den Garten. Es riecht nach einem windigen Gemüsenachmittag. Jann beobachtet, wie der Bug eines Schiffes still bewegt durch Gemüsefelder und Weiden fährt. Auf der anderen Seite die Häuser auf Baumstämmen und Schwemmsand errichtet, von der Kanalkante durch ein paar Schritte Pflaster getrennt. Der Seesand ist hell und feinkörnig. Wir sind in Holland.

Eine alte Frau öffnet die Haustüre. Wir fragen nach dem Professor. Verhaltensforscher sei er, antwortet sie auf meine Frage, und unterwegs. Aber wir dürfen warten. Sie lädt uns zum Tee ein. Wir essen Koek, Honigkuchen und Boterhammen und trinken Milch. Die Brotscheiben mit getrocknetem Käse und Obstscheiben schmecken sehr gut, aber unsere Geduld ist erschöpft. Endlich Schritte. Gemischte Gefühle drehen mich durch.

Janns Vater als Folie dem Gespräch zu unterlegen, ist geplant, aber seine Erscheinung, nicht allein die Vorsicht dämpft die Euphorie.

Er ist Mitte vierzig, groß, braunhaarig wie Jann, trägt einen Bartstutzen. Ein Vergleich ist unmöglich. Seine harten, auffallend großen Hände sind es offensichtlich gewohnt, Lästiges abzuschütteln, Wesentliches festzuhalten.

Ich erkläre ihm mein Interesse an derartigen Experimenten im

Rahmen der Verhaltensforschung und bitte ihn um entsprechende Unterlagen für ein Referat. Die vor neun Jahren verstorbene Mutter Janns, von der ich vermute, dass sie seine Freundin gewesen sein könnte, erwähne ich mit keinem Wort. Aber ich denke unwillkürlich an Perlen und Korallen, die er Janns Mutter geschenkt haben könnte.

Da er Jann für meinen Sohn hält, habe ich Gelegenheit, dessen verstorbene Mutter und den verschollenen Vater anzusprechen. "Ach, du kennst deinen Vater nicht einmal?", fragt er.

Mit dieser Frage wird er eigentlich zu einem, der nicht mehr in Frage kommt. Aber so schnell gebe ich nicht auf. Alter, Wohnort, Beruf und jener Schmuck aus Meerestieren stehen in einer nicht zu übersehenden Relation. Nur der Vorname des Professors stimmt nicht mit meiner Vermutung überein. Gibt die Mutter eines unehelichen Sohnes diesem Kind nicht den Namen des Vaters? Dieser Mann aber heißt Roland. Seine Mutter ist Französin, sagt er, denn ihr hat er die Freude an der Verhaltensforschung zu verdanken.

Jann will wissen, welchen Tieren sein Interesse gilt und ob er tauchen muss, um diese Tiere zu beobachten. Er bekam selbst Schnorchel und Flossen von der Großmutter und möchte auch den Fischen zusehen.

Der Professor lacht. "Nein", sagt er, "Onkel Hennes taucht. Er bringt auch viele der Tiere mit und hat eine große Sammlung von Meerestieren angelegt. Die würde dir gefallen." Seine Frau schenkt Jann zum Abschied eine Muschel. "Sie erinnert an das ewige Brausen des Meeres", sagt sie. Mit dem Professor fahren wir bis zum Meer. Er hat noch eine Verabredung mit einem Kollegen, wir wollen die Ausstellung der Haie besuchen. Salz liegt in der Luft, der Wind lässt das Meer branden. Es ist mit sich selbst beschäftigt, mit seinem Glänzen. Im Doppelspiel des

Lichtes strahlt es zurück. Wir schauen durch ein Fernrohr. Die Häuser der benachbarten Inseln scheinen in der Sonne zu schweben. Alles blüht etwas verspätet, durch das rauhe Klima bedingt. Dafür ist aber der August von Heide so rotviolett, dass das Leuchten der Farbe jedem Sonnenuntergang Konkurrenz macht.

Jann deutet auf den Wegweiser "Zur Ausstellung". Er will ihn sehen diesen gefräßigen Räuber mit den scharfen Zähnen, der fast 18 m lang sein soll. "Das sind Säugetiere", sagt der Professor "mit horizontaler Schwanzflosse und mit Flossen an der Stelle der vorderen Gliedmaßen." Dass der Riese beim Auftauchen Wasserdampf mit dem Atem abgibt, erzählt er. Jann erweist sich als interessierter Zuhörer und stellt viele Fragen. Den Delfinen hat er bereits im Zoo zugesehen. Von deren Funktionslust, die die Schwimmspiele motiviert, spricht der Professor, von den eleganten Figuren und den schöpferischen Kräften, die auch dem menschlichen Kunstschaffen zugrunde liegen, denn die urtümlichste aller Künste sei der Tanz, meint er. Jann will das Wellenreiten der Delfine gerne sehen. "Von der Vorderseite der hohen Woge", sagt er, "lassen sie sich mit dem Bauch auf die Oberfläche des Wassers schnellen, dass sie von der Schwerkraft getrieben, auf dieser abwärtsgleiten und nach dem Prinzip des Wasserskilaufens nicht in die Welle einsinken. Delfine können sich von der Druckwelle, die ein Schiff vor sich herschiebt, vorwärts treiben lassen, und es macht ihnen viel Spaß, wenn das Schiff schnell fährt. Das hat der Onkel genau erforscht", sagt er nicht ohne Stolz.

Jann erinnert sich an ein Buch, das die Großmutter ihm kaufte, das von den Spielen der Seelöwen erzählt. "Sie erfinden spontan unglaubliche Spiele, Kunstwerke der Bewegung, bei denen sie durch geringen Energieaufwand große Effekte erzielen. Diese eleganten Spiele, besonders das Wellenreiten, erinnern uns an den Tanz. Schau dir die Ausstellung genau an! Sie wird dir Spaß machen!", sagt er und verabschiedet sich.

Hennes heißt dieser Onkel. Hennes, von Hans, Johann, Johannes abgeleitet. Aber er muss bald das 65. Lebensjahr erreicht haben und Jann ist neun Jahre alt. Sollte tatsächlich der damals 56-jährige Onkel des Professors Jann gezeugt haben? Es erscheint mir unwahrscheinlich, und ich verwerfe die Reste meiner Hoffnung, Janns Vater gefunden zu haben.

Dass er kein Pensionist ist, der blind in die sich verkürzende Zukunft lebt, wissen wir durch seinen Neffen. Aber wir lernen diesen aktiven Mann bei einem Vortrag in der Ausstellung persönlich kennen.

Ein kräftiger Mann, überdurchschnittlich groß, mit einem ungewöhnlich langen weißen Bart, steht er vor uns. Ich habe Gelegenheit zu beobachten, wie er die Dame, die mit einem Kind an der Hand neben mir steht, ihn bittet, sie und das Kind nach dem Vortrag mitzunehmen, abfertigt. Er nennt notwendige Vorbereitungen für ein Experiment, glaubt sicher, nach der Diskussion noch zwei bis drei Stunden hier bleiben zu müssen.

"Nie hat er Zeit", sagt sie zu mir, "nicht einmal für die eigene Familie!" Ich vermute, dass das kleine Mädchen an ihrer Hand seine Enkelin sein könnte. "Nein, er ist der Großonkel", korrigiert sie mich, "die Kleine von seinem Neffen. Aber der ist ein guter Familienvater, obwohl er auch an der Forschung beteiligt ist und fleißig arbeitet." Sie ist verärgert über die Ablehnung, weil sie ein Taxi rufen muss, und sie akzeptiert auch sein Verhalten nicht. "Du weißt doch, dass ich jetzt keine Zeit habe", sagt er und lässt sie stehen, wendet sich seinem Assistenten zu. "Er ist mit seinen Fischen verheiratet", empört sie sich. "Er sammelt Verhaltensauffälligkeiten, zählt sie, notiert Daten, zeichnet alles genau auf, plant Experiment um Experiment, bündelt Beweismaterial und stapelt es, dass niemand sein Arbeitszimmer betreten kann, vermerkt Besonderheiten, zeichnet jede Kleinigkeit genau auf, versieht jede Beobachtung mit Datum und genauen Angaben über den Fundort oder über den Ort des Geschehens, Lexika und Fachbücher liefern ihm kostenlos dazugehörige Fachausdrücke, um das Ganze noch unverständlicher zu machen, aber er nimmt sich keine Zeit für seine Mitmenschen", klagt sie ihn an.

Das Speichern der Daten und Aufzeichnungen hat sie vergessen, denn Hennes gehört einer Computer-Generation an, die die Freude an der Technik neu entdeckt hat. So arbeitet er international über Internet mit einer Gruppe von Forschern zusammen und scheint tatsächlich in seiner Arbeit aufzugehen.

Am Hai erforscht er das komplexe Zusammenspiel zwischen endogenem Rhythmus und peripherer Rückkoppelung. Er will dem gemeinsamen Rhythmus von Atemflossen und Schwanzbewegung der Koordination der Bewegungsmuster auf die Spur kommen.

Beweisen möchte er vor allem, sagt er, die wellenförmigen Körperbewegungen beim Hai, die er für die Grundlage der Fortbewegung hält, während die Flossen nur schwache unabhängige rhythmische Eigenbewegung zeigen.

Hennes schaut die Zuhörer beim Sprechen nicht an, er sieht an ihnen vorbei, in eine undefinierbare Ferne. So verärgert er sich kurz vorher über die Störung durch die Dame mit dem Kind zeigte, so bereitwillig beantwortet er nach dem Referat die fachlichen Fragen der Zuhörer.

Wir bitten ihn, das Seebären-Experiment genauer zu erläutern. Wir wollen wissen, wo und wie er dabei vorging. "Nein, nicht im Nordpazifik", sagt er, "in der Karibik habe ich experimentiert." Dann berichtet er von seiner Bootsfahrt mit den beiden Seebären, wie er und sein Helfer mit ihnen nach den ersten Anfangsschwierigkeiten tauchten, sie wie kleine Hunde an der Leine mitführten, ihnen immer mehr Freiraum zugestanden. "Sie hatten sich bald an uns gewöhnt und spielten mit uns innerhalb der Absperrnetze, denn wir befreiten sie bald von der Leine. Eines Tages ließen wir sie frei ins Meer tauchen, aber sie kamen zu uns zurück, obwohl die Absperrnetze aufgehoben waren. Wir unternahmen immer längere Unterwasserspaziergänge." Er spricht mit so viel persönlichem Engagement und Begeisterung, dass wir den emotionslosen, sachlichen Referenten kaum wiedererkennen.

"Seebären bewegen sich mit den vorderen Gliedmaßen so elegant, dass sie zu fliegen scheinen", erklärt er uns. Ich frage nach der Tauchtiefe. "Seebären sind gute Taucher, die mühelos in 4000 m Tiefe schwimmen, sogar unten schlafen können. Die Wasserrutsche aber war ihr Lieblingsspielplatz." Er spricht nicht rasch, eher nachdenklich, aber exaktes Hochdeutsch, gestenarm.

Jann steht neben mir, hört interessiert zu, der Professor scheint ihn nicht zu bemerken.

Ich will etwas sagen, aber eine unerklärliche Kraft zieht mich nach hinten. Ich bewege mich immer schneller, falle aus dem Bild, stürze durch einen Spiegel und bin plötzlich allein.

Die Landschaft ist im Norden mit einer hohen Wetterwand verriegelt. Das strudelnde Weiß reicht bis zum Horizont. Kein Wald von Netzen und Masten! Es gibt weit und breit keinen Hafen. Aber ich sehe in der Fantasie schon das Watt vor mir, diese amphibische Welt zwischen Festland und Insel. Noch brandet das Meer, und die Wellen schlagen hoch, eine Gischtaufruhr. Das Schiff rückt die Landschaft noch etwas mehr in die Ferne. Im Osten, die Ahnung von Inseln, Erzeugnisse des Wassers, irgendwann angespült und vom Meer bedroht wie diese Insel, die mich in ihrer Wildheit fasziniert. Wind fällt ein, verspritzt Wasserteilchen in der Luft, mit Jod und Brom aufgeladen. Er massiert die Haut. Ein Fischräuber segelt elegant gegen den Wind. Es ist eine Landschaft, die mich sofort einfängt und bindet, eine herbe Landschaft, die ihre eigene Einsamkeit und Stille hat, die unendliche Weite, einen gewölbten Himmel und drüben das tiefgrüne Marschland. Mit Sanddorn überzogene Dünen am Meer und oben die zartlila Heide, die ich liebe. Sie ist so dicht und steif, dass man sie nicht einmal mit dem Körpergewicht zu erdrücken vermag. Der neugierige Wind, der ständig über die Insel streicht, richtet sie wieder auf. Sie dämpft jedes Geräusch.

Micha wohnt hier. Das Haus steht auf einem der drei Hügel. Seine Mutter betrieb bis zu ihrem Tod auf dieser Warft eine kleine Gastwirtschaft mit Fremdenzimmern. Sein Vater ging als Ingenieur auf dem Festland seiner Arbeit nach. Bei Ebbe ist die Insel mit dem Festland durch einen Steindamm verbunden. Groß sind die Wohnungen nicht. Jede besteht aus vier Räumen. In zwei dieser Räume scheint gelegentlich die spärliche Morgensonne, zwei liegen nach Nordwesten mit dem Blick auf das Meer. Im Winter kann man die Fenster nur bei ruhigem Wetter öffnen. Dann sieht man das wellige, leicht abfallende Heideland besonders gut.

Wir kennen uns von einem Zeltlager unserer Jugendgruppen her. Zwei Jugendgruppen treffen sich. Micha vertritt einen erkrankten Gruppenleiter. Er ist älter und reifer als wir alle, steht kurz vor dem Staatsexamen, und wir bewundern ihn. Spezialisieren will er sich auf die Erforschung der Meerestiere, Ozeanologe werden, sagt er. Wale interessieren ihn vor allem, und er hat sich schon als Kind Erfahrungen beim Fischfang auf hoher See erworben. Mit roten Köpfen lauschen wir seinen Worten, bewundern seine Wortgewandtheit, sein Wissen. Die Zeiger meiner Armbanduhr laufen erregt hintereinander her. Der späte Frühling feiert in den in der Sonne glitzernden Baumkronen. In der Heide ist ein Blühen ausgebrochen, das den Bildbruch überdauert. Wie eine Bühnenwand kippte es vor meinen Augen um, das Bild.

Ich bin gewachsen. Micha sitzt neben mir, spielt mit meinen Zöpfen, neckt mich. Er erzählt von seiner Sammlung der Meerestiere, ich erzähle von Kindereien und Schulerlebnissen. Ein Bild nach dem anderen blätterte sich auf. Wir wandern durch das Wattenmeer. Wellenreiten mit Micha auf dreieckigem Brett im Motorbootschlepp. Dann die Flut. Rhythmische Schwingungen breiten sich aus. Energien werden frei. Sonnenbad im Boot. Mein Kopf liegt auf seinen Knien. Micha spielt mit meinen Haaren. Der lyrische Gipfel. Die Zeit rastet kurz aus. Johann Michael heißt mein erwachsener Freund. Hennes nennen ihn Onkel und Großvater. Er ist inzwischen Ozeanologe geworden und der Forschung treu geblieben. Auf meiner geliebten Insel mit den drei Häusern wohnt er nicht mehr.

Dann verformte sich das Bild. Ein Universitätsgebäude, Studenten und Studentinnen in den Gängen, ein Hörsaal. Johann Michael spricht über Verhaltensgewohnheiten der Haie, erläutert seine Experimente, wertet Statistiken, Erhebungen an der Leinwand aus. Skizzen auf Overhead-Schablonen ergänzen und erläutern seine Ausführungen. Ich höre gespannt zu, freue mich über seinen Erfolg, aber unter dem Lid des Erwachsenseins hat sich unsere Beziehung geändert. Der sturmbedeckte Himmel gibt sich plötzlich kalt über uns. Micha wirft mir "Egozentrik", eine fanatische Studierwut vor. Meine düsteren Gedanken verdichten sich wie die kleine dunkle Wolke über mir. Ein Abschied, wie ich ihn mir nicht vorstellen will. Er, den Ärger zwischen den Schläfen, will seinen Willen um jeden Preis durchsetzen.

"Warum willst du dich nicht binden?", schreit Micha. "Nicht jetzt", sage ich, "weil ich studieren will. Ist das so schwer zu verstehen?" Dann bin ich es, die Ehe, Haushalt, Kinder zweitrangig einstuft, im Crescendo dem Studium den Vorrang einräumt. "Später, ja, natürlich auch Kinder, aber eben später, nach dem Studium." Ich verstehe seine Eile nicht, er nicht meine "Sturheit", wie er meine Haltung nennt. "Du hast nie Zeit, musst Klausuren vorbereiten, lernen, an der Arbeit schreiben." Er lässt die Worte kalt werden, ehe er sie ausspricht. "Du nicht? Musstest du das nicht auch leisten? Gestehst du der Frau nicht zu, was du selbst anstrebtest?", frage ich empört. "In der Frau suche ich keinen Fachkollegen, sondern einen Gegenpol", sagt er. Mein Blick landet im Ärger seiner Augen. Er lässt die Unterlippe unter den Zähnen verschwinden. "Ich weiss, ein gemütliches Heim, ein schmackhaftes Essen und viele kleine Kinder, ein Heimchen am Herd", unterstelle ich ihm. Sein konservatives Rollenklischee empört mich. Die Antwort bleibt in einer langen Pause stehen. "Vielleicht habe ich dich überfordert."

Die Dissonanz mischt sich mit seinem neuen Atem in unseren Akkord, verändert das Klangbild. Der falsche Klang betäubt mich diesmal nicht, sondern fordert mich heraus. Das Wort "überfordert" sitzt spitz in meiner Haut, stimuliert meine Aggression. "Nennst du das Liebe?" Das Fragezeichen wirft das Wort so verächtlich von seinen Lippen, dass ich es nur mit Mühe auffangen kann.

Ich blase mir den ersten Schrecken aus den Zähnen, hole trotzig zu einem Gegenschlag aus. "Liebe bedeutet doch nicht, den Partner zurechtzuschneiden, dass er in das eigene Idealbild passt. Es bedeutet, den anderen in seiner individuellen Eigenart anzunehmen." Ich rede mich heiß, aber er versteht nicht, dass meine Liebe eine Libelle ist, die vom Wasser weiß, ohne es in seiner Tiefe ergründen zu wollen, weil ich mir noch viel zu unausgereift vorkomme.

Ich stehe in seinem wie er in meinem Anziehungsfeld, ohne meine Befindlichkeit genau beurteilen zu können. Trotzdem leiste ich Widerstand, übersteige seine Toleranzgrenze. Das Stimmungsbarometer fällt. Die sonst wohltemperierte Klimaanlage stört unser kalter Atem. Unsere Kommunikationsstrukturen haben sich geändert.

Ich versuche es mit Erklärungen: "Ein menschliches Leben ist viel zu kurz, um all das zu erfahren, zu lernen, zu erkennen, was man wissen, können möchte." Ich möchte mich in fünf Dimensionen dehnen. Ich glaube an abenteuerliche Flüge und bruchlose Landungen.

"Du erforscht Meerestiere, ich will dem Wort auf die Spur kommen", setze ich erneut an. Ich meine nicht den Ursprung der Sprache, die semantische Ebene reizt mich, die Grenzen des Sagbaren, Sprachsignale aller Art. Ich denke an ein großes Abenteuer. "Warum können wir nicht wie bisher gute Freunde sein?", will ich wissen. Ich will ihn nicht verlieren und drehe mich nach allen Seiten, aber der Gedanke an ein langes Studium dreht sich mit.

Zu den Menschen, die Freundschaften schließen mit der Aussicht auf Trennung, gehöre ich nicht, versuche deshalb immer erneut Augenblicke wiederzubeleben, die unserer Beziehung Dauerhaftigkeit versprechen, aber ich will mich nicht auf ein

Verhaltensmuster dressieren lassen, das mir nicht entspricht. Micha wirkt im Nebel seines Schweigens unnahbar, verstärkt die Rauheit der Szene. Der Himmel trauert sich aus über uns. Dann bricht er die Kommunikation abrupt ab: "Wir beenden am besten unsere Diskussion. Ich wünsche dir viel Erfolg bei deiner Klausur." Das Wort "Erfolg" setzt er wie einen scharfen Punkt unter seine unausgesprochene Antwort.

Ich liebe Micha, aber ich kann nicht anders, trotzdem nicht. Meine feuchte Entschuldigung bleibt stimmlos an meinen Lippen hängen.

Was will Jann hier im Bild? Ein technisches Problem? Ein kühler Luftzug von der Türe her sortiert meine Gedanken. Jetzt steht er neben ihm, er, der Forscher. Sein flüchtiger Blick streift mich, sekundenlang färbt die Hoffnung den Horizont. Er erkennt mich nicht. Das nervös gestreute Licht, die langen Schatten verweisen auf einen Morgen, der keine Garantie für beständiges Wetter übernimmt. Eine kleine schwarze Wolke hängt bewegungslos an der etwas bleichen Sonne. Misstrauisch beäuge ich die Landschaft. Wo habe ich diese Häuserzeile, wo diese Weite der Ebbelandschaft schon gesehen? Auf einer Insel befinde ich mich diesmal nicht. Der Tag wird mit dem veränderten Licht die Erkenntnis bringen, denke ich. Neugierig zielt mein Blick auf einen Mann, der in seinem Garten mit Hacke und Rechen für Wachstum und Ordnung sorgt, mit einer riesigen Gartenschere wilde Rosen bändigt.

Ich setze mich auf eine kleine Bank, um die Landschaft besser im Blick zu haben, den weichen, dunklen Schlick, ein Schiff, weit draußen, wahrscheinlich in der Rinne. Dann und wann ein einsamer Mövenschrei.

Wenn ich mir über die Schulter sehe, erkenne ich den Gärtner mit dem grünen Hut. Er bewässert gerade die Rosen. Ein zweiter Mann geht durch den Garten. Er scheint Meerestiere in einem großen Aquarium zu füttern.

Ich ändere meine Sitzrichtung, wende mich ihm zu. Mit der Geduld eines Sonnenaufganges folgen meine Augen seinen Bewegungen. Ein Kind kommt zum Zaun gelaufen. "Hallo! Möchten Sie zu uns?" Aus der Nähe sehe ich endlich, dass es gar nicht Jann ist, aber er hat die gleichen dunklen, etwas schräg gestellten Augen, den gleichen Knick in der leicht nach links gebogenen Nase. Er könnte sein kleiner Bruder sein. Mein Auge ist nicht auf besondere Kennzeichen dressiert, aber dieses Merkmal kann auch Jann nicht verleugnen.

Auf sechs Jahre schätze ich ihn. Ich folge den Spuren seiner Augen. Zwischen meinen Gedanken muss sich Micha gedrängt haben, denn er steht plötzlich mit dem grünen Gärtnerhut mitten im Garten und ruft das Kind. Abwesend und doch so nah. Von einer plötzlichen Erkenntnis gebeutelt, starre ich dem Kind nach, das dem Mann entgegenläuft. Der andere scheint Daten in sein Notizbuch zu notieren und geheime Kurven zu zeichnen, bis er gerufen wird.

Die Stimme, die sich in mein Ohr schwingt, schreckt mich. "Du kannst das Boot für morgen früh fertig machen!" Ich verkürze die Entfernung zu meinem Beobachtungsobjekt und gehe langsam am Zaun entlang. Dass ich Züge entdecke, die Michas Gesicht ausmachen, muss vorprogrammiert gewesen sein. Er ist noch dynamisch genug, um Experimente durchzuführen, denke ich. Auf 45 Jahre schätze ich ihn, ordne ihm eine Familie mit vier Kindern zu, trotzdem arbeitsbesessen, was er der Frau nicht zugesteht.

Meine Gedanken streiten sich ab, widerlegen sich, finden Beweise. An den Spitzen eines Gefühls verletzt, entdecke ich auch jetzt keinen Weg zu ihm. Vergangenes pendelt sich immer wieder aus, unscharf belichtet, nimmt es nicht die erwünschten Konturen an.

Ich stolpere über meinen Traum. Jann, Michas unehelicher Sohn? Das müsste ihn bis in die Wurzel zerstören. Ich wende mich ab, gehe in Richtung Damm, und der Himmel nimmt eine falsche Farbe an.

Das Meer erscheint so düster wie der Himmel über ihm. Ich stehe vor einem Boot, wie man es für die Hochseeschifffahrt nutzt. Er wird Wale beobachten oder Seepferdchen, vermute ich. Warum mich der Gedanke nicht mehr wie ein Albtraum überfällt, erstaunt mich. Es wird einen ruhigen Tag geben, rede ich mir trotz der falschen Farbe ein, aber die Erregung dieses Morgens bebt noch in mir.

"Hallo, Papa!", höre ich noch aus der Entfernung. "Die Mama braucht dich!"

Im Netzwerk meiner Gedanken, die sich im Bilderspiel verfestigten, schaute ich auf die leere Bühne, bis mich der Lärm, die Unruhe Wartender, die auch im Bild aktiv werden wollten, in die Realität zurückversetzten.

Betäubt stand ich lange bewegungslos in einem spärlich beleuchteten Gang.

Er öffnete sich zu einer Fensternische.

Eine Glühbirne drängte die kommende Nacht aus dem Fenster. Neben einer Bank, die für Besucher gedacht sein mochte, saßen zwei junge Männer, die sich, mit Zwangsjacken an Stühle gefesselt, lautstark zu beschimpfen schienen.

Bei genauer Beobachtung konnte man aber feststellen, dass die Kämpfenden aneinander vorbeisahen, offensichtlich ihre Angriffe auf fiktive Gegner richteten. Dann setzte Musik ein. Eine

Trompete warnte vor der bevorstehenden Klangexplosion, und schon war der Gang von tosender Musik erfüllt, die stimmgewaltige Sprechgesänge ablöste. Die beiden Männer schwiegen, wandten sich der Musik zu. Die Stimmen aus dem Lautsprecher übernahmen offensichtlich stellvertretend die Angriffe, Beschimpfungen. Die Finger in den Ohren lief ich durch den Gang. Im vorderen Teil saß eine junge Frau, ebenfalls durch eine Zwangsjacke an der freien Bewegung gehindert. Sie schwieg, schien sich auf die Musik zu konzentrieren. Den drohenden Gesten nach erlebte sie den Lärm der Sprechgesänge emotional mit. Ob es sich um psychisch Kranke handelte, die eine andere Einstellung zum Lärm haben, konnte ich nicht mit Sicherheit feststellen. Trotzdem wurde das vordergründige Geschehen in meinem Denken langsam hintergründig.

Eine Schwester im weißen Kittel verwies mich auf das Schild: "Musiktherapie! Betreten verboten!" Ich verließ mit einer Entschuldigung, mich verlaufen zu haben, den Schauplatz. Dass ich Wochen später einen der jungen Männer im Büchergeschäft begegnete, widerlegte meine Erkenntnis nicht.

Ich beschloss, die "Musiktherapie" in Zukunft zu meiden. Dass es anders kam, als ich beabsichtigte, hing vielleicht mit dem in große und kleine Gefäße verteilten blassvioletten Heidekraut in meinem Arbeitszimmer zusammen. Ich hatte es vor Jahren von einem Besuch auf der kleinsten der bewohnten Halligen mitgebracht, denn in keiner Landschaft ist im Sommer der August so zart blassviolett von Heide wie auf dieser moorigen Insel. Die reinen Blütenkelche aber blieben Knoten in meinem Beziehungsfeld, und die Vergangenheit holte immer wieder die Gegenwart ein. Das Heidekraut wirkte nach vielen Jahren noch so frisch und blühend, konserviert, als hätte ich es gestern gepflückt.

Ich werde Jann diese Insel zeigen, dachte ich, den Ort, an dem man allein sein kann, ohne seine Geborgenheit einzubüßen. Das mag paradox klingen, denn die Zeit, in der die Insel unter Wasser stand, ist kaum vergessen.

Micha probierte ich in der Fantasie verschiedene Rollen von Familienvätern an, ordnete ihm verschiedene Frauen zu, von denen ich nicht annahm, dass er sich in ihren Umarmungen erkälten würde. Ich blätterte flüchtig ein Kinderalbum durch, schlug die Seiten mit den Fotos seiner drei Buben und zwei Mädchen auf. Aber ich wollte die virtuelle Realität im Musik-Center über den Ausgang des Romans entscheiden lassen. Sie entschied später gegen mich. Nachträglich verbot ich mir die Betrachtung der Umstände.

Die Amsel feierte mit ihrem Lied gerade im Garten den späten Frühling mit seiner Blütenpracht. Auch die Gänseblümchen steckten neugierig die Köpfchen aus der Erde, als Jann sein Gästezimmer in Besitz nahm und sich aufatmend in einen Sessel warf. "Diese himmlische Ruhe!", rief er aus. Ein seltsamer Wunsch für ein neunjähriges Kind, dachte ich. "Ist es denn wirklich so schlimm, in einem Heim zu wohnen?", frage ich. "Du kannst dir ja nicht vorstellen, wie schrecklich das ist, nicht allein im Zimmer zu wohnen", jammerte er. Ich erzählte ihm von meinem Plan, im Sommer mit ihm die Hallig zu besuchen, natürlich nicht ohne Liebeserklärung an jene Insel, und Jann stimmte begeistert zu. Es sollte seine erste Ferienreise sein. Er war noch nie mit einem Zug und einer Fähre gefahren.

Die Osterferien wollte er bei mir genießen, im Garten bunte Eier suchen und mit mir wandern. Ein Besuch des Musik-Centers stand auch auf dem Plan. Ich wollte ihm die Freude nicht verderben und fuhr mit ihm am Samstag in das "Lärmzentrum". Draußen empfing uns ein Stimmengewirr, das selbst Jann störte. Die Angebote waren noch reichhaltiger, die Werbung noch raffinierter als bei unserem ersten Besuch.

Dann sahen wir sie, die Menschenmenge, die erregt schwatzend nach oben drängte.

Im Kellergeschoss, in der "Musiktherapie" hatte es sich ereignet. Eine Patientin erlitt bei der Therapie einen Herzinfarkt. Eine Woche vor diesem Ereignis wurde eine Schwester durch einen Patienten, dem man die Zwangsjacke ersparen wollte, schwer verletzt und musste ins Krankenhaus eingeliefert werden. Das Experiment war misslungen.

Dass die Lokalpresse das Ereignis hochzuspielen versuchte, war nicht verwunderlich. Woher der Reporter plötzlich gekommen war, als man die Tote nach oben trug, wusste niemand. Die Behandlungsmethode stellte, wie ich erfuhr, ein Verhaltenstraining dar, und niemand konnte sich erklären, wie es dabei zu einem Herzstillstand kommen konnte. Wir schwiegen uns durch den Nachmittag.

Dass die Patientin an vegetativen Störungen gelitten hatte, entnahm ich später der Symptombeschreibung, aber das änderte nichts daran, dass das Wort "Mord" unterschwellig mitschwang. Wer aber hätte am Leben dieses Menschen interessiert sein können?

Die Presse griff natürlich auch diesen Fall erneut auf und nannte das Geschehen "mysteriös". Schlagzeilen, wie "Mysteriöse Vorgänge im Musik-Center" und "Führt ein Beruhigungsmittel zu Herzstillstand?", sorgten für viele Schaulustige, Neugierige und die "Musiktherapie" musste "vorübergehend bis zur Klärung der Umstände" geschlossen werden.

Die Tante lud Jann und mich zwar zum Essen ein, sonst aber lehnte sie den "viel zu erwachsenen, neunmalgescheiten" Jungen, wie sie Jann empfand, ab.

Der Himmel stand oft nass über uns, aber wir wanderten trotzdem der Stille entgegen. Die Landschaft lag dann sorglos unter einem Regenschleier, der bald als Nebel über die schluchtartige Enge des Weges wallte, über die grün bemoosten Felsen. Die feuchte Luft roch noch etwas modrig, wo große Schwämme und hohe Farne zwischen Bäumen nass glänzten.

Jann untersuchte interessiert die erkalteten Lavaformationen, über die wir kletterten und steckte kleine Proben in die Taschen. Er erzählte wenig von seinen Altersgenossen im Heim, die er als "kindisch und als dumm" empfand. Es handelte sich um Sonderschüler, mit denen er nichts anzufangen wusste. Ich beschloss, persönlich mit der Heimleiterin zu sprechen und sie über Janns Studien- und Berufswünsche zu informieren.

Um die Mittagszeit wurde es meist heller. Nach dem Picknick und einer Ruhepause auf einer sonnigen Bank schwebten unsere Schritte, wieder leichtgeworden, in den hellen Nachmittag. Der Frühling hatte leuchtendes Gelb, Rot zwischen etwas verwaschenem Grün auf den Wiesen verteilt.

Jann erzählte dann von der Großmutter. Er beschrieb das Foto der Mutter, die eine sehr schöne Frau gewesen sein musste. Seine Erinnerung an die Erzählungen der Großmutter schwebte wie ein Phantom durch sein Denken, das verschwand, wenn man sich ihm näherte. Zum Unglück seiner Kindheit gehörte dieser Tod, der Verlust der beiden Frauen und der unbekannte Vater, der ihn verleugnete. Aber er lebte in der wunderbaren Gewissheit, ihn zu finden. Das sprach aus jedem seiner Worte. Die Gewissheit, Verhaltensforscher wie sein Vater zu werden, musste ihm auch die Großmutter Lea vermittelt haben.

Der Gedanke an den fiktiven Ozeanologen, der das Kampfverhalten der Tiere wie das unbeseelte Auge der Kamera beobachtete, ließ mir die virtuelle Realität zu einer diffusen Erinnerung an einen Albtraum werden.

Es dauerte aber nicht lange, bis mich die Spielleidenschaft erneut ergriff, und ich an den Abenden meinen Spaziergang so wählte, dass ich, von der Tante unbemerkt, mein Bilderspiel fortsetzen konnte.

Im Obergeschoss verfolgte ich zuerst den Balkankonflikt an der Leinwand, Luftangriffe auf jugoslawische Panzer und Truppen im Kosovo, auf Treibstofflager und Chemiewerke. Zwei Granaten schlugen ein. Mord, Massaker und Vertreibung, ein neuer Rassismus wütete, zwei Welten prallten aufeinander.

Das mag der Grund gewesen sein, dass ich eine Stunde später im Untergeschoss den Computer mit düsteren Farben fütterte.

Graugrün liegt auf der Natur, etwas vernebelt die Sicht. Der schmale Weg verraucht den Morgendunst. Ich tauche in das Bild ein, in eine mir vertraute Umgebung, wie ich bald feststelle, eine Umgebung, in der ich mich bewegen kann.

Jann kommt, von Micha begleitet, wie es mir scheint. Eine Uniform ist das natürlich nicht, eher ein Taucheranzug, den er trägt. Sie verschwinden in einer der Fischerhütten. Gleichzeitig weiss ich aber, daß der kleine Junge nicht Jann, sondern das Kind ist, das neulich zum Zaun kam, das Jann so täuschend ähnlich sieht.

Woher kenne ich nur die Frau an der Türe? Und eine zweite hinter ihr. Eine Besucherin vielleicht? Dann weiß ich es plötzlich. Margit, eine Studentin in Michaels Alter, die sich gerne in seiner Nähe aufhielt. Sollte sie doch? Ich hatte ihn damals enttäuscht, seine Toleranzgrenze weit überschritten, also warum nicht Margit? Ich fixiere sie: Sie ist etwas fülliger geworden. Weiße Fäden ziehen sich durch ihr Haar. Auf dem Arm trägt sie einen Säugling. Sie ruft das Kind. Es klingt etwas fremdartig. Jann heißt der Junge jedenfalls nicht. Aber er hat die gleiche Art zu gehen, den Kopf zu wenden, seitwärts über die Schulter zu sehen. Es sind Janns Augen, die mich ansehen.

Wenn ich wüsste, was mich veranlasst, mich mit der Besucherin auszutauschen! Der Mensch ist multiplizierbar, teilbar, ein in nichts und alles verwandelbares Wesen.

Ich finde mich mitten im Gespräch mit Micha und seiner Frau, tue das, was ich eigentlich nicht will, ich mische mich ein. Ja, er ist es tatsächlich. Auch er hat sich verändert, trägt einen Bart, ist natürlich älter geworden. Margit, seine Frau, Jann, sein unehelicher Sohn?

Ich schlucke etwas, das nicht durch die Kehle will, aber er erzählt bereits von seinem "Großen", der ihm hilft, wenn er in den Ferien heimkommt und der Tochter, die sich verlobt hat. David heißt er, der Nachzügler. Er berichtet, arm an Gesten, in der Sprachgewohnheit des Nordens, von seiner Arbeit, seiner Forschung.

Wo bringe ich diesen Ton, wo diesen Blick unter? Ich kann nicht unterwegs gewesen sein, bevor ich hier ins Bild stieg.

Der Fischgeruch und die Fahrt mit dem Fischkutter. Die Hütte, der Wind vom Meer her beweisen es. Dann der Forscher, aber nicht die Frau, die Frau forscht natürlich nicht. Sie gehört in die Familie. Bei diesem Gedanken fällt ihm meine Ironie absichtsvoll zu.

"Und du, bist du glücklich geworden?" Die Frage trifft mich unvorbereitet, und ich weiche aus. "Glücklich? Was heißt das schon?! Das Wort treibt sich überall herum. Ich bin zufrieden." Er nickt.

"Das Leben in die Mitte nehmen, darauf kommt es an", höre ich ihn sagen.

"In die Mitte nehmen", tönt es noch in meinem Hinterkopf, "in die Mitte nehmen", dann verirrte sich mein Blick in der Dunkelheit der leeren Bühne.

Lag es an der zu warmen Luft, dass ich mich so oft ein- und auscheckte, den Geschmack der Verliererin auf der Zunge? Ich versuchte es noch einmal, wählte diesmal leuchtendere Farben.

Die Sonne wirft das Morgenlicht auf den Weg. Licht ist Energie. Sie richtet die Bungalows der Fischer auf. Auch auf dem Gebüsch liegt ein bizarres Lichtgebilde. Das Licht färbt die Blätter lindgrün. Die stacheligen Dünenrosen und Orchideen wiegen sich leicht in der Luftbewegung, die über dem Watt die Stille ausbrütet. Die roten Blütenblätter absorbieren aus dem weißen Licht den Grünbereich und reflektieren den roten. Sie leuchten grell auf. In dem sandigen kleinen Gärtchen wachsen Grasnelken, und die Salzbinse schimmert braunrot. Das helle Gelb der Dotterblumen kontrastiert mit dem dunklen Violett der Heide und dem blaugrünen Strandroggen hinter den Häusern. In einem geht gerade ein Fenster auf. Der Kopf eines Jungen erscheint und verschwindet wieder.

Bald werden die Tage hier durch das leuchtende Gelb der Sonnenblumen im Schutz der Häuser und durch das Dottergelb der Sumpfblumen rollen.

Ich überschaue noch einmal das Landschaftsbild, das ich nie in einem Foto festhalten würde, obwohl sich das Meer längst daran gewöhnt haben mag, gefilmt und fotografiert zu werden. Wenn die Sonne steigt, wird aus diesem Frühlingstag ein Sommeranfang. Die schwarzbunten Rinder und Milchschafe baden bereits in der Morgensonne. Meine Gedanken fliegen in verschiedene Richtungen. Das Blau über mir nimmt sie auf.

Der Tag, das weiß ich, dieser Tag wird mit der Flut die Erkenntnis bringen.

Ich führe Micha ein, Micha mit seinem Jüngsten, den David und denke an eine intakte Familie. Nachdem sich unsere Beziehung als instabil erwiesen hatte, mußte er ja später festen Boden unter den Füßen gefunden haben.

Micha geht ins Haus, der Junge sitzt an einem eingedeichten See. Eine Abzweigung des Meeres speist ihn. Der See widersteht den Gezeiten.

Ich gehe auf ihn zu. David schmust mit einem Delfin, der zwischendurch immer wieder springt und zeigt, was er kann. David lacht. Was er sagt, kann ich nicht verstehen. Dann dreht er den Kopf zur Seite, gibt das Lachen an die Augen weiter. Es bleibt stimmlos an den Lippen hängen. Er hat mich gesehen. Staunen fällt aus seinen Augenwinkeln. Die Unterlippe lässt er unter den Zähnen verschwinden. "Möchten Sie zu meinem Vater?", fragt er dann. Ich verneine, möchte nur gerne seinen Delfin ansehen.

David sieht Jann täuschend ähnlich. Er scheint ein bis zwei Jahre jünger als Jann zu sein und wirkt so wortkarg wie er. Micha hat sich verdoppelt. Vor einem Aquarium steht er, notiert Zahlen, beobachtet etwas mit der Lupe, notiert wieder, wie von einem Virus befallen geben die Augen Neues an die Hände weiter. Ein Mensch, der von Einzelheiten lebt, sein Leben, auf seine Forschung reduziert, spielt sich um ihn herum auf Zehenspitzen ab. Es fällt mir schwer, seinem Double zu folgen. Dort unten, neben David steht er. Da höre ich gerade die Frau rufen, und er eilt ins Haus, kommt, eine blaue Küchenschürze umgebunden, zurück, setzt sich auf die Bank vor dem Haus und schält Kartoffeln. Minutenlang höre ich nur das Geräusch des Kartoffelschälens. Dann kommt die Frau mit einem Säugling auf dem Arm zurück. Sie tauschen die Rollen. Er nimmt ihr das Kind ab, wiegt es in den Armen, die Frau schält das Gemüse, reinigt es.

Es mag sein, dass sich beide damals in das Leben des Partners ohne festliche Ouvertüre implizierten, es mag sein, dass Margit eine besondere Liebe für alle Pflichten einer guten Hausfrau und Mutter mitbrachte, es mag sein, dass sie all die Eigenschaften besaß, die mir fehlten.

Aber es kann auch sein, dass Micha am Tage seiner Hochzeit den ersten Zahn verlor, es kann sein, dass ihm bei jeder Geburt seiner Kinder ein weiterer Zahn gezogen wurde, und es kann sein, dass er bald alle seine Zähne durch ein anpassungsfähiges Gebiss ersetzte.

Vielleicht verlor sogar seine Stimme im Laufe seiner Ehe etwas an Lautstärke, weil er den Mund etwas zu voll genommen haben könnte. Ich gab nicht einmal virtuell meiner Zunge die Lizenz, diese Bosheit auszusprechen.

Margit war jedenfalls seine Frau, und ich wollte ihn glücklich sehen, obwohl es keinen Tag mit ihm gab, den ich nicht mehr in meiner Erinnerung gefunden hätte.

Plötzlich stand der Satz vor meinen Augen: Ich liebe Micha, und ein zweiter Satz: Ich bin frei. Aber ich atmete nicht tief durch, wie ich es bei diesem Gedanken vorhatte. Meine Atemlosigkeit hielt an. Ich wollte es wissen, ob meine Bilderspiele realitätsfern waren. Längst hatte ich mir angewöhnt, in Ursache und Wirkung zu denken, längst durchbrach keine Sturmflut mehr meine Deiche, aber die Vergangenheit war noch nicht vergriffen, und die Dichte meiner Gefühle schreckte mich.

Zu jenem Zeitpunkt, zu dem die Fata Morgana mein Gemüt ins Ungleichgewicht brachte, war mir der Freund längst im Traum entbehrlich geworden. Erledigt, so dachte ich, aber die Lüge schlug mitten auf diesen Gedanken. Warum verdächtigte ich gerade Johann-Michael, einen außerehelichen Sohn gezeugt zu haben, der Jann hieß? Ja, warum ausgerechnet ihn?

Bekannte bestätigten später meine Vorstellung von einem Familienvater mit drei Kindern. Margit war es allerdings nicht, die Micha heiratete. Eine Ähnlichkeit mit Jann fiel niemandem auf. Sie beglückwünschten den "kleinen Forscher", der im Wettbewerb siegte. Die Presse berichtete von seinem Experiment mit der Salzbinse.

Was eine Nachbarin allerdings an Neuigkeiten einbrachte, erweckte unsere Neugierde. Am Bildschirm war das Foto eines im Musik-Center Gestorbenen erschienen. Laut Polizeibericht handelte es sich um den dritten Toten innerhalb eines Jahres. Da der Betroffene keine Personalien bei sich trug, einer der Beamten aber einen Brief in seinem Jackett fand, wurde das Schreiben an "Ritschi" gerichtet, ausgestrahlt und die Zuschauer aufgerufen, die Leiche zu identifizieren.
Beim zweiten Aufruf wurden wir Zeugen. Der Unbekannte versprach einem Bekannten einen Seebärenpelz und verpflichtete ihn zu Schweigen.
"Wie in meinem Brief, den ich in der Spieltruhe gefunden habe!", rief Jann sofort. Der Vormund hatte ihm erlaubt, in der großmütterlichen Wohnung die auf dem Dachboden abgestellten Truhen zu durchforsten. Unter den Spielsachen fand er diesen Brief, in dem ein Unbekannter der Mutter einen Seebärenpelz versprach. Ich bat Jann, das Schreiben zu holen. Weder Schriftzüge noch Unterschrift verwiesen auf Michael. Die Mutter schien noch mit einem zweiten Mann befreundet gewesen zu sein. Ich atmete erleichtert auf.
Den Aussagen der Polizei nach, musste der Tote seine Schweigepflicht nicht besonders ernst genommen haben. Das erinnerte mich an die Freundin von Janns Großmutter, die auch den Tod fand. Die alte Dame war über die Schwatzsucht der Freundin erbost.

Dass der Gegenstand, das Geburtstagsgeschenk der Mutter von jenem Freund, ebenfalls ein Seebärenpelz war, schien kein Zufall zu sein.

Um Klarheit bemühte ich mich vergeblich. Im toten Punkt aller Überlegungen brach das Chaos aus. Der Gedanke an einen durch Micha verursachten Mord oder an das Vermarkten der Tiere trieb mir die Kälte durch alle Knochen.

"Wer macht heute nicht gerne gute Geschäfte? Mit Seehund-Pelzen lohnt sich der Handel", schoss jene Nachbarin meine Vermutung mit einem zynischen Lachen als Pfeil ab.

Ich verschluckte mich an der Bitternis, die damals meine Beziehung zu Micha wieder zu vergiften drohte.

Warum ich immer noch auf dem Wasser jener Jahre herumschwamm und was mich davon abhielt, endlich an Land zu gehen, wusste ich nicht.

Es war nicht verwunderlich, dass bei meinem nächsten Besuch des Musik-Centers Johann-Michael schattenlos ins Bild trat und bei einer Auktion einen der düsteren Begleiter erwarb.

Der Himmel über mir hat sich mitten im Herbst auf den Sommer eingestellt, um den schönsten Schatten prämieren zu können. Die Auktion gleicht einem Trödelmarkt. Eine Frau verkauft mit grelltönigem Geschrei drei Schatten. Ein schwarz gekleideter Mann mit einem lustigen Dreispitz auf dem Kopf treibt den Preis in die Höhe. Der den Schatten erwirbt, ist Micha. Er klebt ihn probeweise an, besieht sich im Spiegel einer Auslage und geht mitten durch die sonnige Altstadt.

Zuerst stolpert er. Der dunkle Begleiter scheint etwas ungewohnt lang für seine Gestalt zu sein, aber bald passt er ihn seinen Bedürfnissen an.

Es ist ein anderer Micha wie das letzte Mal, den ich auf die Bühne stelle. Aber auch ich erscheine verkleidet. In dieser Rolle dürfte mich eigentlich sein Spiegelbild nicht stören, aber ich nehme nicht nur seinen Schatten verzerrt in der Pfütze wahr.

Mechanisch streift er über seine Schläfen, durchwühlt sein Haar, und seine Hand kommt nicht mehr zur Ruhe. Ich folge ihm in Richtung Meer. Die Landschaft zu verändern, habe ich mich nicht bemüht.

Ich schüttle den Wind aus meinem Haar, binde ein Tuch um. Abenteuer kündigen sich an. Über uns spannt sich ein windig-sonniger Himmel. Der sonnenbeschienene Damm aber beweist es, dass Michaels eleganter Schatten jemandem gehört, der auf sich hält. Er steigt auf den Deich, bleibt im Wind stehen und schaut lange über das schweigende Watt zum Horizont. Dann geht er am großen Priel entlang, bis ihn meine Augen kaum mehr wahrnehmen. Micha ist nur ein Punkt zwischen blinkenden Prielen, ein wandernder Punkt in der Verlorenheit des Watts.

Ich setze mich auf den Damm, folge dem Punkt mit dem Fernglas.

Die Flut zieht vom Westen über die Ebene, stürzt in die Priele, schäumt auf, füllt die Rinne, in der bald das erste Schiff erscheinen wird.

Möwen stürzen am Uferrand nieder.

Nach einer Stunde hat der Punkt die Insel fast erreicht. Ich laufe den Damm entlang zum Landesteg. Ein hochbodiger Fischkutter schaukelt, schlinkert, schwankt an der Leine. Er duckt sich unter den Windschlägen. Der Mast holt etwas nach der Seite hin aus. Auch ich lege mich gegen den Wind, gegen den unaufhörlichen Wind, der vom Meer her kommt.

Ich biege nach rechts ab und gehe im Schutz der Fischerhütten, die kleinen Bungalows gleichen, weiter.

In einem Riesenbassin spielen Seehundbabies mit einem Muttertier. Es sieht eher nach Züchtung, weniger nach Verhaltensforschung aus. Sie schwimmen in Schlängelbewegung am Ufer des künstlichen Sees entlang. Eines der Babies robbt ungeschickt an Land. Am Ufer kriecht mit wolligem Fell eine noch kaum 70 cm lange Robbe, noch wasserscheu über die weiße Wand. Den Riesen im Wasser schätze ich auf etwa zwei Meter. Die meisten Babies gleichen Ringelrobben. Ich kann deutlich die Ringflecken erkennen. Das dichte, dunkelgefleckte Fell der Muttertiere glänzt in der Sonne.

Ich frage die Frau, die mit dem Wäschetrog beschäftigt ist, nach dem Preis eines Seehundpelzes und werde an den Herrn verwiesen, dem erst das Zurückweichen der Flut die Rückkehr ermöglicht.

Getäuscht habe ich mich nicht. Seebären werden hier gezüchtet und Felle offensichtlich verkauft.

"Nein!", rufe ich entsetzt. "Das muss ein Missverständnis sein. Micha doch nicht! Er kann doch kein Ausbeuter sein!"

Ich muss so laut geschrien haben, dass plötzlich ein Mann vor mir stand. "Na, na, andere wollen auch ungestört ihren Spaß haben", rügte er mich, und ich verließ beschämt den Schauplatz meiner Fantasie.

Ob das, was sich bald darauf ereignete, mit der virtuellen Realität zusammenhing und auf meine rege Fantasie zurückzuführen war, kann nachträglich nicht so genau festgestellt werden. Ich erinnere mich an ein Naturbild: Am Fluss wallte noch der Nebel. Er zog sich am Ufer entlang, durch den Park, hing in den Bäumen und Büschen. Der Nebel wallte gegen die Stadtmauer. Er war im Ort unterwegs und stieg langsam bis zum

Kirchturm auf. Der Wind massierte meine Haut. Er schmeckte nach Nebel, nach Dunst.

Es war ein sehr stiller Vormittag. Etwas Unerklärliches lag in der Luft, als läge der Tag auf der Lauer, um mich im geeigneten Augenblick anzuspringen. Dazu trug auch die verschleierte Sonne bei, die trotz der späten Vormittagsstunde nach all den heißen Tagen erschöpft wirkte. Ich ging durch den Park, ein Stück den Fluss entlang und bog zum Steg ab, der über den schmalen Bach führt, um von da aus in die Stadt zu gelangen.

Dort am Steg stand er, als hätte er auf mich gewartet. Der Wind legte sich in seinen offenen langen Mantel, blies ihn auf, hob seinen schwarzen Hut, zwang den Besitzer, diesen immer wieder ins Gesicht zu drücken.

Als ich näher kam, sah ich den Rauchring, den er um sich herum gelegt hatte, der aus seiner Pfeife quoll. "Guten Morgen", sagte er freundlich. Er ließ meinem Erstaunen wenig Zeit. "Haben Sie es gelesen? Die Verhandlung ist öffentlich. Sie waren doch mit dem Professor befreundet! Ist da etwas dran? Es wird ja so viel geredet." Ich sagte ihm, dass ich seit Jahren nicht mehr mit ihm gesprochen hätte. Er erzählte mir von der Verdächtigung des Forschers und dem Tod einer Zeugin. Nachweisen ließ sich bisher weder ein Fellhandel noch ein Mord. Die Frau, die es gewusst hätte, besaß keine Stimme mehr. Jahrelang hätte ihn eine "geheime Feme" unter Druck gesetzt, sagte er.

Ich beschloss, dieser Gerichtsverhandlung beizuwohnen, weil ich Micha unter den Zeugen vermutete. Schließlich sollten ihn die beiden Toten im Musik-Center gekannt haben. Aber Johann-Michael, den man tatsächlich geladen hatte, ließ sich entschuldigen. Der ihn vertrat, war sein älterer Vetter. Zu wissenschaftlichen Zwecken untersucht und verarbeitet wurden nach seinen Aussagen nur Felle verendeter Tiere. Eine Erklärung des

Massensterbens bieten Berichte dänischer Biologen über ein durch eine Seuche verursachtes Seehundsterben wie 1988. Die toten Tiere wurden auf Inseln, im Jadebusen in Holland und sogar England gefunden. Nachweislich starben 800.000 Seehunde. Ob die Seuche in der Verschmutzung der Nordsee oder in der zu großen Zahl dieser Tierart, die auf diese Weise dezimiert werden musste, begründet war, dafür gab es keine Beweise.

Dass die Beschenkten meist Frauen waren, die sich in der Öffentlichkeit darüber unterhalten hatten, da sie die Männer nicht zum Schweigen verpflichteten und in Unkenntnis der Sachlage nicht zur Rechenschaft ziehen konnten, behauptete der Kläger. Verkauft wurden die unter Beteiligten verteilten Felle nicht.

Die "geheime Feme" des kleinen Ortes verstand es jedenfalls, den Professor unter Druck zu setzen. Eine Verbindung zu den Toten im Musik-Center, die über das Geschehen berichteten, stellte mit einem hinterhältigen Tonfall der Kläger her. Ihm ging es nicht um die Felle, sondern um das Verbrechen als Folgeerscheinung.

Was dann durch einen in der Therapie tätigen Pfleger zur Sprache kam, ließ den Atem der Anwesenden stocken. Es war der spektakulärste Unfall, der sich in dieser Stadt je ereignet hatte.

Es handelte sich um einen Mann in den fünfziger Jahren, der sich regelmäßig am 3. des Monats etliche Tage lang dieser Therapie unterzog und dessen Schreie und Hilferufe während dieser Zeit trotz entsprechender Maßnahmen sogar nach außen drangen.

Es waren die Schreie eines Aggressiven, eines Verzweifelten, vielleicht Wutanfälle eines Randalierers, die sich in Beschimpfungen äußerten. Es waren Schreie über einer Hölle ausgespannt, die der Betroffene selbst nicht zu interpretieren verstand. Gelegentlich hörte man die Töne eines Instrumentes, das in seiner ganzen Vitalität ausgespielt wurde. Gut Informierte sprachen von Zwangsjacken, die die Patienten während der Therapie schützen sollten.

Am Abend des letzten Tages konnte jeder, der Wert darauf legte, den scheinbar Geheilten das Gebäude verlassen sehen, oder ein Gespräch mit einem seiner Bekannten beobachten. Über die Art der Therapie wusste er nachträglich allerdings nichts zu erzählen.

Es ereignete sich an einem Mai-Morgen. Der Tag war besonders heftig angebrochen. Die Sonne brannte bereits in die frühen Morgenstunden, und viele Besucher standen schon vor 8 Uhr erwartungsvoll vor dem Musik-Center, als zwei Männer des Roten Kreuzes und der Notarzt in das Untergeschoss des Gebäudes eilten, um wenige Minuten später den Genannten auf einer Bahre ins Freie zu tragen. Er hatte, wie man später erfuhr, während der Therapie einen Schlaganfall erlitten. Die Lähmung beider Gesichtshälften hatte ihn am Schreien gehindert, und ihm so die Möglichkeit genommen, seine unerträgliche Situation nach außen hin zu demonstrieren. Der Beklagenswerte war, wie es schien, zu ewigem Schweigen verdammt. Eine Angehörige schilderte die vermutete stumme Qual des Gelähmten, der seine Stimme bei ihrem Besuch immer noch nicht wiedergefunden hatte. In seiner Starre hatte er wie eine in einen Eisblock gehauene Skulptur gewirkt.

Der zu dieser Zeit tätige Pfleger dagegen behauptete, dass der Betroffene bei seiner Ankunft bereits tot gewesen sei und nach Aussagen der Schwester kurz vorher friedlich eingeschlafen wäre. Die Witwe des Verstorbenen vermutete dagegen, dass man ihn mundtot machen wollte.

Das Wort "mundtot" wiederholte sie mehrmals, was die Anwesenden offensichtlich auch beeindruckte, denn es wurde zwei-mal geklatscht. "Ja, mundtot, um einen Zeugen auszuschalten", während der Kläger behauptete, man hätte der Reaktion des Behandelten der Therapie den Ton genommen, und in seinen Ohren seien die inneren Schreie des Gequälten immer noch nicht verstummt.

Kurz gesagt, man war sich weder über die Ursache noch über die Art des Todes einig. Niemand wusste genau, wann der Herz- bzw. Hirntod eintrat.

Die Schuldfrage blieb auch deshalb ungeklärt, da niemand einen direkten Zusammenhang zwischen dem Professor und dem Toten herzustellen vermochte. Was man mit Sicherheit sagen konnte, war eigentlich nur, dass in kurzem Zeitraum drei Menschen im Musik-Center den Tod fanden, die vorher über Micha geklagt oder ihn als abnorm bezeichnet hatten.

Der letzte Tote aber gab selbst den Gemüts- und Gefühllosen unter den Zuhörern zu denken.

Die Frauen des Bestattungsinstituts, die den Toten ankleiden wollten, entdeckten die Nahtstelle in der Herzgegend. Die Ob-uktion der Leiche ergab später das fehlende Herz des Toten.

Der Richter verwies auf eine Unterschrift, mit der der Betroffe-ne eine Einwilligung zu einer Organspende erteilte und mit der Vorauszahlung einen Bungalow in der Südsee baute. Das Land lag zum Verkauf aus und der Himmel dazu. Er war jung und griff zu, um der Frau und dem Kind, das noch nicht einmal das Licht gesehen hatte, ein kleines Paradies zu schaffen. "Dafür spendest du mir einmal eine von deinen Nieren", soll der Ge-schäftsfreund gefordert haben, der den Bau mitfinanzierte. Der zu diesem Zeitpunkt noch junge gesunde Mann vermutete im Alter ein Nierenversagen, da die Familie damit geplagt war. Nach einem Unfall war die Notwendigkeit einer Transplantation plötzlich eingetreten, ohne dass der Schuldner in all den Jahren seine Schuld abgetragen hätte.

Der Kläger sah im Zusammenfallen der Termine, an dem die beiden Geschäftsfreunde im Krankenhaus lagen, einen Zufall, zumal der Tod des einen die Transplantation nicht mehr notendig erscheinen ließ. Das fehlende Herz aber blieb ein Rätsel, das keiner der zu diesem Zeitpunkt anwesenden Ärzte zu lösen vermochte.

Warum waren es gerade Michas Bekannte, die während der Musik-Therapie starben? Warum gerade während der Therapie in diesem Musik-Center? Das war die Frage, die der Kläger lauernd dreimal stellte und damit die Aufmerksamkeit der Anwesenden erregte.

Der Vetter schilderte den Angeklagten, wie ich ihn kannte. Er sollte sich als "Leuchtfeuer der Wissenschaft", als bedeutenden Forscher, Ozeanologen gesehen haben, was die Öffentlichkeit bestätigte, und wie ein Ertrinkender über den Büchern gelegen haben. Nie hätte aber sein gut erzogener Wille Ausbeutung, Zerstörung im Sinne gehabt, betonte er. Die Geschenke seien Felle von toten Tieren gewesen, die er vorher zu Forschungszwecken untersuchte. Der Vetter hätte eben die Schuld, die man ihm anlastete, nicht behalten sollen.

Der Sprecher redete sich heiß, während eine Ahnung plötzlich meinen Mund füllte. Ich verweigerte ihr lange das Wort, bis der Gedanke esoterisch in einer intimen Sprachäußerung wieder zum Vorschein kam. Lyrik, ob als Gedicht oder als Hörbild, vermag es, unsichtbare Räume zu schaffen.

Sie war es allerdings auch, die unseren Konflikt unterstützte, denn Freund Michael lehnte forschende wie schöpferisch tätige Frauen ab, deren lyrischen Ergüsse schwarz auf weiss mehr oder weniger die Öffentlichkeit erfreuten.

Meine verbalisierte Ahnung war eher visionär als realistisch, denn die "geheime Feme" formierte sich vor meinen Augen und marschierte ins Musik-Center, wie immer sie auch in diesen Ort gekommen sein mochte. Ich ließ sie, je nach Funktion, mehr oder weniger laut schreien. Im Punkt Schuld aber blieb ich beim Staunen stehen.

Da das Musik-Center durch die drei Toten ins Zentrum des Interesses der Bürger gerückt war, erzählte man sich auch das eine oder andere Schauermärchen, ohne dass sich der Wahrheitsgehalt überprüfen ließ, bis eines Tages ein Bekannter betroffen war. Max hieß er, und ich kannte ihn seit meiner Jugendzeit. "Unter Druck gesetzt, steht in der Zeitung", sagte er. "A Psychopath wird a sa, des is." Er lachte schallend. Mit dem Psychopathen meinte er Micha. Er glaubte auch zu wissen, dass Forschen nur ein Vorwand sei, um an Felle heranzukommen und dass es jeden Menschen nur um Reichtum gehe. "Wenn ma sie derwischt, sans af amol Psychopathen." Dass es ihm nicht einmal gelang, mich in Wut zu versetzen, ärgerte ihn sehr. Vielleicht griff er deshalb Jann an. "Der Neinmolgscheite wird a amol a secha Forscher, passns af!", warnte er. Jann war allerdings auch oft Zielscheibe der Kinder der Nachbarn, da er keinen Spaß an den Spielen der anderen zeigte und sich nicht beteiligte. Die Bücher galten als seine Leidenschaft, wenn er nicht spielerisch experimentierte. "Klugscheißer" nannten sie ihn. Der Fehler lag wohl bei mir, denn ich hätte ihn warnen sollen, von seinem Vater zu erzählen und von seinen Berufswünschen.

Dass die Nachbarn, die von meiner Jugendfreundschaft zu Michael wussten, Jann ausgerechnet mir unterstellten, fand ich eher lustig.

Max also unterzog sich eines Tages dieser Musik-Therapie und behauptete nach Aussagen seiner Mutter, Klaus zu sein - das war der vor einem Jahr bei einer Bergtour verschollene Bruder -, dessen Ausweis er tatsächlich bei sich trug. Da sich seine Mutter bereit erklärte, die Verantwortung zu übernehmen, sah man von einer Heimeinweisung ab. Die Brüder sahen sich trotz der drei Jahre Altersunterschied sehr ähnlich, und entfernt Bekannten fiel die Unterscheidung schwer. Die Mutter versuchte verzweifelt, den Sohn vom wahren Sachverhalt zu überzeugen, aber Max behauptete störrisch: "Ich bin Klaus" und wusste rege von dessen Berufserlebnissen zu erzählen. Ja, er erzählte so glaubwürdig, wie er sich per Anhalter über die Grenze absetzte, um der Bevormundung für ein Jahr zu entgehen, dass ihm viele, die ihn lange nicht mehr gesehen hatten, Glauben schenkten.

Selbst Fotos aus dem Familienalbum konnten ihn nicht überführen. Er schilderte die Beziehung des Bruders zu seiner Freundin, den Verlauf einer Reise in allen Einzelheiten, obwohl man annehmen musste, dass ihm diese Details nicht so genau bekannt sein konnten.

Die Mutter beklagte also, nach Ablauf der Therapie, sein verlorenes Gedächtnis wie sein verlorenes Ich.

Die Freundin des Bruders machte den Spaß, wie sie sagte, mit, ließ sich zum Tanzen einladen und amüsierte sich mit ihm, dem Jüngeren, staunte über die gleichen Gewohnheiten, die gleiche Art zu reden, sich zu verhalten.

Max war lange Zeit in jeder Hinsicht Klaus, wollte es sein. Dazu trug auch der gleiche Beruf der Brüder - sie waren als Fernfahrer tätig - bei.

Sein Seelenzustand schien sich zuerst durch die Identifikation mit dem Bruder gebessert zu haben. Während er früher oft in den für ihn leeren Tag gestarrt hatte und selbst einen alten

Bekannten, der seit seinem Unfall totale Pflege benötigte, gewindelt und gehätschelt werden musste, beneidet hatte, schien er jetzt mit sich zufrieden zu sein. Sein Haarschnitt veränderte sich, glich sich langsam dem des Bruders an, und man hörte ihn nicht mehr sagen: "weil ich mich nicht leiden kann", eine Begründung seines Totalschnitts.

Seine Gangart wies den älteren lange Zeit deutlich als den jüngeren Bruder aus. Bei jedem Tritt rollte er zu Beginn seines Rollentausches die ganze Kraft bis in die Fußspitzen. Er hatte sich auch dessen Hobby angeeignet. Während allerdings der Jüngere seine Instrumente beherrschte, nicht nur die Jazz-Orgel, sondern auch das Saxophon zu spielen verstand, übte der Ältere Tonleitern und Kinderlieder. Mit der Wahl der brüderlichen Freizeitbeschäftigung hatte sich nicht gleichzeitig dessen Begabung eingestellt. Daher war die durch die Rollenübernahme entstandene Verunsicherung durchaus verständlich. Seine Verwandten sprachen von einer "verkrachten Existenz". Durch eine Fahrlässigkeit im Straßenverkehr bedingt, wechselte er bald seinen Job und bemühte sich um die Stelle als Verkäufer in einem Metzgerladen, was ihm nicht allzu schwerfiel, denn vor seiner Karriere als Fernfahrer war bereits während seiner Lehre alles Fleisch durch seine Hände gegangen. Dass er als Klaus auf diesen erlernten Beruf zurückgriff, wunderte allerdings seine Umwelt.

Die allgemeine Unzufriedenheit mit Max wälzte sich von einem zum anderen, ohne irgendwo ein Ventil zu finden, während ihn Tante Grete, wenn sie ihm begegnete, wie ein Denkmal bestaunte, denn sie war bei dessen Enthüllung - die in der Gerichtsverhandlung unter Ausschluss der Öffentlichkeit vollzogen wurde - nach seiner Rückkehr aus dem Musik-Center als einzige nicht verwandte Person anwesend.

Vater fehlte das Verständnis für dergleichen "Idiotie", wie er das Urteil der Umwelt nannte, die von "Identifikation" sprach. Er selbst wollte keine Veränderung bemerkt haben. "Leugnung der eigenen Identität, so ein Schwachsinn!", sagte er, und damit war der Fall für ihn erledigt.

Max riss mit seinen neuen Gewohnheiten bald die Familienordnung ein, weil man von ihm, dem Älteren nicht erwartete, was man dem Jüngeren zugestand, weil man längst aufgehört hatte, dessen labilen Charakter, seine heitere Verantwortungslosigkeit und Leichtlebigkeit zu kritisieren. Aber dieses Bündel von Reflexen war eben Klaus, nicht Max, der Ältere, Verantwortungsvolle, Ernsthafte, aber auch Schwatzhafte.

Jeder der Brüder stimulierte bestimmte Erwartungshaltungen in der Familie, und Max, der unbedingt Klaus sein wollte und alles tat, um die Familienmitglieder zu überzeugen, befriedigte deren Bedürfnisse nicht mehr und beschwor chaotische Zustände herauf, bis man ihn in nervenärztliche Behandlung zwang. Hatte der Ältere die Rolle des Jüngeren übernommen, weil auch er auf seine Weise vielleicht durch Identifikation einen durch die Therapie erzeugten unerträglichen Zustand abwehren musste?

Das war die Zeit, in der sich seine Mutter bitter enttäuscht wegkrümmte, ohne dass es der Nachbarschaft auffiel. Später fühlte sich Max von allen Seiten bedrängt, wurde, nachdem die Stütze der Mutter fehlte, auch von Bekannten und Sportfreunden gehänselt. Es geschah nicht aus Bosheit, sondern weil man ihn zur Einsicht bringen wollte.

Auch die tote Mutter hatte durch Geschwätz dazu beigetragen. Ihre Verkalkung allein war sicher nicht die Ursache, warum ihr die Zunge etwas zu locker saß.

Die Familie sah einen Versager in ihm, und sein Scheitern wurde für ihn wie das Atmen zu einer Tatsache.

Eines Tages kam er wieder fast kahlgeschoren vom Friseur nach Hause. Man fragte ihn, ob er sich wieder nicht mehr leiden könne, aber Max suchte einen Menschen, der sich um ihn "kümmert"; durch seinen nicht anerkannten Rollenwechsel ausgestoßen, fühlte er sich oft für andere mitgeschoren.
Kurz, die Art seiner Abwehr musste eines Tages die Grenze überschritten haben und misslang.

An den Wochenenden kam Jann, da er sich bei mir wohlfühlte. Längst hatte sich die Rauheit in unserer Beziehung, ohne die Verheißung eines paradiesischen Zustandes abgeschliffen. Wir mochten uns, aber dieses freundschaftliche Verhältnis ersetzte nicht die Mutter-Kind-Beziehung. Jann aber schien gerade auf diese Distanz Wert zu legen. Er experimentierte, warf sich stundenlang im Garten oder in seinem Zimmer über Bücher, die keineswegs zu seinen Schulbüchern zählten; Bücher, die ich ihm mitbrachte oder die er aus meinen Bücherregalen entnahm. Er las sich die Augen wund. Manches überstieg seinen Horizont, und er stellte viele Fragen.
Der Heimaufenthalt schuf Probleme, denn er wollte nicht, was die Heimleiter und die Erzieher von ihm erwarteten, nämlich funktionieren, und er fand auch kein Wörterbuch für die für ihn unverständliche Sprache der Erzieher.
Ich bestärkte seine Berufsziele, während die Erzieherin der Gruppe ihn permanent zu frustrieren verstand und die für ihn tragfähige Zukunft in ein Nichts zu verwandeln suchte, um ihn, wie sie sagte, "von seiner realitätsfernen Denkweise zu heilen." Jann besaß glücklicherweise noch die Fähigkeit, die Bedenken anderer in Nebel aufzulösen, wenn es um seine Berufswünsche ging. Seine wunderbare Gewissheit, den Vater zu finden und sich an seiner Forschung zu beteiligen, beflügelte auch mich, heimlich seinen Vater zu suchen.

Trotz dieser zukunftsorientierten Einstellung, die man in dieser Altersstufe als Ausnahme bezeichnen muss, verbannte er die Großmutter nicht in die Legende, und seine frühe Kindheit war nie vergriffen, sondern eher griffbereit. "Die Großmutter sagte..., aber die Großmutter machte es so...", zählten zu seinen Hauptargumenten. Natürlich hatte er im Heim und in der Schule auch Freunde gefunden. So regte ihn der Zeichenlehrer, der ihn für begabt hielt, zum Zeichnen und Malen an. Aber seine kunstvoll verzierten Krüge wehrten sich durch ihre Henkellosigkeit so heftig wie er gegen das Funktionieren. Dafür setzte er die Farben so geschickt ein, dass er allgemein Lob erntete. Durch die Großmutter an klassische Musik gewöhnt, besuchte er mit mir Theater und Konzert, soweit es seinem Fassungsvermögen entsprach. Kurz, seine Kindheit gehörte noch immer den Erwachsenen, und ich fürchtete, keinen geringen Anteil an dieser Entwicklung genommen zu haben.

Ich riet Jann zu einem Brief, dem er ein Bild beilegen sollte, um den vermeintlichen Vater auf ihn aufmerksam zu machen. Seine Bewunderung sollte er dem, wenn auch umstrittenen, so doch auch erfolgreichen Verhaltensforscher entgegenbringen und Micha ihm, den von diesem Beruf begeisterten Jungen, die Teilnahme an einer Beobachtungsfahrt erlauben. Die Anschrift war mir seit der Gerichtsverhandlung bekannt.

Jann befolgte begeistert meinen Rat.

Richtig, ich vergaß es zu erwähnen, dass der Vetter Michas Erfolg betonte und auf den bereits während der Studienzeit verliehenen Preis verwies.

Dieses Wissen wollte ich nützen, aber die Antwort bestand trotzdem nur aus einer Ansichtskarte, in der er Jann erklärte, dass Kindern die Teilnahme an derartigen Bootsfahrten verboten sei und ihm viel Erfolg in der Schule wünschte. Die Ähnlichkeit des Jungen mit Bildern aus seiner eigenen Jugendzeit schien ihm nicht aufgefallen zu sein.

Jann trauerte mit den Weiden im Garten über seinen Misserfolg, denn er wäre natürlich gerne mit auf hohe See gefahren.

Ich starrte nicht weniger enttäuscht in den blassen Morgen, den Regen um mich herum. Er rieselte aus dunklen Wolkenfeldern, hinter denen ich die Sonne ahnte und auch sonst ahnte ich noch allerlei, ohne Konkretes zu wissen. Was hätte ich auch wissen können?! Jann sah Micha ähnlich, und auch seine Wesensart erinnerte mich an ihn.

Wer garantierte mir aber, dass ich mich nicht selbst täuschte? Vielleicht wünschte ich unbewusst in Jann Michas Sohn zu sehen? Vielleicht war es dieser Wunsch, der mir Ähnlichkeit vorspiegelte, die es in Wirklichkeit nicht gab, eine psychisch bedingte Wahrnehmungstäuschung? Natürlich wollte ich Jann nicht an Micha abschieben. Aber ich wäre sogar bereit gewesen, einmal aus dem gewohnten Ablauf der Zeit auszutreten, um ihn einen Vater oder Eltern zu vermitteln.

Was mir selbst nicht gelang, brachte Minus, unser schwarzer Kater, der uns zugelaufen war, fertig. Er sprang im Wohnzimmer in seinen Arm, rieb sein Fell an seinem Hals, bis er eine Stunde später, die Abendsonne auf dem Kopf, wieder mit ihm durch den Garten tollte.

Minus legte wenig Wert auf Ordnung und Pünktlichkeit. Er kam, wann er wollte, manchmal mitten in der Nacht, ging, wenn es ihm beliebte, huschte im Zwielicht durch den Garten und am Fenster entlang oder wärmte sich schnurrend in der Mittagssonne. Wer leicht schlummerte, konnte ihn hören, wenn er auf einer Brücke aus Mondschein seinen Nachtgesang anstimmte. Minus leerte sogar seine Schüssel zu verschiedenen Zeiten und schien eine Abneigung gegen jede Form der Regelmäßigkeit zu haben.

Teil II

Im August beobachteten wir vom Tierpark aus die angekündig-
te Sonnenfinsternis. Sie beeindruckte uns weit mehr als wir angenommen hatten. Jann beäugte bereits eine Stunde vor Eintritt
der Erde in den Mondschatten mit Schutzbrille den Himmel. Es
wurde merklich kühler. Die Finsternis fiel wie eine Wolke auf
uns. Nur ein Licht taumelte trostlos, verirrt durch das Dunkel.
Es gehörte einer alten Frau, die mit der Taschenlampe ihren
Enkel suchte.
Die Vögel verstummten. Die meisten Tiere schien das Ereignis
nicht zu interessieren.
Viele Besucher, die mit Ferngläsern und Schutzbrillen aufgeregt hin und herliefen, schauten, wo sie gerade standen, gebannt in den grünlich-blauen Himmel. Sieben Minuten lang lag
totale Stille in der Luft, als wäre die Erde ausgestorben. Die
schwarze Mondscheibe war mit einem lebhaft glänzenden
Lichtring umgeben. Den Stern von Bethlehem kündigten die
Zeitungen neun Monate nach der totalen Finsternis im Mai an.
Geburt und Kreuzigung Jesus waren von Sonnenfinsternissen
begleitet.
Nach Ansicht der Astrologen lag die gleiche Konstellation vor
wie damals. Drei Planeten umarmten sich.
Nostradamus sprach von einem großen Schrecken am Himmel
und prophezeite ein Unheil, vielleicht einen Weltuntergang: Es
"wird die Sonne sich verfinstern und der Mond nicht mehr
geben seinen Schein; die Sterne werden herabfallen vom Himmel, und die Kräfte des Himmels werden erschüttert werden."
Nachweislich war ein Volk in den Jahren der Sonnenfinsternis-
se bedroht. 1188, 1484, 1643 und 1940 wurden Juden von verschiedenen Staaten verfolgt. Viele historische bedeutende Er-

eignisse, wie z.B. der Untergang der Titanic, standen im Zeichen der Sonnenfinsternis.

Wer an die Offenbarung glaubte, fürchtete auch diesmal Krieg, Naturkatastrophen und Krankheiten.

Dieses große Ereignis veranlasste einen, der sich für einen Künstler hielt in der Unterführung mit Farbe aus der Sprühdose eine Litanei zu hinterlassen und seine böse Ahnung, seinen Frust wegzuklagen.

Eine grafisch elegante Lösung war es nicht, und man versuchte des missbrauchten Malgrundes wegen dem Graffiti-Künstler auf die Spur zu kommen.

"Vor dem Schrecken am Himmel bewahre uns, wenn die Sonne schwarz wie ein härener Sack und der Mond wie Blut wird, und die Sterne des Himmels auf die Erde fallen.

Vor dem Ausfallen des schützenden Magnetfeldes der Welt, den vernichtenden Gammastrahlen und dem Einschlag großer Asteroiden beschütze uns!

Wirbelstürme kosten Menschenleben, Bergrutsche verändern die Alpenwelt, aber die Wüste wächst nach.

Vor dem Treibhauseffekt, Klimakatastrophen und seinen Folgen verschone uns!

Du Beschützer der Schutzlosen

Du Hoffnung der Hoffnungslosen

Du Schrecken der bösen Geister

sei uns gnädig!

Der Handel mit Samen und Eizellen blüht. Sperma wird tiefgekühlt verschickt. Eizellen können per Computer bestellt werden. Bei Spendern mit Universitätsabschluss steigt der Preis auf das Zehnfache, mit 5000,00 Dollar ist auch der Nicht-Akademiker dabei.

Wer's gerne schwarz-weiß hat, kann ein hell- und ein dunkelhäutiges Zwillingspärchen bestellen.

Vor der Ungerechtigkeit, dass die reichsten Eltern die klügsten, gesündesten und schönsten Kinder erziehen werden, den geklonten Übermenschen mit der Unsterblichkeit in der Konservendose und ihren Machtdemonstrationen
behüte uns!
Die Dämonen Handy, Mini-Browser grinsen uns an. Die zwischenmenschliche Kommunikation liegt im Sterben. Macht wird elektronisch vermittelt.
Vor dem Computer-Chaos, der Laufmasche Technik
rette uns!
Du Gottmensch der Übermenschen
Du Wort der Wortlosen
Du Allmächtiger der Mächtigen."

Die Wörter "Rinderwahnsinn und Schweinepest" hatte ein Farbspritzer verwischt. Der Satz war unlesbar.
Ich bin nicht abergläubisch, aber der Mondschatten verließ uns in diesem Jahr nicht.

Am Ende der Sommerferien reiste ich mit Jann gen Norden. Von seinem Vetter über Michas Referat im Inselbereich informiert, beschloss ich, Jann die Insel zu zeigen und mir eines der Referate anzuhören, ihn persönlich zu treffen.
Ich führte Jann über den Deich, wanderte mit ihm durch das Wattenmeer zur Insel. Der Himmel wölbte sich gewaltig über uns.
Ich liebe diese amphibische Welt des Wattenmeeres, die Stille und Weite der Landschaft, aber Jann beeindruckte nicht einmal das ungebändigte Meer. Er wollte schwimmen, und die Wassertemperaturen waren recht niedrig. Ich bot ihm diese Watt- und Heidelandschaft wie das gelobte Land an, aber er fand keine Beziehung zu ihr.

Wir bauten schließlich eine Sandburg. Es ist die Beschäftigung derer, die sich in dieser Landschaft langweilen. Wir schwammen im kalten Wasser herum, nicht ohne seinen Hinweis, dass Hallenbäder weitaus angenehmer wären.

Ihn zu einer Bootsfahrt zu motivieren, erwies sich als einfacher. Nach kurzer Autoanfahrt segelten wir in einem Mündungsarm der Ems. Der Mann am Steuer, salzwassergezeichnet, erzählte von Vogelschutzgebieten und von der Begegnung mit Seehunden. Trotz Sonneneinstrahlung wehte ein recht kalter Seewind, und der heiße ostfriesische Tee mit Sahne erzeugte ein wohliges Gefühl, durchströmte uns warm, dass wir die salzhaltige frische Seeluft als angenehm empfanden. Als wir vor Anker gingen, tauchte plötzlich der Kopf eines Seehundes auf, beäugte uns neugierig und glitt am Schiff vorbei.

Ihm gelang es natürlich, Janns Aufmerksamkeit zu erregen. Er war plötzlich wieder hell wach und fieberte auf die Begegnung mit dem Ozeanologen hin, dessen Brief eine so unbefriedigende Antwort auf seine Bitte enthielt.

Am Nachmittag dann das von uns mit Spannung und Ungeduld erwartete Referat. Michael sprach über das Verhalten der Seehunde, über die Lernprozesse der Jungtiere. Was mir sofort auffiel, war nicht nur sein Gang, sondern vor allem die zur Faust gekrümmten Finger der linken Hand, die sich während seines Berichts nicht aus der Verkrampfung lösten. Der grau durchwachsene Bart ließ ihn weitaus älter wirken als seine verbrieften Jahre zuließen. Ich schaute auf die Falten in seinen Mundwinkeln und unter den Augen und glaubte doch den Jugendfreund zu erkennen, so wie er in meiner Erinnerung lebte.

Unsere Begegnung verlief zuerst sehr distanziert. "Du bist also der Junge, der an einer Bootsfahrt teilnehmen wollte?", sagte er.

Dann die üblichen Fragen nach dem Alter, der Schule und die Vertröstung auf später.

Wieder fand ich mich in der Rolle der distanzierten Beobachterin. Es störte mich nicht, dass er während des Gesprächs mit Jann immer wieder die obere Zahnreihe mit dem Finger strich, bis sie quietschte, aber es fiel mir auf.

Er verschluckte sich an meinem Namen und würgte ihn mit einem "Lange nicht mehr gesehen" hinunter.

"Wirklich eine lange Zeit, 30 Jahre oder? Warum hast du dich nicht mehr sehen lassen?"

Er übersprang einzelne Worte, beeilte sich mit seinen Fragen und ließ meiner Antwort keinen Raum.

Wir gingen am Damm entlang, Dunstschleier über dem Meer. Zwischen Wacholder glänzte das helle Violett der Heide, wurden die rhythmischen Schläge der Wellen gegen den Damm hörbar, eine Landschaft, die die Sinne reizt.

Seine Stimme neben mir, immer wieder das verlegene Lachen im gleichen Rhythmus, dazwischen das Knacken seiner Fingerknöchel.

"Ja, das waren Zeiten! Wir liebten uns, aber du, studienbesessen, kanntest nur ein Ziel", fing er erneut an. Er hängte mir Interessen und Lerneifer als Schwäche um, kritisierte die vermutete Ausschließlichkeit meiner geistigen bzw. schöpferischen Arbeit. Seine Fantasie bestimmte meinen Lebensrhythmus, und ich verpasste die Chance, ihm diese Halbwahrheit zu widerlegen. Die beherrschende Erinnerung konnten auch 30 Jahre nicht löschen. Dann wieder mein etwas überschlagener Monolog, der oft ausuferte, von einer unsortierten Erzählung unterbrochen, einer Bilderflut, die er im Telegrammstil kommentierte. Wir stocherten in der Vergangenheit herum, immer weiter, bis an den Anfang zurück, bis zu unserer ersten Begegnung.

Mit wem er jetzt lebt, wollte ich dann wissen. "Ellen, natürlich nur Hausfrau seit unserer Hochzeit und zwei Kinder, nein, kein Mädchen, zwei Jungen. Der eine ist schon verheiratet." Eine Zeit lang verlor sich unser Gespräch in Belanglosigkeiten, als bestünde das Leben nur aus Kleinigkeiten, den täglichen Handgriffen, Gesprächen mit den Kindern und Streitigkeiten, die im Sprachlosen ablaufen.

Dann sprach er ihn plötzlich aus, den Gedanken, der mich bei der Gerichtsverhandlung flüchtig gestreift hatte, dass man ihm einen Mord an der Freundin aufgrund einer Verwechslung anlastete. Dieser Doppelgänger sei ein Wilderer, der Seehunde getötet und mit den Fellen Handel getrieben hätte, während er nur ein paar Felle verendeter Tiere an gute Bekannte weitergegeben hätte, nachdem die wissenschaftlichen Untersuchungen durchgeführt waren.

"Du wirst es ja in der Verhandlung gehört haben. Du wohnst ja an der Quelle." Dass er eine Woche später zu einer Gerichtsverhandlung geladen war, zu der die Entfernung von seiner Wohnung nur wenige Meter betrug, sagte er nicht. Wir stolperten über Wurzeln und kleine Wassergräben in der Heide. Die Sonne leuchtete seine Verzweiflung aus. Der Gedanke der Schuldzuweisung ging, als hätte er sich nie in meinem Kopf befunden, an mir vorbei, entfernte sich langsam von mir, ohne dass sich aber an dem Gefühl des Fremdseins, das mich während seiner Reflexion überfallen hatte, etwas änderte. Ich spielte auf die Vorzüge seiner Frau an, ohne sie zu kennen, um seinen Angriff abzuwehren.

"Die große Liebe war es damals nicht, aber man lebt sich zusammen", gestand er. "Es war die Reaktion auf dein Trotzverhalten." Ich konnte mich des Gedankens an eine in jedem Augenblick abrufbare, vielleicht sogar eingeklagte Liebesbeziehung, die mir unerträglich erschien, nicht erwehren. Es ist allerdings wahr, ich stand wirklich im Sprungfeld zwischen ihm und meinem Studium, aber ich sah immer noch nicht ein, warum das eine das andere ausschließen sollte, warum er eine so frühe Bindung für notwendig hielt. Der falsche Zungenschlag war es, der unsere Interaktion störte, warum es uns nicht gelang, den Himmel, der sich so hoch über uns wölbte, auf uns herabzuziehen, und ich litt wie damals unter dieser Störung. Am Abend, als Jann, der sich am Damm müde gelaufen hatte, schlief, lernte ich seine Frau kennen. Ihre schlichte, mütterliche Art sammelte sofort alle Sympathien ein. In ihr hat er eine Partnerin gefunden, die ihm immer bedingungslos zustimmt, dachte ich.

Außer mir waren noch sein Vetter und zwei Kollegen mit ihren Frauen eingeladen. Das Gespräch kreiste um Alltagsprobleme, um die Kinder. Die Gastgeberin brachte Tee und eine selbstgebackene Obsttorte. "Aus unserem Garten", sagte sie.

Michael saß mit angespanntem Gesichtsausdruck und zusammengezogenen Augenbrauen da, schien nur auf eine Sprechpause zu warten. Es war nur eine kurze Atempause, die er für seinen Einsatz nutzte. Zuerst sprach er lange ins Leere hinein. Niemand schien zuerst richtig zuzuhören. Die beiden Damen sprachen leise weiter, die Kollegen beteiligten sich nur mit "So, ach, hm" am Gespräch, das schließlich völlig im Monolog mündete, bis jemand den Verkauf der Felle ansprach. Woran der nächste Seehund sterben könnte, wurde gefragt, und Micha empfahl dem Interessenten, anschließend eine Musik-Therapie im Musik-Center. Seine Ironie wirkte, hinter vollendeter Höflichkeit verborgen, beängstigend, beunruhigend.

Die Frau eines Kollegen riss sofort die ungeteilte Aufmerksamkeit der Anwesenden an sich, indem sie diese in den Strudel rätselhafter Begebenheiten im Musik-Center mit hineinzog. In unangemessenem Ton, viel zu laut, ohne immer das passende Wort zu finden, reihte sie die Episoden wie die Perlen an einer Schnur auf, erzählte ausführlich das Geschehen in Form kleiner Anekdoten. Wie erklären sie sich denn diese Ereignisse, bog sie ihm die Frage zu. Johann-Michael konnte sich das Geschehen natürlich nicht erklären, worauf die Dame, als wäre der Regisseur mit der Probeaufnahme nicht zufrieden, ihren Text wiederholte. Dann trat ein Augenblick unerwarteter völliger Ruhe ein. Kein Laut war zu hören, nichts bewegte sich, außer Michas etwas gebogener Rücken. "Es waren doch weitgehend ihre Bekannten, oder?" Micha parierte nicht sofort auf die Herausforderung. Er schien die Karten neu zu mischen. Seine überlegte Ironie stand im Widerspruch zu der von Minderwertigkeitsgefühlen geprägten Haltung. Noch ehe es zu der entscheidenden Erwiderung kam, trat der Mann ein, den ich längst unter den Anwesenden gesucht hatte.

Als ich Michas Vetter bei der Gerichtsverhandlung zum ersten Male sah, glaubte ich ihn zu kennen, führte aber dieses seltsame Wissen auf seine Verwandtschaft auf Micha zurück. Er begrüßte mich, setzte sich mit einer Selbstverständlichkeit neben mich, dass ich nicht dazu kam, meine emotional befrachteten Gedanken zu analysieren und nach Ursachen zu suchen. Was mich ärgerte, war meine Unsicherheit, die aus allen meinen Worten hing, und es dauerte lange, bis wir uns in unserem gemeinsamen Interesse für Kunst begegneten. Er lud mich am nächsten Tag in eine Ausstellung ein.

Heilmar war Jurist und wohnte in der Stadt. Seit dem Tode seiner Frau lebte er fast ausschließlich für die Wissenschaft, zumal der erwachsene Sohn längst eigene Wege ging. Die Kunst aber war, wie er zugab, zu seinem Refugium geworden.

Als Einsame übersteigen wir unsere Einsamkeit meist in der Kunst. Das hatte auch ich längst erfahren.

Heilmar war weder als schön, noch als hässlich zu bezeichnen. Er hätte keinen Maler oder Bildhauer besonders angeregt, aber in den tiefschwarzen Pupillen in dunkler Iris stand ein unerklärliches Wissen, in seinen Lippen pulste ein Leben, das meinen Rhythmus störte.

"Alfred Kubins Dämonen und Nachtgesichter, die interessieren Sie sicher!", behauptete er mit einer Sicherheit, die mich verunsicherte. Woher will er denn wissen, was mich interessiert? dachte ich damals.

Fantastische, erdrückende Visionen führten uns in die Ausstellung ein, "Trauermarsch", "Das Grauen". Es gab kein Bild, auf dem nicht das Fantastische den Charakter des Bedrohlichen gewinnen würde.

"Eine unheile, aber faszinierende Welt", sagte ich. Er lachte. "Exotische Landschaften, die an Gauguin erinnern. Sogar die Natur zeigt ihre zerstörerischen Kräfte." Heilmar, das war offenkundig, begeisterten die Bilder Kubins nicht. Er hatte diese Ausstellung um meinetwegen gewählt.

Mich beeindruckte diese zauberhafte Tier- und Pflanzenwelt, in der Farben und Formen geheimnisvolle Lebewesen entstehen lassen, unbegreifliche, oft bedrohliche.

"Ist das nicht die Grundsituation des menschlichen Daseins?" fragte ich ihn. Das klang pessimistisch. "Seines Daseins", korrigierte er. Das Dunkle, Bedrohliche löst die Rätsel des Lebens doch nicht.

Wir diskutierten noch eine Zeit lang hin und her, über gespensterhafte Vögel, Albträume und innere Gesichter, bis wir auf ein Bild stießen, das einen Weg zwischen Mauern zeigt und an Kafka erinnert. "Zeichen der Unentrinnbarkeit", sagte ich.

"Schicksal, Schicksal", wiederholte er und: "Es wäre Ihnen wie der Maus ergangen, wenn Sie damals meinen Bruder geheiratet hätten", behauptete er unvermittelt. "Eine sehr hohe Meinung scheinen Sie von Ihrem Bruder ja nicht zu haben!", bemerkte ich belustigt. "Warum? Er hat ja die Frau geheiratet, die zu ihm passt", parierte er geschickt. Dieser Gedanke, den ich schon den ganzen Abend, seit ich sie kannte, nebenbei dachte, störte mein Wohlbefinden empfindlich. Andererseits hätte der Anfang unserer Ehe tatsächlich das Ende bereits in sich getragen. Nie wäre es mir gelungen, den Knoten der Verständnislosigkeit zu lösen, ihn für meine Ziele, für meine Arbeit zu interessieren. Nach der Vertreibung lebten wir in einer Holzbaracke, vier Personen in zwei Räumen, und ich verlegte die Vorbereitungen für die Abschlussprüfung in den Bauhof, wo ich zwischen Leitern und Balken Ruhe und Platz für die Anfertigung der Hausaufgabe fand, wenn es nicht regnete. Wer unter diesen Umständen das Abitur anstrebt, verfolgt auch später hartnäckig sein Ziel. Dann meldete sich der Zweifel. Hätte ich mich nicht eines Tages, in einem Augenblick nachlassender Wachsamkeit, in ihm verlieren können? Aber es ist ein Merkmal des verhirnten Gegenwartsmenschen, seinem Verstand, nicht seinen Gefühlen Vollmacht zu geben.

"Wer die Liebe nicht zu überschreiten wagt, kann sie auch nicht wirklich erreichen", sagte Heilmar. Sein Blick meinte mich. In all den Jahren hatte es für mich keinen anderen Mann gegeben. Micha war mir immer fern, nahe geblieben, obwohl er scheinbar aus meinem Leben getreten war, aber ich konnte nicht leugnen, dass ich seit der Gerichtsverhandlung Heilmar an Michas Stelle dachte, ihm Toleranz, Verständnis und größere Aufgeschlossenheit unterstellte. Das Verwirrspiel verunsicherte mich, und die Proportionen meines Schuldbewusstseins zeichneten sich immer deutlicher ab, denn das war der Punkt, in dem ich Micha verriet.

Heilmar, der scheinbar heitere der Männer, in Leichtigkeit geübt, nahm keinen Schicksalsschlag schwer. Er verstand es, unverkrampft mit den Herausforderungen des Lebens umzugehen. Aber er schien nicht nur als Jurist und mit dem Umgang mit Gesetzen und Verordnungen vertraut zu sein, sondern auch mit den Frauen. Seine Art, sich ins Rampenlicht zu spielen, bewies es. Seine vielseitigen Interessen zeigte er in jedem Gespräch, und das war es eigentlich, was mich motivierte, mich länger, öfter mit ihm zu unterhalten.

Mit der Gerichtsverhandlung trat die Realität in meinen Traum, der keiner mehr war. Beide Männer standen in meinem Anziehungsfeld, aber ich dachte weder Micha, noch Heilmar an meiner Seite, obwohl ich sehr oft an sie dachte, sie gerne zu meinen besten Freunden gezählt, ihren Rat oder ihr Urteil gehört hätte.

Als wir nach dem Besuch der Ausstellung in die Pension zurückfuhren, erkannte ich plötzlich, dass mein Leben gefährlich wurde. Ich stieß zwar den Gedanken mit einem Lacher, aus dem mich die Selbstironie anschrie, zurück, aber er wollte mich von dieser Stunde an nicht mehr verlassen.

Micha war anwesend, als wir in der Pension ankamen, weil er Jann nicht allein lassen wollte.

"Schau", sagte er zum Abschied, "wie damals." Er beugte sich aus dem Fenster. Windwellen krochen über den großen Priel. Man konnte es im spärlichen Licht noch deutlich erkennen. Der starr ausgebreitete Schatten lag über dem Watt. Die bei unserer Rückkehr am Horizont gestaffelten Wolken waren nicht mehr sichtbar. Über uns dehnte sich ein scheinbar mondloser Himmel.

"Ja", sagte ich. "Ja, das Wattenmeer ist wie damals." Sein Blick

warnte mich, und ich schwieg im Bewusstsein, von ihm durch-
schaut zu sein. Ich spürte es, ich war noch immer unterwegs,
ohne ankommen zu können. Eine große Sehnsucht nach dem
Freisein für meine schöpferische Arbeit stand mir im Wege.

Janns Ähnlichkeit mit Johann-Michael stellte Ellens Neffe Nino
fest. Die Männer nahmen sie lachend, kommentarlos zur
Kenntnis, aber Jann war der Spaß offensichtlich recht peinlich.
Nach dem tödlichen Unfall der Eltern hatte Nino, kaum 21-
jährig, als Meister-Fischer den väterlichen Fischerei- und Fisch-
zuchtbetrieb übernommen. Trotz Reifeprüfung lehnte er jedes
Studium ab. Er klammerte sich an diese Landschaft, wollte
nicht in der Stadt leben, sondern Fischer wie sein Vater werden.
Am liebsten wäre er im fahlen Morgenlicht mit den Fischern
aufs Meer hinausgefahren und hätte der Familie nicht nur den
Verkauf der Fische, sondern auch seine Aufgaben überlassen.
Dass Jann ihn "komisch" fand, lag an seiner scheuen, sensiblen
Wesensart. Seine blühende Fantasie erlaubte ihm eine virtuelle
Realität ohne Computerhilfen.
Jann fand keinen Bezug zu seinen Geschichten, aber er freute
sich über das Angebot der Inselbesichtigung. Diese kleine Insel
war es nämlich, auf der er einer Nymphe begegnet zu sein
glaubte, während es allgemein bekannt war, dass die Tochter
der verstorbenen Inselbewohnerin nicht zu bewegen war, nach
dem Tod der Mutter die Insel zu verlassen und in die Zivilisation zurückzukehren. Einmal im Monat kaufte sie von Fischern
die nötigen Nahrungsmittel ein. Woher sie das Geld dazu
nahm, wusste niemand. Nino aber leugnete die Identifikation
seiner Nymphe mit dieser einsam lebenden Frau.
"Nino malt", sagte Micha. "Die Begabung scheint er von dem
geerbt zu haben." Sein Zeigefinger meinte den Großvater, der

aus einem Bild über dem Sofa lachte. "Der Großvater saß mit seinen Bildern am Trödelmarkt und verkaufte gelegentlich eines davon", stellte er ironisch fest. "Wollen Sie meine Undine sehen?", fragte der Maler. "Ich werde meine Bilder nicht auf dem Markt anpreisen." Trotz der etwas laienhaften Maltechnik beeindruckten mich diese Landschaftsbilder, die von Bewegung und Luft erfüllt waren. Die leuchtende Einfachheit der Primärfarben schien ihm Freude zu bereiten. Der Himmel setzte sich aus regenbogenfarbigen Mustern rotierender Ringe zusammen. Das viel zu leuchtende Giftgrün der Schilfhaare störte im Ultramarin des Meeres. Grüne Schatten auf der rötlich schimmernden Haut erzeugten Kontraste. Nino verstand es, leidenschaftliche Farben und beunruhigende lineare Rhythmen zu verbinden. Feine Abstufungen der Leuchtkraft lenkten die Augen der Betrachter in die Bildtiefe.

Es gab auch Bilder, die gerade durch ihre Schattierungen z. B. vom Rotbraun zu blassem Silbergrau wirkten. Die Nymphe stand immer im Einklang mit den Farben der Landschaft. Das Meer war für Nino mit Erinnerungen und Träumen befrachtet, die Stadt dagegen verfremdet.

Es ging das Gerücht, dass Nino Sonntag für Sonntag allein die Insel anlief, um die Nymphe zu sehen. Seine Gefühle blühten nicht nur in der warmen Jahreszeit unter der gespeicherten Liebe auf. Seine Beziehung zu jener Meerfrau entwickelte sich ohne Sprünge systematisch, und es gab kein Anzeichen dafür, dass sie eines Tages abreißen könnte und er, ernüchtert, den Traum erkennen würde.

Trotzdem erschien er pünktlich bei der Arbeit, und man konnte ihn weder faul noch pflichtvergessen nennen. Er äußerte sich selten, wenn er es tat, führte sein betont analoges Sprechen vielmehr in ihn hinein als aus ihm heraus, er reflektierte, statt sich mitzuteilen. Das Unaussprechliche, das ihn mit jener Frau verband, drückte er in Bildern und gelegentlich in Liedern aus.

Nino war in eine Welt aufgebrochen, ohne Aussicht auf Endgültigkeit, ohne in dieser Vorläufigkeit unglücklich zu sein. Er fand immer genügend Zeit, und die Onkel spotteten: "Dem Glücklichen schlägt keine Stunde." Sein Zeitwunder entstand aus einer Art Zeitlosigkeit aus einem ständigen Erschaffen der Zeit aus dem Nichts. Er verstand es auch, jeden Augenblick, auf den es ankam, zu konservieren, um ihn beliebig abrufen zu können.

Seine Geschichten spielten sich anschaulich vor unseren Augen ab, aber Janns Ratio ließ nicht begründbare Ereignisse nicht zu, und mit Logik war die Nymphe auf der Insel nicht erklärbar.

Dass Nino drei meiner Gedichte vertonen wollte, war Heilmars Idee. Ich sagte es bereits, er komponierte gelegentlich kleine Lieder, leichte, fröhliche Melodien, die durch ihren hüpfenden Charakter auffielen. Es waren Melodien, Motive, die sich in der Oktav widerspiegelten, in der Anfangsphase wiederholt wurden. Noten wurden abgewandelt, Motive variiert, mit Dissonanzen durchwebt. Gelegentlich führte er verstohlen eine zweite Stimme ein, die von der ersten wieder aufgesogen wurde.

"Führ uns dein Meisterstück bald vor!", forderte Heilmar.

Ich wollte Nino nicht enttäuschen, aber er spürte unsere Zweifel. Janns Stimme habe ich heute noch als Nachklang im Ohr. "Na, wenn du das Handwerk nicht gelernt hast, kannst du doch auch kein Meisterstück fertigbringen. Oder ist das Komponieren vielleicht kein Handwerk?" Ich schenkte ihm als Entschädigung die "Kompositionstechnik für Fortgeschrittene".

Dass Nino seine Nymphe in seinem Singspiel in einen Wassergeist verwandelte und verjüngte, verwunderte niemanden, der seine wuchernde Fantasie kannte. Die Leistung aber, die er nach dem Selbststudium der Kompositionstechnik erbrachte, war erstaunlich hoch. Während ihm bei der Vertonung der Lieder der vorgegebene Text behinderte, durfte er sich bei dieser Gelegenheit nicht nur musikalisch frei entfalten. Als Maler lag ihm die Kulisse, das virtuelle Naturbild sehr am Herzen:

Ein Felsbrocken stürzt in die Tiefe. Die Sturmwoge wirft sie mitten in die Schaumkrone einer großen Welle, die sie ans Ufer zu tragen scheint. Zuerst lacht sie über den Wellenritt, bis es immer schneller und schneller geht, und sie die Wucht einer Woge fast erdrückt, weil sie mit ihr krachend und donnernd ins Meer stürzt. Das Wasser dreht und wirbelt sie um die eigene Achse. Als sich das Meer etwas beruhigt, sieht man keinen Berg und keinen Felsen mehr im Bild, nur die graugrünen Wellen mit ihrer weißen Gischt, den Schaumkronen und ein Stück hellen blauen Himmel zwischen den Wolken. Die kleine Nixe erwacht aus ihrer Bewusstlosigkeit. Vielleicht war sie auch nicht bewusstlos, nur außer sich vor Angst. Sie streckt sich, schaut in die Sonne, die die Leere in ihrem Gehirn wieder mit Gedanken füllt, denn sie schaut sich um, schwimmt zügig in Richtung Land. Ein Lächeln besitzt sie, nimmt ihr ganzes Gesicht ein.
Jenseits des Dammes, im hellsten Fleck im Grün, der mit dem Rot-Violett der Heide kontrastiert, sitzt sie endlich, sie, die er Aquarella nennt. Der zackige Schatten der Wacholderbüsche reicht gerade bis zu ihren aufgestützten Händen. Neben ihr lassen sich kleine Krebse und Schildkröten in der Sonne austrocknen.
Sie singt. Ihre helle Stimme lockt ihn. Die Luft trägt ihm die kleine Melodie zu. Aber sie sieht ihn plötzlich, läßt sich in den Graben neben dem Wacholderbusch gleiten und schwimmt ins Meer.

Ninos Blicken entzogen, erscheint Aquarella am Strand. Wo sich die kleine Welle zurückzog, liegen die weichen Algen ausgebreitet auf den nassen Steinen. Eine Möwe zieht langsam ihre Bahn um das Schiff. Auf der in der Sonne glitzernden, zitternden Wasseroberfläche segelt eine Papierkugel im tanzenden Licht.

Das ohrenbetäubende Heulen einer Schiffssirene erschreckt sie, scheint erneut ihr abenteuerliches Menschsein einzuleiten. Sie bewegt sich furchtsam, unsicher auf dem weißen Sand. Auf der glitzernden, zitternden Wasseroberfläche segelt eine Papierkugel im tanzenden Licht. Die kreisende Möwe schwingt sich schreiend in die Höhe.

Durch das grelle Licht geblendet, hält Aquarella schützend die Hände vor die Augen, die suchend die Fenster eines Hauses abtasten.

Dann verdichtet sich plötzlich die Szene. Menschen treten vor die Türe, sprechen laut durcheinander. Aquarella bleibt stehen und sieht zwei Männer und eine Frau zum Strand eilen. Sie folgt ihnen. Von einer kleinen Welle umspült, liegt ein Kind im weißen Sand. Einer der Männer bewegt heftig dessen Arme und den Brustkorb. Als es zu atmen beginnt, tragen sie das Kind ins Haus.

Aquarella setzt ihren Weg fort. Ein planloses Spiel der Schritte, ohne Antrieb, ein Suchen. Sie hat ihn bereits gefunden, lässt sich vielleicht von ihrer Sehnsucht nach einer menschlichen Seele treiben, geht mitten durch die Sonne, die Straße hinauf und betrachtet neugierig die Menschen in einem Straßencafé. Ein Ball rollt die steile Straße hinunter und bleibt vor ihren Füßen liegen. Die hohe kindliche Stimme ruft: "Halt ihn auf!" Ruhiger Glanz geht von diesem Ball aus, der vor ihr in der Sonne liegt.

Aquarella nimmt ihn in die Hand. Es ist ein leuchtender Handball, preußischblau, aber er entgleitet ihren Fingern, rollt zur Seite und springt über die kleine Holztreppe, von Stufe zu Stufe, rollt dann immer schneller und hüpft in den schmalen Bach, der den Garten von der Straße trennt. Aquarella jauchzt vor Freude. Sie wäre am liebsten nachgelaufen, aber es geht so schnell, dass nicht einmal ihr Blick folgen kann. "Ach, du bist aber ungeschickt!", sagt der Junge enttäuscht. "Warum hast du ihn denn nicht aufgehalten?"

Er läuft dem Ball nach. Zwei Männer kommen gerade die Straße entlang, schieben sie achtlos zur Seite. "Du stehst ja mitten im Weg", sagt der eine. Zwei Mädchen scheinen sie auszulachen. Sie amüsieren sich über ihre Farbe.

Aquarellas leuchtend karminrote Haarsträhnen kontrastieren mit dem smaragdenen Veronesergrün ihrer Augen. Die schmale Gestalt hüllt ein grauer mit dünner Bronze überhauchter Nebelschleier ein. "Nicht einmal Schuhe hat das Kind an!", kritisiert die Mutter des Mädchens.

Aquarella beherrscht nur mühsam ihre Unsicherheit. Fühlt sie sich isoliert und ausgelacht, in ein Leben ausgesetzt, das sie noch nicht kennt, auf Probe ausgesetzt, ohne Maßstab der Bewegung? Vielleicht bewegt sie sich auch in einem anderen Rhythmus als die Menschen. Sie gerät oft ungewollt in eine Art Gegenbewegung, die sie linkisch und ungeschickt erscheinen lässt und vibriert vor Angst. Auch die Vereinzelung, das Ausgeschlossensein quält sie sicher. Sie vermisst ihre Spielkameradinnen, kurz, ihre kleine, abgeschlossene Welt mit ihren eigenen Farben.

Der Schritt in die Welt der Menschen, in eine Plastikwelt mit Neonlampen ängstigt sie. Ihr Ausdruck beweist es.

Nino fluchte, weil er sich nicht ins Bild brachte. Auch die Farben schienen zu misslingen. "Ist das alles?", fragte ich. "Hast du es nicht gesehen? Sie hat ihn umgebracht", knurrte er.

Dunst verhängt den Horizont. Es fällt unaufhörlich leiser Regen. Der Wasserspiegel scheint etwas gestiegen zu sein. Ein Papierschiffchen hat sich entfaltet und schwimmt in einer Pfütze, die der Regen gebildet hat. Aquarella sieht ihm zu. Eine Möwe kreist über ihr, verlässt ab und zu schreiend die Kreisbahn. Am Land ersetzen Beine und Füße ihre Schwanzflosse. Nino steht jetzt neben ihr, nickt ihr zu, scheint zu grüßen. Sie geht, ihrem menschlichen Gang verpflichtet, neben ihm her. Dass Liebe und Treue eines Menschen die Nixe zu beseelen vermag, sagt er zu meiner Überraschung nicht. Vielleicht haben sich im Chaos der Wörter die Begriffe "Nixe" und "Nymphe" verwechselt, denn Aquarella schwingt Arme und Beine, bewegt sich menuettartig im Kreis. Nino bleibt, wie er ist, scheu, zurückhaltend. Auf erschreckende Weise hält er Abstand. Sie tanzt über den Strand zum Wasser, springt, sinkt und steigt mit einer Welle, die sie ins Meer trägt. Über ihr zerreißt der Wind eine Wolke, die vom Norden kommt und tief über ihr segelt. Bei der Berührung mit dem Wasser wächst ihre Schwanzflosse, die Kiemen scheinen ihre Funktion aufzunehmen.

Nino bestand darauf, uns die Insel der Meerjungfrau zu zeigen. Während Jann begeistert den Informationen des Schiffsjungen folgte, unter dessen Aufsicht sogar das Steuer bediente, erzählte mir Nino auf meine Frage nach der fern von jeder Zivilisation vermutlich primitiv lebenden Frau, dass die Mutter im Winter sogar einen Seehundpelz getragen hätte. "Von wem gekauft?", fragte ich sofort. Nino zögerte lange, bevor er das sagte, was ich hören wollte und doch nicht glaubte: "Der Namensvetter, Sie wissen ja, es soll einen Wilderer mit dem gleichen Namen geben. Der soll ihr den Pelz geschenkt haben. Sie haben ihn verurteilt."

Woran die Frau starb, wusste er nicht. Die Tochter soll die Mutter mit einem Fischer zusammen begraben haben. "Hennes, ich meine Johann-Michael ist bei seinen Verhaltensforschungen auch oft auf die Insel gekommen. Loser hat ihn vom Beobachtungsturm aus wahrgenommen. Ein Seehund soll in Inselnähe gesehen worden sein", ergänzte er nach langer Pause. "Ausgerechnet dort?" Meine Stimme gehorchte nicht sofort. Erregung zitterte in jedem meiner Worte. Ich fühlte mich wie auf einer sinkenden Luftschaukel. Nino bemerkte es nicht. Der Nymphe ist er nicht begegnet, stellte er fest. Dann warf er seine Erinnerung wie eine Angel aus. Von ihrer schönen Gestalt, dem langen Haar und den meertiefen Augen sprach er. Seine Lippen vibrierten, sein Blick suchte die Insel. Die emotional befrachtete Sprache stand im Widerspruch zu seinem sonst wortkargen ruhigen Wesen.

Auch wir begegneten natürlich keiner Nymphe, was er auf unsere Gegenwart und ich auf die Klugheit der Meerfrau zurückführte.

Wer Janns Ähnlichkeit mit Micha wieder ins Gespräch brachte, weiss ich heute nicht mehr. Vielleicht hing es mit jener spöttischen Bemerkung zusammen, die mir immer, wenn ich Jann ansah, im Ohr nachklang.

"Er ist ihm auch im Wesen sehr ähnlich. Der Onkel war früher genau so ehrgeizig und konsequent und hatte die gleichen Interessen wie Jann, obwohl er ihn doch nicht erzogen hat", bemerkte Nino. Ich beugte mich weit vor, um nicht antworten zu müssen. Die phosphoreszierende Tiefe unter mir öffnete sich zwischen zwei Wellenbergen, auf denen Schaumkronen tanzten. Mein Blick folgte den rhythmischen Schwingungen des Wassers. Der Seehundpelz, dachte ich, woher hat die Inselbewohnerin diesen Pelz? Der Namensvetter erschien mir nicht sehr realistisch.

Dass diese Angelegenheit öffentlich werden könnte, ahnte ich zu diesem Zeitpunkt nicht. Michas Verteidiger hatte die Klage niedergeschlagen, einen anderen Menschen wusste man zu verurteilen. Einer Wiederaufnahme der Verhandlung stand trotzdem nichts im Wege. Aber davon später.

Heilmar wehrte bei unserer nächsten Begegnung die Frage nach Michas Beziehung zur Insel mit einer Handbewegung ab. "Es ließ sich gelegentlich ein Seehund in Inselnähe sehen", sagte auch Micha. Heilmars Blick warnte mich, den Pelz der Inselbewohnerin anzusprechen. Zwischen Micha und ihr schien etwas aufgekommen zu sein, das er verborgen hielt.

Jann, den ich über den Ort befragte, an dem die Mutter den Vater besuchte, konnte mir nicht weiterhelfen, da er der Großmutter offensichtlich verborgen geblieben war. Meiner Berechnung nach musste die Beziehung der beiden bereits zehn Jahre nach der Geburt seines jüngsten ehelichen Sohnes angefangen haben. Als Jann auf die Welt kam, dürfte der Stiefbruder bereits zehn Jahre alt gewesen sein. Das Pelzgeschenk könnte in die Zeit gefallen sein, in der gerade die Seehundwelle ausgebrochen war. Womit zahlte die Inselbewohnerin? Micha schien eine harmonische Ehe zu führen. Die Ahnungslosigkeit seiner Frau äußerte sich in ihrem Lachen.

Als ich mich auf das Abenteuer einließ, dachte ich nicht an Gefahr. Ich wollte es wissen, ob es Micha, der weder materialistisch eingestellt war, sich auch nicht in einer finanziellen Krise befand, tatsächlich etwas dazu trieb, Tiere, deren Verhaltensweisen er erforschte, auszubeuten, ihre Felle in Münzen oder Geschenke umzusetzen.

Wir blieben damals eine Woche bei ihm und seiner Familie. Als sich dann ein Tief ankündigte und nasskaltes Wetter einsetzte, fuhren wir nach Hause.

Den Aufenthalt in Hamburg hatte sich Jann erbeten. Jann wünschte sich eine Hafenrundfahrt, wir liefen auch ein Stück an der Alster entlang und integrierten uns schließlich in den brausenden Verkehr auf der Elbchaussee. Der Wind heulte mit dem Motor um die Wette. Trotz des Regens hatte uns der Herbst ein Feuerwerk wilder Farben beschert. Das hinter Bäumen versteckte Barlachhaus wollte an diesem Tag für uns seine Pforten nicht öffnen.

Wir fuhren durch die dunkelfeuchte Nacht, aber bevor Jann im Rhythmus der quietschenden Scheibenwischer einschlief, bemühte ich mich, ihm zu erläutern, dass Nino zwar ein Fantast, aber eben ein schöpferisch tätiger Mensch sei und man ihm einen gewissen Toleranzspielraum zugestehen müsste. Für Jann blieb er ein "realitätsferner Träumer". Er hatte sich Michas Ausdruck angeeignet.

Der Junge, den er meist übersehen hatte, versuchte ihm näherzukommen, aber Micha war auf alle seine Fragen und Versuche nur oberflächlich eingegangen, hatte sich wenig Zeit für ihn genommen.

Trotzdem nahm das bisher fiktive Identitätsobjekt immer deutlichere Konturen an, nämlich die des Johann-Michael aus den dreißiger Jahren, so wie Jann ihn aus meiner Erzählung kannte. Es war seine Art zu denken, seine Art, sich zu bewegen, seine Interessen und vielleicht auch sein Lerneifer, die von ihm inspiriert schienen, als hätte Jann Micha bereits, bevor er ihn kennenlernte, zum Vater gewählt.

Ich hatte es durchgesetzt, dass er ohne das Heim zu wechseln, das Gymnasium besuchen durfte. Man begründete diese Ausnahme mit seinem Ferien- und Wochenendaufenthalt bei mir und mit der Selbstständigkeit des Jungen. Eine Hausaufgabenbetreuung erübrigte sich.

Nachdem mein Feriengast wieder die Schule besuchte, fuhr ich allein, mit Hilfe eines Fischers, den ich bezahlte, zu jener kleinen Insel. Der Fischer kannte das Mädchen und führte mich zu ihr.

Einer Nymphe glich Nunni nicht. Ihre lederartige dunkle Haut, die großen dunkelbraunen Augen und hüftlangen kräftigen erdfarbigen Haare erinnerten eher an einen weiblichen Tarzan, zumal auch ihre Muskeln durch offensichtlich harte Arbeit in der Natur entsprechend ausgebildet waren. Unsere Kommunikation verlief analog, obwohl sie ihre Gesten gelegentlich durch Tierlaute unterstrich. Sie verneinte meine Frage nach ihren Geschwistern, wusste nicht, woran ihre Mutter starb und wer der Vater sei. Als ich aber eine Puppe zeigte und in den Armen wiegte, erinnerte sie sich plötzlich an ein aufregendes Ereignis. Sie gestikulierte heftig. Ihre Handbewegungen deuteten eine schwangere Frau an, die wieder fortgereist sei.

Auf meine Frage zeigte sie uns, dass die werdende Mutter in Begleitung eines Fischers, der einen großen Hut trug, kam. Die Beschreibung der Kleidung ließ keine Schlüsse zu, da die Bilder von der Großmutter keine Schwangere zeigten. Micha, so dachte ich, könnte sich mit Janns Mutter auf dieser Insel getroffen und vielleicht die Gastfreundschaft der Inselbewohnerin in Anspruch genommen haben. Der Verdacht, dass er sie mit einem Pelz belohnte, lag nahe. Einen Beweis konnte ich natürlich nicht erbringen. Was mich beunruhigte, war die Andeutung einer Auseinandersetzung zwischen der Mutter des Mädchens und diesem Fischer. Von diesem Zeitpunkt an schienen die beiden nicht mehr auf die Insel gekommen zu sein. Nunni dürfte damals 14 Jahre alt gewesen sein. Sie schlug beide Händel zweimal an die Hauswand und verdeckte dann sechs Finger. Meiner Zeitrechnung nach könnte Janns Geburt in diese Zeit gefallen sein, denn die junge Frau hatte den 24. Geburtstag gefeiert.

Sie zeigte mir ihr Geburtstagsdatum auf einem großen Monatskalender, auf dem sie sorgfältig jeden Tag abgestrichen hatte. Unintelligent schien sie nicht zu sein. Warum aber beherrschte sie die Verbalsprache der Mutter nicht?

Wir bedankten uns mit Naturalien, füllten ihre Vorratskammer, und ich schenkte ihr, bevor wir ins Boot stiegen, die Puppe, die sie gerne haben wollte.

Zugegeben, die Ereignisse hätten mich warnen müssen, aber ich wollte Michas Vaterschaft, an der ich nicht mehr zweifelte, beweisen und beschloss, die Spur weiterzuverfolgen.

Als ich nach Hause kam, informierte mich die Tante aufgeregt über einen Zeitungsbericht. Die Musik-Therapie stand erneut im Brennpunkt der Kritik. Viele Patienten wollten verlegt werden. Ein älterer Herr forderte den Therapeuten vor Gericht. Nach einer zweiwöchigen Therapie beklagte er den Verlust seines Gedächtnisses. Die Familie bemerkte, was ihm nicht sofort bewusst war, den Gedächtnisschwund, der mit dem Verlust der Vergangenheit verbunden war. Man hatte seine Erinnerung gelöscht. Er soll nicht einmal seine Verwandten mehr erkannt haben, konnte das Geburtsdatum seiner eigenen Kinder nicht mehr nennen. Ich wollte unbedingt wissen, ob es sich wieder um einen Fellkonsumenten handelte und besuchte das Musik-Center.

Der "Tag der offenen Türe" ermöglichte jedem Bürger die Beobachtung der Therapie, da man die Angriffe von außen in dieser Form abwehren und die Harmlosigkeit der Therapie demonstrieren wollte. Mit einigen Besuchern ging ich den langen Gang entlang. Wie ein Dunstschleier legte sich das Musikgeflecht, mäßig in der Lautstärke, über uns. Geboten wurde möglichst einfaches Notenmaterial unter Verwendung neuer musikalischer Mittel. Dreiklangsfolgen, die aus dem Assoziationszusammenhang gerissen waren, setzten vielleicht latente Spannungen frei.

Ob Lebensfreude, religiöse Haltungen suggeriert wurden, bestimmte das Leiden der Patienten. So informierte der Lautsprecher die Anwesenden. Es ging um Spannung und Entspannung. Die mit Assoziationen geladenen Klänge standen nicht im Vordergrund der Wahrnehmung, sondern bildeten vielmehr eine Geräuschkulisse. Jüngere Patienten bevorzugten Vokalmusik, meist harte Rezitativfolgen im Fortissimo, fast ausschließlich durch Männerstimmen getragen, in Kopfhörer eingefangen.

Ich schlich wie ein Dieb durch die Gänge. Überall Patienten in Rollstühlen, die Stöpsel der Kopfhörer im Ohr, keine Aggressionen, keine Zwangsjacken. Ich sprach mit einer Schwester, die ich inzwischen kannte. Sie leugnete den Zusammenhang zwischen der Therapie und dem Gedächtnisverlust. Von Seehundfellen war nichts bekannt. Auch die im Musik-Center Verstorbenen hätte schließlich nicht die Therapie "umgebracht". Sie war verärgert. Kurz, der Besuch brachte nicht die gewünschte Information. Offensichtlich wollte man nicht nur die Bevölkerung beschwichtigen, sondern auch den betroffenen Psychologen rechtfertigen und das Schließen der Therapie für immer verhindern. Das war verständlich.

An dieser Stelle muss über Heilmar etwas nachgetragen werden: Die Information entnahm ich einem Lexikon und seinen Büchern. Die biografischen Notizen im Vorwort waren recht aufschlussreich. Steile Karriere vom Schulbesten zum Dr. jur., drei Veröffentlichungen, dann nach langer Studienpause Psychologie nicht mehr als Mitläufer, sondern als Hauptfach. Nichts stand dem DDr. im Wege. Worüber schrieb er zu dieser Zeit? Das ging nicht aus dem Lexikon hervor.

Sein Anruf kam regelmäßig in gewissen Abständen. Ich fragte ihn, hörte sein Lachen, sah ihn vor mir, wie er den linken Mundwinkel nach oben zog. "Verhaltensforschung liegt in der Familie", sagte er. Ich wollte es genau wissen. "Neurotische Verhaltensweisen!" Genaues werde sich herauskristallisieren. Er klagte über Zeitmangel. Sein Beruf nehme ihn voll in Anspruch.

Die Einladung zu Weihnachten kam mit der Post. "In Absprache mit Hennes und seiner Familie", hieß es. Ich zögerte. Die Vorliebe, Feste zu feiern, Einladungen anzunehmen, fehlte mir schon als Kind, aber ich wollte Jann zu Weihnachten seinen Vater nicht vorenthalten. Das war im Herbst.

Der Oktober versank im Rot und Gelb, sandig gelbes Braun zwischen wärmendem Rot in den Bäumen. Der Fluss, an dem wir an den Sonntagen entlangradelten, intensiver blau als bisher, und das aufgelockerte Grau-Blau des Himmels über uns, manchmal durch violett getönte Wolkenstraffur ersetzt. Faszinierende Farbkontraste an den fast immer sonnigen Tagen, wohin man sah. Es war für die Jahreszeit zu warm und trocken. Die Blätter hingen welk an den Bäumen und Sträuchern.

Jann war wie immer, wenn er Micha besuchen durfte, begeistert. Er freute sich auf Weihnachten.

Etwas warnte mich vor meinem Vorhaben, Jann um alle Unter-

lagen zu bitten, die er nachträglich in der Bodentruhe der Großmutter gefunden hatte, aber die Versuchung war stärker. Jann
brachte alle seine Schätze, aber es fanden sich keine Fotos, die
einen angemessenen Platz im Familienalbum suchten; dafür
aber der Brief der Mutter, den er seinem vermeintlichen Vater
mitnehmen sollte. Die Frau sprach ihre Freude über das Geschenk aus, bedankte sich für die Perlenkette und addierte allerlei Bedeutungslosigkeiten. Das Datum war über den Seiten-
rand gestürzt und gab keinen Aufschluss darüber, ob Micha die
Beziehung vor oder während seiner Ehe einging, ob Jocha tatsächlich Johann-Michael bedeutete, ging nicht daraus hervor.
Seine Vaterschaft war nicht bewiesen.
Wieder tauchte ich in die virtuelle Spielwelt ein, wieder sollte
Fiktion die Realität präsentieren. Dass Heilmar statt Micha ins
Bild trat, kann nicht nur auf einen Mangel an Konzentration zurückgeführt werden. Bevor er auf der Bühne stand, war ich
längst auf dem Weg zu ihm.
Was nützen Ratio, Vernunft, wenn der Mensch ein Verhalten
nachholen will? Heilmar nahm Michas Stelle ein.

Wir schwimmen um die Wette, liegen in der Heide und
uns in den Armen, wir lernen, diskutieren und küssen uns.
Plötzlich meine Distanz. Ich setze Grenzen. Dann die veränderte Tonart. "Liebst du mich nicht?" Seine Frage wird aggressiv,
bohrt sich in unsere Harmonie, schafft Dissonanzen, weil die
Libelle die Tiefe nicht erforschen will. Eros wird als Dörrfrucht
abqualifiziert. Welcher Dämon hat mir den Verdacht ins Ohr
gesetzt, dass Heilmar ein rücksichtsloser Egoist sein muss? Sein
Ärger pflanzt sich wellenförmig fort. Er verträgt plötzlich den
Gegenwind nicht mehr. Aber ich habe meinen Standpunkt zu-
rückgewonnen und verpasse zum zweiten Male die Chance,
verkonsumiert zu werden.

Stopp! So ist das also, dachte ich ärgerlich und wusste eigentlich nicht, worüber ich mich ärgerte. Das virtuelle Zurückstellen der Uhr ermöglichte keine Wiederholung der Zeit, hielt den Fluss von der Vergangenheit in die Zukunft nicht auf. Unaufhaltsam verrann die Zeit und warf mich nach jedem Stopp brutal in die Wirklichkeit zurück. Die Computerspiele auf fiktiver Ebene trieben auch meinen Roman nicht voran. Ich stand in einer Sackgasse. Die Nadel war in der Schallplatte hängen geblieben und wiederholte variiert ein und dasselbe Geschehen. Es gab Augenblicke, die unvermutet auftauchten, mich zwangen, der Zeit ins Gesicht zu schauen, einen Moment, der mir ein Jetzt ins Gesicht schleuderte. Freilich, es trat eine Pause ein. Der Wettlauf der Zeit hielt mich zu dieser Zeit nicht gefangen.
Micha war durch Heilmar nicht ersetzbar. Das hatte ich eingesehen. Es gab niemanden, der mich mit allen harten Kanten, mit meinen Schnitt- und Bruchstellen annehmen wollte, weder virtuell noch real. Ich versuchte meine Geschichte gewaltsam weiterzuführen. Die Technik beherrschte ich inzwischen so gut, dass ich mir in der Vorstellung eine Umwelt aufbauen konnte, in der ich mich mit anderen Personen sogar im Weltraum fortzubewegen imstande war:

Ich falle durch die Nacht und befinde mich irgendwo außerhalb der Geografie. Nichts geht schattenlos durch die Sonne. Heilmar zieht ein Netz aus einer großen schwarzen Wolke. Ich erwarte keine Heringe, Schellfisch, Kabeljau, Scholle, nicht den großen Fischfang; Michas Schatten zappelt im Netz.

Dass ich nach diesen Spielereien mit der virtuellen Realität meinen Wunsch, irgendwohin zu verreisen, mich mit meiner Arbeit in die Einsamkeit, in eine von der Technik unverdorbenen Urzeit zurückzuziehen, nicht nachgab, war natürlich Jann zu verdanken, denn ich wollte ihn nicht um seinen Wochenendaufenthalt bringen. Aber ich hätte auch Vaters wegen nicht verreisen können.

Er brach sich bei einem Verwandtenbesuch ein Bein und verletzte sich so gefährlich, dass ich ihn wochenlang im Krankenhaus besuchen musste. Die Botschaft kam mit dem Wind aus dem Osten. Die Tante war mir auf den Schreckensruf hin vorausgeeilt. Zwei Stunden später saß auch ich, die Angst im Nacken, vor der Intensivstation und wartete auf seine Rückkehr aus dem Operationssaal. Während dieses dumpfe Gefühl in mich hineinkroch, meinen Rücken kühlte und meinen ganzen Körper vibrieren ließ, stieg Vaters Bild vor mir auf, wie er vom Alltag gehetzt, spät nach Hause kam, nie genügend Zeit für uns mitbrachte. Am Sonntag reichte sie meist zu einem Kirchgang und zu einem Nachmittagsspaziergang.

"Für schulische Angelegenheiten ist die Mutter zuständig", sagte er, besuchte aber am Sprechtag dann selbst die Lehrer. Gute Noten waren selbstverständlich, aber zu viel Schreibtischarbeit hielt er für ungesund. "Was bringt dir denn diese zusätzliche Mühe ein?", fragte er oft, wenn er eines der Gedichte liegen sah. Arbeit, die sich nicht bezahlt machte, in Münzen umzusetzen war, galt als sinnlos, und Mutter stimmte ihm zu. Den Vater sah man auch im Urlaub den ganzen Tag arbeiten. Seine handwerkliche Geschicklichkeit erlaubte es ihm, fast alle anfallenden Arbeiten im Haus selbst zu erledigen. Er sägte, bohrte, strich und baute selbst das Haus aus und um. Ich habe meinen Vater bis zu seinem Ruhestand und auch später nie untätig gesehen. Wie sollte er nach diesem Missgeschick mit Krücken zurecht kommen? Ich glaubte, die Endzeit wäre ausgebrochen, deren

Ende nicht abzusehen war. Vater überstand damals die gefährliche Operation und die Rehabilitationszeit im Kurzzeitheim verhältnismäßig gut und zog mit Gehwagen und Krücken nach drei für alle Beteiligten schrecklichen Monaten wieder in sein Reich ein, um es als Behinderter neu zu erobern.

Jann hatte auch in dieser Zeit keinen Bezug zu ihm gefunden und sich selten an den Krankenbesuchen beteiligt. Die Tante aber übernahm sofort erfreut die wirtschaftliche Versorgung und den Haushalt, weil sie mich selbst in den Ferien für unfähig hielt, dergleiche Aufgaben zu übernehmen. Zugegeben, Vater wäre im Gegensatz zu Jann mit meiner Versorgung sicher nicht zufrieden gewesen.

An dieser Stelle muss Tante Grete kurz vorgestellt werden: Man sah ihr die Zufriedenheit der Seele an, die der Glaube schafft. Die roten Bäckchen, das immer freundliche Lächeln demonstrierten Wohlbefinden und Wohlwollen. Ihr Leben war ein ordentlich aufgerolltes Knäuel. Die Arbeit ging ihr nie aus, und sie erstickte nicht in Langeweile. Welt bedeutete für sie nicht Illusion, sondern Aktion. Das Leben lastete auf ihren Augen, denn sie strickte, häkelte, nähte und kochte, und ihr Gehirn arbeitete hinter diesen für das Sehvermögen zuständigen Zentren. Geistige Arbeit dagegen fiel nicht in ihren Zuständigkeitsbereich. Nach dem Tode ihres Gatten sang sie zwar nicht von früh bis spät dessen Namen, aber sie vermisste ihn doch sehr. Das Leben, das ihr nach seinem Tode zustieß, entsprach ihrem Lebensstil nicht. Ihre Arme sanken nach unten, die Schultern folgten. Sie fühlte sich alt und nutzlos und verbrachte in Ermangelung einer sozialen Aufgabe fast zwei Jahre ihres Lebens in Ohnmacht. Ihre Schritte hinterließen keine Spuren mehr, weil die Lichtung in ihrem Leben fehlte, bis Vater, verwitwet, Ersatz bot. Nach seinem Unfall zur Hilflosigkeit bereit, nahm er ihren Rat und ihre Hilfe dankbar an.

Obwohl Tante Grete manchmal die Altersbeschwerden recht lästig erschienen, sah sie in Vaters Verpflegung und Betreuung ihre Lebensaufgabe, wobei auch für mich noch ein "gut Teil" übrigblieb. Meine Zeit schrumpfte zwischen Beruf, der Arbeit am Schreibtisch und sozialen Verpflichtungen wie der Schneemann in der Sonne.

Jann war der einzige, der meinen Zeitmangel verstand und weder in der Schule, noch zu Hause Probleme entstehen ließ. Um seine Ziele zu realisieren, setzte er alle Kräfte ein. Das Angebot der Tante, bei ihr in den Ferien zu Mittag zu essen, lehnte er ab. Nur meine fleischlose Schnellkost und vor allem die zeitliche Ungebundenheit schienen seinem Lebensstil zu entsprechen. Ich sah ihn manchmal gegen 13.30 Uhr oder zwei Stunden später sein Mittagessen verzehren. Zur Zeit der Obsternte kam es auch vor, dass er sich mit einem großen Obstteller und Milch begnügte und die warme Mahlzeit für den nächsten Tag in das Kühlfach stellte. "Du verdirbst dir den Magen!", jammerte Tante Grete, aber Jann kannte seine Grenzen, nachdem er bereits mit Übelkeit und Bauchschmerzen für seinen unmäßigen Obstgenuss bestraft wurde.

Auch Vater gehörte zu den Menschen, die anderen möglichst nicht zur Last fallen wollten. Er litt unter der Abhängigkeit, die ihm der Unfall einbrachte. So konnte er ohne fremde Hilfe die Treppe nicht bewältigen, wenn ein Tiefdruckgebiet drohte und nasskaltes Wetter keine Ruhepause im Garten ermöglichte, nicht spazieren gehen. Dann fühlte er sich allein gelassen, schaute hilflos über die Buche unter dem Fenster in den Garten oder in den Himmel, und der sonst selbstständige, aktive Mann verfiel in eine depressive Stimmung. Zeitung und Fernsehgerät wurden zu Nothelfern.

Auch die sozialen Kontakte rissen in dieser Zeit ab. Klaus, der eigentlich Max war, und früher mit ihm vor der Haustüre oder aus dem Fenster ausgedehnt die Neuigkeiten des Tages austauschte, zählte ihn nach seiner Verwandlung nicht mehr zu seinem Bekanntenkreis. Schließlich hatte Klaus Vater nur flüchtig gekannt.

Als Jann für zwei Wochen in ein Ferienheim fuhr, Vater sich einer Kur unterzog, verreiste ich doch und zwar allein. Die Tante begleitete Vater, und ich freute mich, dass auch sie zu ihrer verdienten Erholung kam.

An einer Studienreise wollte ich mich beteiligen, einfach abschalten.

Sie begann in Madrid mit den breiten Avenidas, den verwinkelten Gassen der Altstadt und der Plaza Mayor, wo wir die erste Mittagspause einlegten und den Malern beim Porträtieren zusahen. Von einer "Oase" in der kastilischen Hochebene kann man nicht reden, denn die Stadt ist so farbenfroh wie laut und hektisch. Wir verbrachten viele Stunden im Prado bei El Greco, Goya und Velázquez, den Rilke als den "großen und wahren" Künstler pries. Viele Völker haben in dieser Stadt ihre Spuren hinterlassen. Die Mozaraber brachten den spanisch-maurischen Stil, und wir bewunderten die Kassettendecken und die Bienenwabenkapitelle.

Im Kloster Sante Isabèl, dessen Besuch uns fast ein Verkehrsunfall vereitelt hätte - ein Auto blockierte durch sein unfreiwilliges Parken den gesamten Verkehr -, wurde uns der Mudejár-Stil erläutert, den die Moslems unter christlicher Eroberung einführten. Wie in meiner Jugendzeit lief ich mit der Reiseführerin und stellte viele Fragen.

Der Abstecher nach Chinchòn brachte den Hungrigen zwar ein verhältnismäßig preswertes, wenn auch spätes Mittagessen, aber keinen besonderen Kunstgenuss ein. Dafür entschädigte uns am Folgetag das mittelalterliche Toledo, das den Berührungspunkt christlich-islamischer und jüdischer Kultur darstellt. Die dem Byzantinischen verwandte Mischung aus cordobesischem und orientalischem Stil, der Rilkes Engeldarstellungen anregte, bezauberte mich nicht weniger als das vom Tajo umflossene Granitplateau.

Rilke sagte: "Nichts wie Toledo, wenn man sich seines Einflusses überließe, vermöchte in solchem Grade zur Darstellung des Übersinnlichen ausbilden, indem die Dinge dort die Intensität dessen haben, was gemeinhin und täglich nicht sichtbar ist: die Erscheinung." Er nennt Toledo "eine Stadt Himmels und der Erde".

Ich verzichtete auf die Mittagspause und lief nocheinmal allein durch die von den Römern beeinflusste Altstadt und zur gotischen Kathedrale. Dort traf ich ihn. Ich kannte ihn, weil er wie Micha zu den Führern der Jugendgruppe gehörte, an einem der Treffen teilnahm und die Freizeit mit uns verbrachte. Wir sprachen über die Eindrücke der Reise, über dies und jenes und ließen die Vergangenheit auferstehen, bis er plötzlich spontan den Namen Oliver ins Gespräch warf. "Sie müssten ihn kennen", sagte er. "Er war mit Heilmar befreundet." Aber Heilmar wohnte in dieser Zeit in der Stadt, und ich hatte weder ihn selbst noch seinen Freund je gesehen. Da er meine Kenntnis des Fellprozesses in unserer Stadt voraussetzte, erzählte er von der Anklage und dem Freispruch eines Gerbers.

Meine Aufmerksamkeit spitzte sich sofort auf einen Punkt hin zu. Dieser Mann sollte zwei Seehundfelle gegerbt haben, aber man konnte ihm nicht nachweisen, woher das, was er Geschenk nannte, wirklich kam.

Nicht diese Tatsache war es, die meine Aufmerksamkeit erregte, sondern das Schicksal dieses Mannes, das wieder mit Micha in Zusammenhang zu stehen schien und mich an Max erinnerte.

Der Geist des Gerbers hatte sich nach dem Freispruch verdunkelt. Jemand schlug eine Seite seines Lebens zu. Der Sprecher erläuterte so anschaulich, warum nur ein Trugbild seines Selbst übriggeblieben war, dass mir schauderte. Voll Überdruss, sich an das erinnern zu müssen, was er war, verbarg er sich hinter der neuen Rolle und erinnerte sich an den, der er nie war. "Ich war nie Oliver", sagte er. "Ich heiße einfach Hans." Oliver, Hans-Heinrich stand in seinem Taufschein, aber niemand hatte ihn je anders als Oliver genannt. Niemand verstand seine trügerische Hoffnung.

Der Name, ein Schatten, der sich in Nebel auflöst, sein Leben, eine Quittung auf eine falsche Reaktion vielleicht. Wer konnte das so genau sagen? Der Bekannte suchte die Hintergründe in dessen Profitgier.

Meine wirren Spekulationen über Schuld und Sühne oder Strafe, meine finsteren Vorstellungen von der Psyche des Menschen und den Machenschaften gewisser Fachleute vertraute ich noch lange nicht dem Wort an.

Nach der Mittagspause traf ich atemlos gerade noch rechtzeitig die Reisegruppe, die vor der größten Synagoge von Toledo auf mich wartete, vor Santa Maria.

Am nächsten Tag begegneten wir einer fremdartigen Landschaft. Die strenge, starre Schönheit der Bergmassive, Granitfelsen, unter Eichenwäldern, Zwergpalmen und Olivenhainen beeindruckten mich sehr. An den Rändern wuchsen hohe Farne, Ginster, Flechten und Mimosen.

Wir fuhren mit dem Bus nach Segovia, besichtigten in diesem romantischen Ort das Aquädukt und besuchten das Kloster der Mystikerin in Avila, der hohe strahlende blaue Himmel über uns. Die gleißende Sonne blendete mich, und ich trug den ganzen Tag über meine Froschbrille, wie alle meine Sonnenbrille nannten.

Raunen, Lachen, halblaute Gespräche waren es, die die Reisegesellschaft während der Fahrt einschläferten. Nur "El Alcàzar" hörte man immer wieder. Der Vergleich der Festung mit Ludwigs Schloss Neuschwanstein belustigte den einen oder anderen immer noch.

Obwohl die Besichtigungen allgemein als anstrengend empfunden wurden, hatte ich am Abend das Bedürfnis, mich zu bewegen. Ich ging spazieren und begegnete der Schwester der Reiseleiterin, die als Touristin an der Reise teilnahm. Wir gingen ein Stück gemeinsam, betrachteten die urgewaltige Berglandschaft, und ich fand Gelegenheit, die Perspektive der Kriminologin kennenzulernen, mich über die Hintergründe des Pelzhandelprozesses zu informieren.

Sie hatte das Geschehen nur aus der Ferne verfolgt, kannte Gesetzesvorlage, Strafmaß, aber nicht die Ursachen.

Identitätsverlust!

Erstaunen und Ratlosigkeit ihrerseits. Sollte Oliver oder Hans, wie er sich nannte, jener Gerber und Herr Muscher, der sehr eindeutig die Rolle des Musikers übernommen hatte, durch eine Therapie geschädigt worden sein? Und wenn, welcher Umstand konnte diese Maßnahme notwendig erscheinen lassen? Meine Gesprächspartnerin vermutete Angst, Schuldgefühle, die der unerlaubte Pelzhandel verursacht haben könnte. Denn auch die Käufer der Seehundfelle werden zur Rechenschaft gezogen.

Der Händler sollte Michas Double gewesen sein, das vorgab, in dessen Namen zu handeln. Das war bekannt.

Medikamentöse Beeinflussung vielleicht, Veränderungen des

Hormonhaushaltes, die Bedürfnisspannung und neurotische Ängste erzeugen und zur Abwehr zwingen? überlegten wir. Unsere Gedanken kreuzten, überlappten sich, liefen parallel zueinander ab.

Abwehrmechanismen sind Schutzmaßnahmen des Ichs, die die Es-Ansprüche unbewusst werden lassen, so die Angst reduzieren und Konflikte, Bedrohungen umgehen lassen.

Denkt man psychoanalytisch, so wäre es auch möglich, dass die durch Normen, Gesetze, Wertmaßstäbe frustrierten Betroffenen z. B. eine moralische Angst abzuwehren bestrebt wären und sich mit einer Person identifizierten, die wie im Falle Hans oder des Gerbers stärker war, oder durch Aggressivität auffiel. Da diese Es-Impulse aber unbewusst weiterbestehen, gerieten die Opfer vermutlich in den bekannten "Teufelskreis".

Dadurch wäre vielleicht aus tiefenpsychologischer Perspektive auch der Einfluss auf das Erleben und Verhalten der Personen erklärbar.

Da das Ich im Laufe der Zeit immer mehr Energie für die Abwehr der Angst aufbringen müsste, könnte diese auch durch Identifikation nicht mehr bewältigt werden. Angst wiederum stellt eine Bedrohung der Psyche dar und beeinflusst sogar die Antriebsseite des Menschen. So wären Interessen, Zielsetzung, Arbeitsfreude, kurz Motivation in Frage gestellt.

Auf Dauer kann auch der Einsatz eines Abwehrmechanismus die seelischen Konflikte nicht lösen. Die Betroffenen würden den Zugang zur realen Umwelt nicht mehr finden.

Ich beschloss mit Micha zu Hause zu reden, nicht weil ich um das Schicksal der genannten Opfer fürchtete, sondern weil ich ihn immer noch als Schatten in Heilmars Netz vor mir sah und seinen Anteil an dieser Misere nicht auf seine Initiative zurückführen wollte.

Die Reise, besonders Salamanca, die Universitätsstadt, Zentrum der Kultur, beschäftigte mich noch viele Wochen. Salamanca ließ mich die Probleme für den Rest der Reise vergessen. Nicht allein der platereske Stil, die maurisch-islamischen Elemente der Baukunst waren es, die mich faszinierten, es waren vielmehr die feierliche Atmosphäre der Hörsäle, das mit rotem Samt überzogene Gestühl der Prüfungsräume, in denen Fragen und Antworten der römischen Studenten und Gelehrten laut wurden.

An dem freien Tag ging ich mit der Reiseleiterin und deren Schwester den Besonderheiten der Baukunst nach. Wir saßen auf den Treppen und bewunderten die Fassade der Universität und anderer Gebäude, unterhielten uns über die Invasion der Araber und die damit verbundenen islamisch-maurischen Elemente und genossen die Eigenheiten der spanischen Renaissance. Ich besuchte noch die romanische Kathedrale jenseits der Römerbrücke, während die Schwestern den Proviant für den nächsten Tag einkauften. Am Plaza Mayor, auf dem sich das Leben auf der Straße abspielt, trafen wir uns wieder.

Über den Pelzhandelprozess und seine Folgen sprach niemand mehr.

Am letzten Reisetag überschwemmte uns der Touristenstrom vor dem achten Weltwunder, der Klosteranlage des Es Corial, die sich Philip II. als Grabanlage hatte erbauen lassen. Der Majestät, Wucht, Kälte wie asketische Strenge ausstrahlende Monumentalbau beeindruckte jeden, obwohl die hohen Mauern das Leben abwehren. Wir standen ratlos vor diesem riesigen Steinmassiv, das der Geist der Geometrie erdachte. Ich spüre heute noch die Abweisung, die von ihm ausgeht.

Wir verweilten am barocken Sarkophag Karl I., bevor wir uns von diesem Gebäude der Macht aus Stein mit seiner individuellen Melodie verabschiedeten.

Die Reise hatte mich entspannt, bereichert, das Problem aber durch das Schicksal des Gerbers vielschichtiger erscheinen lassen.

Nicht das Ziel der Reise ist wesentlich, nicht allein die Eindrücke, sondern Aufbruch und Rückkehr sind es; und ich war zurückgekehrt, um alle Pflichten neu zu übernehmen.

Was mich bei meiner Rückkehr zuerst ansprang, war die trockene Hitze. Dass sich die Sonnenfinsternis in einer totalen Trockenperiode äußern würde, hatte niemand erwartet. Die verkohlten Wolken ballten sich, ohne dass die Aussicht auf Regen bestand. Die fehlende Feuchtigkeit ließ den Boden versanden, eine Katastrophe, die sich in Meernähe, auf den Inseln im Norden nicht auswirkte. Verwelkt hingen die Blätter an Sträuchern und Bäumen in der rußigen Morgensonne. Ein schwarz gepanzerter Käfer, eine Insektenart, die ich nie vorher bei uns beobachtet hatte, hastete zu einem dornigen Busch. Noch nie gab es im Garten so viele Dornen wie in diesem Jahr.

Vater saß im Schatten, statt Gras eine Schicht des gelbroten Staubes unter den Füßen.

Ich erinnere mich nicht, Gliederfüßler je in einer solchen Zahl wahrgenommen zu haben. Spinnen, Heuschrecken, Käfer tanzten auf dem staubigen, sandigen Boden herum. Stechmücken und kleine Vögel bevölkerten immer noch den Garten und wiegten sich im trockenen, staubigen Wind. Die Brunnen waren vertrocknet. Die Luft schwitzte, und die flirrende Hitze belastete die Atemorgane.

Längst stand der Faun in der trockenen Schale der stillgelegten Fontäne.

Viele Zugvögel begaben sich, durch die ungewohnte Kraft der

Sonne und die fetten Mahlzeiten verleitet, nicht auf die jährliche Reise und riskierten das Leben.

Wespen, Bienen, Schmetterlinge und Mücken trieben hoffnungslos auf der Suche nach Wassertropfen durch den Schatten der Nadelbäume, die sich am widerstandsfähigsten erwiesen. Der Himmel hatte eine perfekte Kulisse für eine Weltuntergangsszene vorbereitet.

Jann war einen Tag vor mir zurückgekommen und grub gerade im Garten seine Höhle aus. Er erzählte wenig, wie es seiner Art entsprach. Dass er von den Wanderungen und der Landschaft beeindruckt war, entnahm ich mehr seinen Bildern als seinen Worten. Die Spiele mit den Altersgenossen hatte er als lästig empfunden, weil sie auf die Jüngeren abgestimmt waren.

Janns Charakter reifte einsam und oft etwas störrisch heran, wie die Erzieher im Heim behaupteten.

Vater war mit Tante Grete bereits zwei Tage vor Janns Ankunft vom Kuraufenthalt zurückgekommen, ohne eine nennenswerte Besserung seiner Beschwerden zu verspüren, während die Tante begeistert von Landschaft und Menschen erzählte, ihrer Lust am Austausch frönte.

Die Katze, übellaunig, weil wir sie so lange fremden Händen überließen, fauchte zuerst, legte aber, als sie mich mit der Milchschale hantieren sah, den Schwanz von der linken auf die rechte Seite und leckte sich genüsslich das Maul.

Trotz der Vollständigkeit der Hausbewohner war es doch nicht wie sonst. Etwas hatte sich verändert. Ich dachte an den Gerber und die anderen Menschen, die sich jeweils einem Wesen unterwarfen, das sie für das eigene hielten, ohne ihre bewusstlose Individualität zu erkennen. Sie befanden sich an einem unbekannten Ort, ohne zu wissen, wie sie dorthin kamen. Die Wahrheit ging an ihnen vorbei.

Dann Micha und die Ungeduld meiner Seele. Dass er sich verändert hatte, war mir bei unserem Besuch zwar aufgefallen, aber ich führte diese Tatsache auf unser Erwachsensein, unser Alter zurück. Trotzdem stellte ich mir den Freund wie einen im Sud der Anschuldigungen Ertrinkenden vor.

Bereits drei Tage nach meiner Rückkehr von der Reise telefonierte ich mit ihm, sprach mitten in sein Erstaunen hinein vom Identitätsverlust eines Gerbers, der Heilmars Freund war, von den seltsamen Folgen einer Therapie. Micha kannte zwar den Gruppenleiter, aber er wollte nichts über das Geschehen wissen. Dass es sich weitgehend um seine Bekannten oder Heilmars Freunde handelte, ließ für ihn keine besondere Vermutung zu. Er stellte keine Relationen zwischen Fell, Therapie und den Folgen her. Ich war betäubt und trieb meine Gedanken an dieser Benommenheit entlang, die mir fremd vorkam und die kein Ergebnis zuließ. Er verstand meine Angst nicht, dachte vielleicht an eine verborgene Absicht. Ich versteckte schließlich meine Frage indirekt in immer neuen Sätzen, aber unser Dialog geriet ins Stocken, drohte abzusterben.

Ich spürte es immer deutlicher, Micha verbarg etwas vor mir, was ihn aber offensichtlich in Konflikte brachte.

An einem der Sonntage besuchte mich Ann. Sie stammt aus Kolumbien, wuchs im äußersten Nordwesten Südamerikas am Pazifik auf und gehört zu den fünf Prozent der schwarzen Bevölkerung. Wir musizierten zusammen, gingen spazieren, und Jann übte seine ersten Englischkenntnisse anzuwenden. Anns übersprudelndes Temperament ließ sie von einem Extrem ins andere fallen. Sie liebte ihren Jonny leidenschaftlich, empörte sich aber über seinen Versuch, sie zu "zähmen", wie er es nannte. Ann wollte eines Tages in ihre Heimat zurückkehren und daher einen gewissen Freiraum nicht verlieren.

Sie war es, die ein amerikanisches Experiment beschrieb: Ein Junge wuchs mit seiner Amme, später allein auf einer Insel auf und wurde wöchentlich mit Nahrungsmitteln versorgt. Es handelte sich um ein Experiment zur Verhaltens- und Sprachforschung unter Vermeidung der Fehler Friedrichs II. Vielleicht wollte man die onomatopoetische Theorie, die die Bedeutung des Schalls aufzeigt, bestätigen oder widerlegen.

Als Ann von Nunni hörte, bestand sie darauf, sie zu besuchen.

Was uns natürlich besonders interessierte, war nicht nur die Lebensweise einer Einzelgängerin im Winter, der auf dieser einsamen Insel längst eingezogen war, sondern die Herkunft des Seehundpelzes, denn ich wollte um jeden Preis Micha helfen.

Tante Grete und Vater beurlaubten mich großzügig, und ich seilte mich am Wochenende auf unsere Insel ab. Ann begleitete mich. Jann zeigte wenig Lust. Er wollte sich in dieser Zeit für eine Mathematikschulaufgabe vorbereiten, für ein Fach, das ihm große Anfangsschwierigkeiten bereitete.

Der November kam zuerst recht unfreundlich feucht, dann scharfwindig und frostig. Der leere Brunnen ließ ein Gefühl der Verlassenheit entstehen. Die Kälte fraß sich in unsere Anoraks.

Die Probleme der Überfahrt ließen sich nur durch Bestechung eines Fischers lösen, da die Fähre nicht mehr in Betrieb war. Nunni trafen wir beim Holzaufschichten. Sie erkannte mich sofort und begrüßte mich überschwenglich, die unbekannten Personen mit großem Vorbehalt. Sie zeigte uns ihr Quartier, ein winterfestes Holzhaus und ihre Vorratskammer. Sie trug, was sofort Alarm bei mir auslöste, einen Mantel aus einem Seehundpelz mit weiten Ärmeln und einer Schneekapuze. Dass der von der Mutter vererbte Pelz bereits lange in Gebrauch war, sah man deutlich an den abgenutzten Stellen. Als ich auch noch ein Felljäckchen hängen sah, fühlte ich mich bestätigt. Das

Wort "Heuler" versuchte sich in meinem Denken immer wieder durchzusetzen.

Nur der erwachsene Seehund besitzt ein farbloses kurzes Fell mit hornartiger Struktur. Im Sommer wechselt er mit Hilfe des Vitamin D, das sich durch Sonnenbestrahlung bildet, das Haar. Wird er aber als Jungtier durch Springflut, Wettersturz, schnelle Motorboote von der Mutter getrennt und kann nicht gesäugt werden, wird der ca. 80 cm lange "Heuler" am Strand oder am Deich gefunden und gelangt natürlich nicht immer in eine Seehundaufzuchtstation.

Das Embryonalhaar dieser Tiere schien auch sehr begehrt zu sein. Ich sah mir Jäckchen und Pelzmantel nochmals sehr genau an und bewunderte sie zu Nunnis Freude. Der gefleckte Pelz des Mantels erinnerte an eine Sattelrobbe, die in der Nordsee anzutreffen ist.

Nunni gestikulierte heftig, schien Tierlaute nachzuahmen. Wie bei meinem ersten Besuch nahm sie die Geschenke mit "tatatata", einer Art Kundgebung der Wünsche, wie es mir schien, entgegen.

Warum aber konnte Nunni nicht sprechen? Hat sie diese Verbalsprache nicht erlernt? Oder war ein Schockerlebnis, der Tod der Mutter die Ursache der Wortlosigkeit?

Nunni war kaum 14 Jahre alt, als Jann geboren wurde. Zwei Jahre später müsste die Mutter gestorben sein. Hätte es einen Kläger gegeben, wäre sie vielleicht in ein Kinderheim eingewiesen worden. Aber es gab ihn nicht.

Ihre Laute bezeichneten offensichtlich verschiedene Begriffe, manchmal gebrauchte sie auch für ein und denselben Begriff verschiedene Laute. "Adadada, wawa, na..." gehörten zu ihrer Lautsammlung, die irgendwelche Worte bedeuteten. Mit "Oh, Ah, Weh" zeigte sie ihre Trauer, ihren Schmerz oder Überraschungen an. Alle Empfindungen wurden durch Hand- und Armbewegungen unterstrichen. "Ab" sagte sie mit einer winkenden Bewegung, als wir gingen.

Wie es zu einer Szene kam, bei der die Eruption der Empfindungen so groß war, dass sie weinte, kann ich heute nicht mehr so genau sagen. Die Puppe mag sie an den offenen Konflikt der Fremden mit der Mutter erinnert und Ekel, Schmerz, Empörung ausgelöst haben. "Ach, Oh, Hi und Ha und Weh" begleiteten heftige Armbewegungen und Aufstampfen mit dem Fuß. Reflexe schienen sie zu überfallen. Das Wiederaufnehmen des Erlebnisses erschütterte sie so heftig, dass sie weinte.

Warum mochte der Freund der Mutter Janns dieser Frau in Gegenwart des Kindes so zugesetzt haben, dass sich Nunni immer wieder daran erinnerte?

Es gab keinen Beweis dafür, dass der Freund der Mutter und der Fremde, der den Konflikt heraufbeschwor, identisch waren. Meine Gedanken erhitzten sich, der Blutdruck stieg vor Erregung.

Nunnis Aufregung beruhigte sich im Tanz. Von der Wintersonne getroffen, verwandelte sich ihre Stimmung. Physische Energien, der Überschuss der Empfindungen wurden freigesetzt. Nunni tanzte, als säße ihr Gefühl in den Fingerspitzen, in den Knien, Wirbeln, Armen, Hüften. Sie sprang, streckte sich, rollte sich ein. Das lange Kleid behinderte vor allem das waghalsige Balancieren. Zuweilen glich der Tanz auch dem Liebesspiel der Tiere. Sie beendete ihn so spontan wie sie ihn begann. Nunni wollte uns auf verschiedene Weise unterhalten. Das eintönige Motiv, auf dem Kamm geblasen, wiederholte sich, wie ihre Empfindungslaute, Schallwörter.

Interpretiert man Musik als lautliche Äußerung, die der Lust, der Erregung, des Schmerzes, dann könnte der Tanz der Inselbewohnerin Äußerung eines elementaren Gefühlsausbruchs gewesen sein, wortlose Selbstäußerung, ein Abgesang auf jenes Erlebnis vielleicht.

Als wir gingen, zeigte sie auf die Wolkenschatten, warf mehrmals das Wort "Donner" vor sich hin. Sie kannte das Gewitter, wie das Donnern der Wellen. Auf einer kleinen Bank aus Stämmen lag ein Stück Holz und eine Glasscheibe. Vielleicht erzeugt Nunni oft Töne aus Holz und Glas, um ihre Empfindungen auszudrücken. Mitleid bewegte uns. Sie wird sich mit dem dunklen Himmel wie mit dem Verlust der Wärme abfinden und das Schweigen der Vögel im Winter ertragen müssen, die Arme, dachte ich. Aber Nunni hatte längst die Spuren des Winters in ihrer Ahnung gemessen und sich darauf eingestellt, wenn es schneit mit den Gerüchten von Wegen und erdachten Stegen zu leben.

Sie zeigte Dunkelheit, indem sie sich die Augen zuhielt und klopfte auf ihr Instrument und ihren Mund. Vielleicht wird sie sich eine Litanei ihrer monotonen Weisen um die Schultern legen und so Frost und Finsternis besiegen.

Woher wusste Heilmar von meinem Inselbesuch? Er kam mit einem Fischerboot kurz vor unserer Abfahrt und gab vor, sich über das Wiedersehen zu freuen. Ich sagte "gab vor", weil ich eher an sein Misstrauen glaubte, an die Angst vor einer Einmischung. Ein Augenblick war unvermutet vor mir aufgetaucht und hatte mich gezwungen, einer harten Tatsache ins Auge zu sehen: Ich misstraute ihm und unterstellte auch ihm Misstrauen. Eine Enthüllung hätte uns einander näher gebracht, aber jeder hütete sich, dem anderen seine finstere Vorstellung anzuvertrauen.

Ich überspielte meine Verunsicherung, indem ich Ann vorstellte, über Nunnis Leben berichtete und mich bei Heilmar über

eine Möglichkeit, Jann auf der Forschungsstation einen Ferien-
job zu verschaffen, erkundigte. Als freiwillige Helfer wurden
Schüler und Studenten bevorzugt. Sie fütterten den "Heulern"
Haferflocken- und Heringsbrei mit Schläuchen, übten mit ihnen
Schlucken und dienten so neben der Pflege der verletzten Tiere
auch der Forschung.

All diese Tätigkeiten hätten Jann interessiert, das wusste ich.
Dass es mir auch um Informationen ging, sagte ich nicht. Ich
wollte mich über Frühgeburten und den Wert des Embryonal-
haares erkundigen.

Heilmar hielt Jann für zu jung und riet, bis zur Mittleren Reife
zu warten.

Weder unser Interesse für die Inselbewohnerin, noch das für
die Forschungsstation hätte zu Spekulationen Anlass gegeben.
Heilmar aber misstraute uns.

"Seehunde sind an Land sehr unbeholfen. Man wirft ihnen ein
Netz über den Kopf und kann sie dann leicht einfangen. Die
Felle der Jungtiere werden teuer verkauft, falls die Tiere in pri-
vate Hände geraten. Das wollten Sie doch wissen?", fragte er
mit einem Lächeln, das den Lippenrand leicht nach unten zog
und in den Augenwinkeln aufblitzte. Meine Antwort abzuwarten, schien ihm nicht nötig. Er glaubte sie zu kennen.

"Wie gefällt Ihnen denn der Pelz der Inselbewohnerin?", fragte
er scheinbar harmlos. Etwas Mysteriöses schwebte zwischen
uns und erschwerte die Kommunikation. Ich versuchte es mit
einer direkten Konfrontation stillzulegen, wollte wissen, ob er
Nunnis Mutter gekannt habe, und Ann sprach aus, was ich gerne verschwiegen hätte, den Konflikt zwischen Nunnis Mutter
und dem Fremden.

Heilmars Mund verzog sich zum zweiten Male zu einem frag-
würdigen Lächeln. Er kannte sie natürlich. Was wir aber Konf-

likt nannten, hielt er für eine Fehlinterpretation ihrer "Tiersprache", wie er ihre Kommunikationsversuche nannte. Er wollte nicht verstehen, dass es etwas gab, das ihr mit der Erinnerung zur Last fiel.

Die fehlende Verbalsprache erklärte er mit ihrer Krankheit nach dem Tod der Mutter. Ein Fischer hätte sie halb verhungert auf der Insel gefunden und versorgt. Genaues wisse man nicht, da der Fischer später verunglückte.

Ann hatte sich sehr zurückgehalten und fragte auf der Heimreise: "Warum hat Nunni ein schiefes Gesicht?" Ich hielt die fehlende Symmetrie für ein Erbteil der Mutter. Sie gab sich nicht zufrieden. "Sieht nach leichtem Schlaganfall und Lähmung aus, die das Sprachzentrum beschädigte. Daher die Unfähigkeit, Gedanken zu verbalisieren." Das war einleuchtend. "Heilmar scheint es nicht zu wissen", sagte ich, ohne wirklich daran zu glauben.

"Gefällt er dir?" Die Frage griff mich aus dem Hinterhalt an. Während ich mich bewaffnete, setzte sie ihren Angriff fort: "Er fühlt sich zu dir hingezogen. Merkst du das nicht?"

Dass er es verstand, Bedürfnisse zu wecken, deren man nicht bedarf, glaubte sie zu wissen, und sie verstand nicht, warum ich so großen Wert auf die freie Luft um mich herum legte und Heilmar trotz des virtuellen Verwechselspieles nicht an meine Seite dachte. Sie zweifelte an meiner realitätsnahen Selbsteinschätzung. "Und Jann, beschwert er die freie Luft um dich herum nicht?", fragte sie.

Ich hatte ihn nie als Belastung empfunden und ihm versprochen, dass er mit Eintritt in die Oberstufe, wenn er der Heimerziehung nicht mehr bedurfte, bei uns wohnen würde. Als alleinstehende Berufstätige hätte ich ihn vorher weder adoptieren noch in Pflege nehmen können, und das wollte ich auch nicht.

Jann sollte sich unter Gleichaltrigen bewegen und Sozialverhalten lernen.

Für Michas Vaterschaft gab es damals noch keinen Beweis. Das Gericht glaubte in jenem ertrunkenen Fischer Janns Vater erkannt zu haben. Diese Vermutung konnte man zur Zeit der Heimeinweisung in der Lokalpresse nachlesen.

Nach Aussagen der Frau hatte sich der psychische Druck der Leute nicht gelockert, aber von einem außerehelichen Sohn schien nicht die Rede zu sein.

Wenn ich an das Weihnachtsfest dachte, flehte ich in Gedanken Micha an, wieder Johann-Michael zu sein und "Henning" der Vergangenheit, Vergessenheit zu überlassen. Merkwürdigkeiten hingen diesem Henning an. Von seinen Beobachtungsfahrten und "Zuchtteichen" kam er trotz Duschmöglichkeit übelriechend und schmutzig zurück, den Kopf tief gesenkt, als suche er Verlorenes, stimmlos. Seine fünfjährige Enkelin, die das Weihnachtsfest mit uns feierte, sagte: "Der Opi stinkt, wenn er von den Fischen kommt, und stumm ist er wie die Fische."

Was mir sofort auffiel, waren seine zitternden Hände. Für krank hielt er sich nicht, aber er fühlte sich alleingelassen. "Wer so wie Max einfach Klaus sein könnte!", wünschte er. Micha hielt dessen Verhalten für einen Fluchtversuch und eine verständnislose Umwelt für die Ursache.

"Hast du doch nicht nötig", sagten wir ihm. "Du, der eine so tüchtige, einfühlsame Frau an der Seite hat und uns zu Freunden", stichelte der Schwiegervater, ein gutmütiger, an harte Arbeit gewöhnter Züchter.

Die Ursache lag tiefschichtiger. Micha war zu niemandem aufgebrochen, auch nicht zu seiner Gattin und hatte sein Gemüt weder von ihr, noch von irgendjemandem aufbrechen lassen. Dazu kam, dass Ellen belastende Ereignisse wie seine Probleme rasch vergaß. Ihr schwindendes Erinnerungsvermögen, geradezu besorgniserregend, hinderte sie an aktiver Hilfeleistung. Freilich, sie stand zu ihrem Mann, verteidigte ihn seinen Feinden gegenüber und umsorgte ihn auf ihre mütterliche Weise. Das änderte aber nichts an Michas Albträumen, die sich wiederholten, in denen er sich in eine Robbe verwandelte, schweißgebadet erwachte. Er spürte, wie sein Körper die Form verlor, einer Walze ähnlich wurde. Seine Haut behaarte sich und die Zehen verwandelten sich in zwei Flossenpaare. Der kleine kugelige Kopf behinderte ihn. Er konnte ihn nicht wie gewohnt bewegen. Seine Denkfähigkeit büßte er nicht ein. Er sah von außen seiner Verwandlung zu, erlebte das Herannahen der Katastrophe bewusst und geriet in Panik.

Ein Verbrechen hätte nicht schwerer auf das Gewissen des Betroffenen drücken können wie dieses undefinierbare Etwas, das ihn belastete.

"Der Opi wird ein Fisch, weil ihm eine Flosse wächst." Jenni hatte, wie schon oft, ein Gespräch mit angehört. Der Hausarzt, ein guter Bekannter, erlaubte sich diesen Scherz und bezeichnete einen funktionslosen Hautlappen an seiner Zehe als Flosse und sprach von einer Schwimmhaut, was die Albträume inspiriert haben mag.

"Der große Fisch ist dem Opi böse, weil er ihn gefangen hat", begründete Jenni das Ereignis. Dass sie dem Seehund göttliche Macht zuschrieb, lag an ihrer wuchernden Fantasie. "Isst du nicht gerne gebackenen Fisch?", fragte ich sie, um abzulenken. Ihr "Äh" und "Bä" zeigte uns deutlich ihre Abneigung gegen die "glitschigen Dinger", wie sie Heringe und Schollen nannte, die Micha oft mitbrachte.

Es gelang mir nicht, seine Unruhe und wie es mir schien, Angst zu überspielen, bis wir ihn zu einem Spaziergang aufforderten, um das Problem an der Wintersonne zu überdenken.

Wir sprachen über dies und jenes und auch über Albträume und deren Ursachen.

"Wie hast du's mit der Religion?" Diese Frage wäre berechtigt gewesen. Es gab nicht mehr, woran der einst überzeugte Christ und Jugendgruppenführer nicht zweifelte. Er fürchtete die Sterne, seit er deren Macht nicht nur auf dem Bildschirm erkannte.

Man hatte ihn so lange unter Druck gesetzt, bis er es verlernte, dem Frieden die Ruhe zu glauben.

"Mein Name bürgt nicht für Charakterstärke", entschuldigte er seinen Zustand. Sein Großvater war an einem durch Alkohol bedingten Leberleiden gestorben. "Das Fleisch ist schwach." Seine Verteidigungsfloskel wie seine Abwehrhaltung ließen sich nicht begründen.

Freilich, es ist nicht immer leicht, zu tun, was man sich vorschlägt. Micha tat es jedenfalls nicht.

Immer wenn ich am Damm entlanglief, das Wasser langsam die weiten Schlickflächen überflutete und der Wind hemmungslos mit dem Wasser sein Spiel trieb, dann erlag ich dem Zauber dieser Landschaft.

Unberechenbar sind diese Naturgewalten, gegen die der Mensch den offenen Kampf verliert.

Micha hatte es aufgegeben zu kämpfen und daher blieb ihm keine Möglichkeit zum Sieg. Er lief in die Wintersonne hinein, ohne die wärmenden Strahlen zu empfinden.

Warum mich der Gedanke an ein Opferlamm überfiel, wusste ich eigentlich nicht. Als hätte die Last der Umstände den Kopf von seinem Leben gehoben, versank er in einem monotonen Rhythmus aus Arbeit und Fernsehen, ohne besondere Freude an wissenschaftlichen Erfolgen, ohne besonderen Antrieb zur Forschung. Der Himmel hatte für seine Augen das Tiefblau eingebüßt. Im Gegensatz zu unserer ersten Begegnung erkannte ich die Veränderung später deutlich.

"In deinem Unterbewusstsein gärt ein Konflikt. Du solltest ihn verbalisieren", schlug ich vor. Michas hilfloses Schulterzucken verstärkte meinen Eindruck.

Am Abend nach der Kinderandacht das zu Weihnachten übliche Christkind-Singen. Michas Stimme fiel wegen Heiserkeit aus. Heilmar trat heiter und mit dem üblichen Happen Zynismus auf und unterstützte den Chor mit kräftiger Stimme. Jennis Vater konnte seines Beinbruchs wegen nicht kommen. Ihr schrilles hohes Stimmchen aber schwirrte als individuelle, etwas dissonante Oberstimme über dem Chor. Gelegentlich artete sie in einer unerwarteten Koloraturschleife aus. Jenni war ein imposantes zierliches Persönchen, nach Aussagen der Mutter unter Altersgenossen sehr dominant, mit einer erstaunlichen Durchsetzungsfähigkeit begabt. Die Welt stellte für sie keine Einheit mehr dar und sie kämpfte gerade mit einer Art Isolierung und der Erkenntnis, dass alle Dinge ein Innen und ein Außen besitzen, was zu einer Kette von Warumfragen führte, zu dem Versuch, das Wesen der Dinge zu ergründen und den unerklärlichen Rest mit magischen Praktiken zu erzwingen. So durfte man z. B. beim Spazierengehen die Zwischenräume zwischen den Pflastersteinen nicht betreten, musste eine Katze, die von links den Weg kreuzte, überholen.

Für diese Altersstufe sind Dinge und Menschen Träger geheimnisvoller Mächte und Kräfte. Götter, Riesen, Hexen, Zwerge, Feen bevölkerten Jennis Denken, und sie versuchte das Böse unschädlich zu machen, zu überlisten.

Wer staunen könnte wie dieses Kind! Wenn sie etwas entdeckte, das sie noch nie gesehen hatte, betrachtete sie es mit offenem Mund.

"Staunende stehen an der Grenze zwischen Frage und Beglückung", sagte Lessing.

Ihr besonderes Talent entdeckten wir, als sie zu tanzen anfing. Sie schüttelte, rüttelte, beutelte sich, sprang wie elektrisiert, hüpfte, klatschte in die Hände, zappelte, wirbelte und hobbelte, zippelte und stampfte mit den Füßen den Boden, dass sich die Lust, die sie dabei empfand, auf den Zuschauer übertrug. "Der Struwwelpeter", sagte sie nur. Dieses unkontrollierte, unartikulierte Ausagieren ihrer Lebendigkeit, diese unwillkürlichen Bewegungen entsprangen dem Bedürfnis ihres impulsiven Wesens.

Dann plötzlich das ziellose rhythmische Hin und Her mit parallel waagerecht ausgestreckten Armen, die mich an ägyptische Felszeichnungen erinnerten.

"Die Sonnenstrahlen tanzen" oder "Die Fische tanzen auf den Wellen", erläuterte sie ihre Bewegungen. Drehen und der Verlust der Orientierung schienen ihr besonders Spaß zu bereiten. Jenni schielte, verdrehte die Augen. "Ich drehe mich um die Weltkugel."

"Vielleicht könnte magisches Umdenken deine Welt auch in neuem Licht erscheinen lassen!", flüsterte ich Micha zu, und er schien diesmal zu verstehen.

Heilmar schlug Jenni vor, "Rumpelstilzchen" zu tanzen. Sie ballte die Fäuste, schüttelte sie, hüpfte auf einem Bein herum und schrie:

"Heut back ich, morgen brau ich,
Übermorgen hol´ ich der Königin Kind.
Ach, wie gut, dass niemand weiß
Dass ich Rumpelstilzchen heiß."

Musik benötigte Jenni nicht. "Wer in der Hoffnung lebt, tanzt ohne Musik."

Dass ich den zweiten Weihnachtsfeiertag nicht vergaß, ist ihr Verdienst. Ich sah sie noch lange vor mir, wie sie sich in das

Grau des Tages hineinschaukelte. Das Hin und Her, Hoch und Tief. Ihr Erfindungsreichtum war unübertroffen. Jenni war die einzige, die sich auf die verspätete weiße Weihnachtsgabe freute, die der Himmel mit dem Wetterdienst zugleich ankündigte. Man fürchtete um die Inselbewohner, da die Wetterwarte ein schweres Unwetter prognostizierte.

Heilmar versuchte Micha erfolgreich von seinem Vorhaben, zur Seehundbank zu fahren, abzuhalten. Er schien sehr auf dessen Sicherheit bedacht zu sein.

Wenn ich beide zusammen sah, fiel mir der Schatten in Heilmars Netz ein. Micha schien sich belastet zu fühlen, für den Vetter musste er einen wichtigen Fang bedeuten. Daran zweifelte ich nicht mehr.

Früher war Micha ein typischer von Uranus beherrschter Mensch, freundlich, aber provozierend. Wie Heilmar konnte er andere auf liebenswürdige Weise vor den Kopf stoßen. Jetzt wurde er gestoßen, und ich fragte mich, ob er sich wirklich unschuldig gemaßregelt fühlte.

Heilmar wirkte dagegen in seiner fröhlich-ironischen Art allgemein sympathisch. Warum mir vieles immer noch undurchsichtig erschien, konnte ich mir selbst gegenüber nicht logisch erklären.

Micha lebte nicht mehr wie früher in der Zukunft, sondern räumte der Gegenwart einen großen Raum ein. Trotz seiner Intelligenz und Kreativität war er in eine merkwürdige Isolation geraten. Vielleicht bestand sein Problem auch in der Erkenntnis der eigenen Lage.

"Du weißt ja, der Wassermann macht einen hohen Prozentsatz der Psychopathen und Neurotiker aus", stellte er sachlich fest.

Vielleicht war er auch für diesen psychischen Kampf, der ihm schon lange drohte, nicht ausgerüstet. Ein möglicher Verlust seiner Ideale, seines Moralkodex mögen dazu beigetragen haben.

In einer unerklärlichen Verwirrung stimmte er nicht selten den Gegnern zu, ohne seine Meinung zu ändern, tat, was er nicht logisch begründen konnte, als griffe er das bessere Wissen mit einer unsichtbaren Antenne aus der Luft.

Zuhause fühlte ich mich erleichtert und unzufrieden zugleich. Ich lief Tag für Tag ziellos in der Gegend herum, und Jann raste zwischen Vorbereitungen für die Schulaufgaben mit dem Schlitten über den Sandhügel.

Ich spürte die Erwartung in den Füßen, wenn ich durch den Sand stapfte, am ausgetrockneten Fluss entlangging, gelegentlich Wolkenklumpen über mir, die nie Wasser abgaben, als wäre ich einer Entdeckung hinterher. Nichts ereignete sich.

Kam ich wieder in das Innere der Stadt, gehörten das alltägliche Aufeinanderzugehen und Aneinandervorbeigehen zur Gewohnheit, ohne dass ein bekanntes Gesicht auftauchte. Vielleicht nahm ich es auch nicht wahr. Kein Aufblitzen durchbrach die Erwartung.

Der Fluss, dessen Leichtigkeit und rhythmische Bewegung mich sonst motivierte, lag in diesen Tagen tot zwischen den welken Weiden und dem blattlosen Gebüsch.

Ich lief über den Holzsteg. Das Wehr war geschlossen. Das Wasser, das sich sonst leicht in sich bewegte, fehlte. Erst wenn die Konturen verschwammen, wenn sich Dämmerung aus der Ferne auf mich zuschob, beschleunigte sich mein Schritt.

Die Rüge der Tante war mir gewiss, wenn ich mit schmutzigen Stiefeln bei anbrechender Dunkelheit die Haustüre aufschloss.

An den Wochenenden begleitete mich meist Jann. Dann sahen wir den auf dem Trockenen watschelnden Enten zu oder wir gingen quer durch den Wald, was mir seine Kritik einbrachte, weil ich mich nicht auf vorgezeichnete Wege beschränken wollte.

War es die Temperatur, war es der vertrocknete Fluss, oder war es der Himmel, der sich nie schwarz über mir ballte, dass ich schwitzte, Wasser meine Augen füllte, und dass ich die Trennung von einem Menschen, der der Vergangenheit gehörte, den das Leben fast zerstört hatte, als leidvoll empfand? Aber es war eine nie empfundene fremde Traurigkeit, die mich befiel, der das Glücksgefühl über den gewonnenen Freiraum fehlte.

Jann lernte in dieser Zeit einen Jungen kennen, der keine unbedeutende Rolle in seinem Leben spielte. Die sich im Nachbarhaus einigelten, waren Flüchtlinge aus dem Kriegsgebiet.

Die Kinder, angstbefallen, mussten den großen Schrecken erst nach außen schlagen, bevor sie integriert werden konnten. Eine der Frauen opferte ihr Image in einem billigen Nachtlokal, in dem sie die oft alkoholisierte Männerwelt bediente, bis sie eines Tages die Familie zufriedenstellte, indem sie den Besitzer des Nachtlokals heiratete. Der erwachsene Sohn hatte den Schrei nach sozialer Gleichheit und Freiheit mitgebracht und sorgte nicht nur an seiner, sondern auch an der Arbeitsstelle der Schwester, für Unruhe. Mit der Hochzeit der Bescholtenen und hart Verteidigten kehrte der Familienfrieden wieder ein, und der Sohn fand in diesem Lokal einen neuen Job und änderte seine Tonart und Lautstärke.

Der zehnjährige Emel aber, der die Schläge und Rügen der anderen spürte, klagte Jann sein Leid, der zum ersten Male einen Altersgenossen akzeptierte und sich verantwortlich fühlte.

Richtig, ich vergaß zu erwähnen, dass Micha nach den Feiertagen doch zur Seehundbank fuhr. Das Unternehmen glich einem

Selbstmordversuch, zumal das schwere Boot nach Augenzeugenberichten wie ein Papierschiff auf den Wellen schaukelte.
Dass er bei dieser Gelegenheit Nunni mit Nahrungsmitteln versorgte, war mit den Fischern abgesprochen. Sein junger, waghalsiger Begleiter berichtete von Sturmwolken, von Wellenbergen und nannte sie einen "Höllenschlund". Auf die Frage, ob sie denn nicht Angst gehabt hätten, sagte er: "Unsere Testamente waren fertig, als wir die Insel erreichten."
Die Vorwürfe von Seiten seiner Familie blieben natürlich nicht aus. Micha deklarierte das selbstmörderische Unternehmen als "Notwendigkeit".

Nicht nur Kinder spielen ihre Probleme aus. Der Spieltrieb plagt auch den erwachsenen Menschen.

Die Weiden hängen dürr über dem trockenen Flussbett. Die Umrisse der auf uns zukommenden Spaziergänger verschwimmen in der Ferne. Alle Farben laufen auf Grau aus. Wir gehen am Fluss entlang, mit der Ahnung des Holzsteges, den wir passieren wollen.
"Janns Mutter war deine Frau", leite ich das Gespräch ein. Ich beschreibe ihr Bild. Er schüttelt den Kopf. Zu dieser Zeit war er schon verheiratet, der Sohn längst geboren.
Ich rechne ihm die Zeitspanne bis zur Geburt vor. "Mit großer Wahrscheinlichkeit", sage ich, verweise auf den Konflikt mit den Inselbewohnern. Er erinnert sich nicht, weiß nichts von einem Kind. Befreundet war er mit einer Frau, mit einer Kollegin, nichts weiter.
Micha findet mein Geschwätz "lustig". Er würde doch nie zur Abtreibung raten. Soweit müsse ich ihn ja kennen. Sie hätte es ihm gestanden. Da ist er sicher. Warum sollte sie ihn täuschen wollen?

Die Inselbewohnerin und ihre Tochter, ja die kannte er, aber er versorgte sie wie die anderen mit Nahrungsmitteln.

Wieso Konflikt? Und was den Schmuck betrifft, er schenkte seiner Frau, na ja und auch seiner Berufsfreundin gelegentlich zu Weihnachten vielleicht Perlen- und Korallenketten. Das schon. Aber was ist schon dabei? Vielleicht auch eine Pelzjacke, kann sein. "Du weißt ja, verendete Tiere. Den Mantel hat sie von meinem Namensvetter bekommen." Wofür? Das weiß er nicht. Er kümmert sich schließlich nicht um die Geschenke anderer.

Wir gehen längst in die Dunkelheit hinein, aber der Mond wirft dünnes gespensterhaftes, fahles Licht auf den Weg. Schemenhafte Gestalten begegnen uns.

Es könnte sich aber alles auch ganz anders ereignet haben, dachte ich. Ich fror, gab einen warmen Frühlingstag ein, die hellen Farben der Sonnenschirme, Strandkörbe und die bunten Badeanzüge der Kinder am Strand.

Salzige Luft fällt uns an. Wind peitscht die Haut. Wir gehen am Damm entlang. Über Schmuck aus Meerestieren unterhalten wir uns, den wir in einer Auslage sehen. Aber es ist Zeit, das Thema zu wechseln. "Du schenkst gerne Perlenketten?" "Meiner Frau zum Hochzeitstag", sagt er, "und der Freundin nach dem ersten Seitensprung", necke ich. Er reagiert unsicher. Dann redet er von der Einsamkeit der Meerlandschaft, von der der Globus dröhnt, auch von dem Bedürfnis, aus dem Alltag auszubrechen. Micha plant mein "gestörtes Verhältnis zur Liebe" mit ein und sagt bewusst "Alltag", meint aber nicht, was er ausspricht. Ehealltag ergänzen meine Gedanken.

"Das Kind? Wie alt ist es?" Ich kann ihn nicht schonen. "Sie wollte es nicht", sagt er. "Wir haben uns dann nicht mehr gesehen." "Und du? Wolltest du es? Hättest du es deiner Frau zugemutet?" Ein unbestimmtes Schulterzucken, sonst nichts.

Wir laufen jetzt mit bloßen Füßen über den trockenen Sand- und Schlickboden, am Graben entlang bis zur Andelgrasgrenze. Wieder Wahrscheinlichkeitsrechnungen. Das Alter könnte stimmen. Jann soll ihm wirklich ähnlich sehen? Er findet das nicht. Auch seine Frau lachte nur, das hätte ich ja selbst gehört. "Eine Blutgruppenprobe? Warum? Erwartest du ein Gottesurteil?" Es klingt eher unsicher als ironisch. "Möchtest du denn nicht wissen, ob Jann dein Sohn ist?", bohre ich weiter. Natürlich würde er es um jeden Preis ermitteln, hätte er auch nur den geringsten Zweifel. Es gab keinen Grund, ein Kind zu verschweigen. Meine Wut lässt sich keinen Zügel anlegen. "Diese Frau ist bei der Geburt des Buben verstorben. Die Großmutter erzog ihn. Warum willst du das nicht verstehen?" Er glaubt es nicht, dass sie Gründe gehabt haben könnte, den Namen des Vaters zu verschweigen. Wir laufen durch Algen, über Muschelbänke, und ich stecke das eine oder andere Exemplar ein. Micha beeindruckt nicht einmal der Seestern. Sein Denken fixiert er auf den Blutgruppentest. Ich will es wissen, ob es sein Sohn ist, der sich bei mir wohlfühlt.

Wenn ich das Musik-Center verließ, überschwemmte immer eine Lärmwoge das Stadtviertel, wälzte sich weit in die angrenzende Parklandschaft hinein. Die Fenster der oberen Stockwerke füllte die Nachmittagssonne mit grellem Gelb.

Im Vogelpavillon im Park quietschte meist ein gelber Sittich in seinem Käfig. Auch die anderen Vögel schienen die lauten Töne, die sich bis in diese Gegend verirrten, zu beunruhigen. Sie zwitscherten aufgeregt durcheinander.

Ich ging an der steinernen Orgel vorbei über die Wiese, mit

dem Blick über das grün gewellte Land, bis zum Fluss, und sprang unterhalb des Wehrs von Stein zu Stein.

Nicht um sein seelisches Gleichgewicht fürchtete ich damals, sondern um sein Leben. Er hätte, um sein Prestige zu retten, wie ich glaubte, sein Leben dort beendet, wo er es oft genug einsetzte.

Manchmal lief ich auf dem Heimweg auch durch den Wald, wo ein frecher Jagddackel in einem Gartenhaus am Waldrand meine schweren Gedanken verbellte. Moospolster und die Nadeln junger Fichten bedecken dort den Weg und verschlucken die Schritte. Von Zeit zu Zeit füllt ein Gewitterregen den schmalen Bach, der sich durch die Lichtung schlängelt.

An einen moosbewachsenen Felsbrocken gelehnt, leuchten Riesenfliegenpilze auf, gelegentlich auch Steinpilze, aber ich bückte mich nicht, weil ich auch solche mit nach Hause brächte, die das große Pilzlexikon unter den Genießbaren verschweigt. Mein beschleunigter Schritt ließ Pilzesammeln auch nicht zu. Beim Wandern ist der Schritt Maß aller Dinge. Ich hetzte nicht, aber ich verweilte auch nicht zu lange. Nur am Fluss und Bach ließ ich oft die Zeit mit dem Wasser verrauschen.

Manchmal lag bereits tiefe Stille über der Natur, wenn ich aus dem Wald trat. Die Fenster der ersten Häuser erfüllte der Sonnenuntergang mit Purpur. Auf der Treppe döste die alte Katze vor sich hin.

Heilmar brillierte in seinen Briefen und Telefonaten mit Liebenswürdigkeit, lud mich zu einer Opernaufführung und zu einer Schiffsreise ein, aber ich musste aus Zeitgründen ablehnen.

Da es sich ausgerechnet um meine Lieblingsoper handelte, hielt ich, was sich als falsch erwies, Micha für den Initiator.

Vater beanspruchte uns damals sehr. Der wetterbedingte Mangel an Bewegung rächte sich mit Durchblutungsstörungen und allerlei Altersbeschwerden, und Tante Grete wäre ohne meine Hilfeleistung der Anstrengung nicht mehr gewachsen gewesen.

Jann kam, sooft er von der Heimleitung die Erlaubnis bekam, gelegentlich auch während der Woche, teilte den Inhalt seines Obsttellers und seine Süßigkeiten mit Emel. Er beherrschte ihn allerdings auch.

Kurz, mein Einsatz war gefordert und die Erfahrung der Gegenwart, die Konfrontation mit dem Alltag ließen das unlösbare Problem kurzfristig versinken, bis das Ereignis unmittelbar auf mich zutrat.

An die Ankündigung erinnere ich mich noch sehr genau. Es fing schon am Abend an, als ich einen Nachtfalter in einer Ecke meines Schlafzimmers fand und in den Garten warf. Am nächsten Morgen durchdrang langwelliges Licht die Atmosphäre. Der Morgen ging glutrot auf und verhieß Schreckliches. Auch die schwülwarme Luft versprach unbeständiges Wetter.

Von weitem sah ich die ungeleerte Mülltonne vergessen am Straßenrand stehen. Der Biomüll quoll über die Ränder und schockte jeden vorübergehenden Spaziergänger. Warum dann das Auto trotz entnervender Versuche zu zünden, nicht ansprang, stellte sich erst vier Stunden später in der Werkstatt heraus. Es musste abgeschleppt und die Batterie aufgeladen werden.

Ich setzte mich auf mein altes Fahrrad, das ich immer noch jedem modernen Damenrad vorziehe, und erreichte das Ziel mit einer halben Stunde Verspätung, was mir natürlich eine Rüge einbrachte, zumal es sich um eine Vertretungsstunde handelte.

Um die Mittagsstunde verlängerte sich die Kette der Ereignisse

Glied um Glied. Das Gemüse brannte an, die frische Milch floss dickflüssig in die Tasse. Ich leerte mein Postfach, ohne, wie es meiner Gewohnheit entsprach, die Sendungen zu überprüfen.

Das Maß war aber eigentlich erst voll, als in der Nacht eine Stechmücke im Dunkeln nicht etwa die Lampe, sondern meine Nase suchte und mich bei jeder Kopfdrehung am Schlafen hinderte. Ich sprang auf, ließ einen altmodischen Fliegenfänger von der Lampe abwärts rollen und hoffte auf Erfolg. Das Surren verstummte tatsächlich. Dass ich mich aber Stunden später nicht sofort an das Geschehen erinnerte und mich in Richtung Lampe bewegte, wurde mir zum Verhängnis. Der leimbestrichene Fliegenfänger hing plötzlich in meinen Haaren, drehte sich lustvoll um die eigene Achse. In Panik geraten, riss und zerrte ich bald an dem Klebestreifen, bald an meinen Haaren. Nur mit Hilfe der Schere und heißem Wasser gelang es mir, die Falle zu lösen. Mein Spiegelbild glich einem Foto aus Max und Moritz.

Hätte sich alles nur um einen Tag verzögert, wäre es mir noch gelungen, Ann das gewünschte Foto, das nicht älter als zwei Monate sein sollte, zu schicken. "Ich brauche es für eine Überraschung. Du darfst mir die Bitte nicht abschlagen", sagte sie.

Weder die Drehung nach rechts noch nach links vor dem Spiegel erteilte mir die Lizenz zu einem Foto. Ich hätte es am nächsten Morgen beim Lesen der Post auch vergessen. Ein Brief vom Landesgericht lag provozierend unter Bankauszügen, Rechnungen und Reklameschriften. Man hatte mich als Zeugen geladen.

Nino war es, der von unserem Besuch der Inselbewohnerin berichtete, die man drei Wochen später ohnmächtig in ihrem Holzhaus fand. Er wollte, wie sich bei der Verhandlung herausstellte, seine Nymphe besuchen und bei dieser Gelegenheit Nunnis Vorräte auffüllen.

Obwohl ich es vermied, über unsere Entdeckung der Asymmetrie der Gesichtshälften zu sprechen, hatte der Arzt festgestellt, dass Nunnis Wortlosigkeit auf eine Lähmung des Sprachzentrums zurückzuführen sei und Anns Ansicht bestätigte.

Natürlich kam man sofort auf den Gedanken, dass wieder jemand eine Zeugin auszuschalten im Sinne hatte. Dass das Mädchen aber in der Zwischenzeit sich zu verständigen und verständlich zu machen lernte und erneut eine Gefahr darstellte, sprach der Rechtsanwalt an. Ein Herzinfarkt war eine rasche Möglichkeit, die Zeugin jenes Geschehens zu beseitigen.

Johann-Michael hätte man sicher nicht gerufen, wäre es Nino nicht eingefallen, auch dessen Besuch der Seehundbank und den damit verbundenen Besuch der Insel zu nennen.

Gewiss, es geschah in einer naiven Absicht, aber das hohe Gericht glaubte Anhaltspunkte gefunden zu haben. Der Verteidiger sprach sofort die Versorgung der Inselbewohnerin an.

Mit einer Spur von Nervosität nahm Micha selbst am Gespräch teil, nannte Datum und Uhrzeit des Besuchs. Von ihrer Krankheit war ihm nichts bekannt. Der Infarkt musste drei Tage nach seinem Besuch eingetreten sein, sie beim Holzsammeln überrascht haben, denn es lagen Holzstücke verstreut im Raum.

Ich hörte seine Fingerknöchel krachen, während er sprach. Seine Hand, die über das Haar strich, fand nicht mehr zurück, gab seinen Kopf nicht mehr frei.

Micha glich einem Schatten, dessen Individualität sich aufzulösen drohte.

Der Vetter war es natürlich, der überzeugend zu argumentieren verstand, Michas Alibi für diesen Tag nachwies und seinen Freund, einen Mediziner bat, die Unschädlichkeit der Nahrungsmittel zu bestätigen. Fischnahrung, Schweineschmalz, Brot, Mehl, Reis, aber kein Überangebot an gesättigten Fettsäuren.

Außerdem hatte Nunni weder Alkohol noch Zigaretten zur Verfügung. Unterschwellige Vergiftung durch Kohlendioxyd, ein Unfall oder Angriff durch Tiere oder Menschen waren ausgeschlossen. Es gab nicht den geringsten Nachweis für Verletzungen oder Schläge.

Nunnis Herzmuskeln, das ergab der Befund, konnten nicht als entartet bezeichnet werden. Es lag auch keine ererbte Konstitution vor. Sie klagte nie über Beklemmungs- oder gar Angstzustände.

Woher sollte der Infarkt also rühren? Man gab das Rätsel den Zuhörern mit auf den Heimweg.

Jann erwartete uns ungeduldig. Er wollte Micha sein Zimmer und seine Höhle zeigen, und ich hoffte immer noch, Micha würde den Sohn in ihm erkennen.

"Hier wohnst du also?" Dreimal wiederholte er den Satz, als wollte er sich das "hier" besonders einprägen.

Nach dem Abendbrot radelten wir zu dritt zu unserem Hausberg, ins erloschene Vulkanland. Den Atem lieh uns der Wind, der heftiger blies, als uns angenehm war. Frühling war ausgebrochen. Hell glänzte die Landschaft. Vögel hockten in den Büschen. Bäume und Sträucher hatten bereits ihre Knospen geworfen. Sie leuchteten in der Sonne wie die saftgrünen Wiesen in allen Schattierungen. Der Himmel spiegelte eine kleine rosa Wolke in einer Pfütze. Ein Auto staubte vor uns auf und bog in die Kurve ein. Telegrafenmasten begleiteten die von Wald umsäumte Teerstraße wie ein Zaun.

Wir radelten schweigend hintereinander. Dann stiegen wir über das dichte, feinkörnige dunkelgraue Gestein aus basischer Lava auf, das als Straßenschotter und Pflasterstein genützt wird.

Jann stand als erster bei den Säulen. Mücken tanzten im Windwirbel. Den Blick vom Spiel der Insekten verwirrt, suchten wir die Gegend nach dem unkrautüberwucherten Weg ab, der zu einem Gasthof führt, in dem Janns Klassenkamerad wohnte. Aber die schmalen, unausgefahrenen Wege waren eher in unserer Fantasie als in der Realität angesiedelt.

Jann kletterte umher und sammelte Steine.

Unten rupften Pferde im Schatten der Obstbäume Distelkraut. Unbemerkt war der Abend fortgeschritten.

War es der fehlende Salzgeruch der Haut oder der neue Anzug, der Micha verändert erscheinen ließ? Er schwieg vor sich hin, antwortete kaum auf meine Frage nach seinem wissenschaftlichen Erfolg. Seine euphorische Experimentierfreude war längst erloschen. Er strebte nicht mehr wie früher nach Grenzüberschreitungen, ohne aber die Kunst der Langsamkeit erlernt zu haben. In seiner gegenwärtigen Situation hätte sie vermutlich auch zum Stillstand geführt.

Wir saßen auf einer Bank im Schatten der Säulen, die warmen Sonnenstrahlen auf den Knien. Nur die Wespen surrten aufgeregt. Micha fixierte nervös seine Armbanduhr.

Zeit ist nicht nur eine messbare Größe. Wo sie nicht mehr als Sinn und Freiheit interpretiert werden kann, sind geistige Turbulenzen absehbar. Das war Michas Situation. Für das kurzsichtige Opfer eines Irrtums, wie er seine Lage begriff, hielt ich ihn nicht. Ein geheimnisvoller Virus hatte sein psychisches Gleichgewicht erheblich gestört. Dass er dabei sein Maß verlor, bewiesen seine Reaktionen auf Vergangenes, als hätte er die Zeit seines Studiums, seiner Forschungsarbeit und damit die des unverwechselbaren Ichs vergessen.

Er lebte aber auch nicht in der gegenwärtigen Realität, war unfähig, in dieser Jahreszeit die Wärme und Lichtfülle zu erleben. Micha verlor sich auch nicht mehr wie früher im Schauen. Es hätte mich nicht gewundert, wenn er auf nicht beschriebenen Seiten und ungedruckten Kapiteln eines Buches gelesen hätte.

Nur zur "Unzeit" fand er Zeit, wie er sagte, eigene Probleme zu überdenken; d. h. er sucht in schlaflosen Nächten nach Lösungen.

Beim Sprechen verdichtete sich seine Unlust in den Symptomzonen und Signalstellen, in den Augen, den Mundwinkeln und in den Händen.

Es wäre einem Abenteuer gleichgekommen, sie aufzuspüren, auszuloten, zu orten, hätten nicht ausgerechnet Michas Hände gezittert, sich seine Mundwinkel zuckend nach unten verzogen, wäre die Verzweiflung nicht aus jedem seiner Blicke gefallen. Sein Gemüt, in einer Grauzone gefangen, verweigerte emotionale Äußerungen, ließ ihn geradezu versteinert erscheinen. Ich erschrak über meine rationale Analyse und die emotionale Disziplin.

Als Jann mit seiner kleinen Steinsammlung erschien, brachen wir auf.

Micha steckte beide Hände in die Hosentaschen, ging unschlüssig hin und her. Jann musste ihm jede Erklärung abringen. Für ihn hatte sich die Welt der Vulkane als Geheimnis geöffnet. "Er wird sie zu Hause ordnen, mit der Lupe untersuchen und Sachbücher darüber lesen", sagte ich. Micha nickte. Als Jann die Initiative ergriff und "Ich führe an!", rief, vermochte er seinen Füßen nicht sofort den entscheidenden Impuls zu geben. Es dauerte lange, bis er uns folgte.

Seine Maschinerie lief auf Leergang. Es hätte keine Atemübung, keine Versenkung in transzendente Bereiche, nicht Yoga geholfen. Micha war in seinem Problem erstickt, ignorierte seine Umwelt und bemühte sich nicht einmal mehr, einen Funken Leben aus sich herauszutreiben. Erst kurz vor seiner Rückfahrt schien er aufzuwachen, als er Max vor der Haustüre begegnete.

Das Sonnenlicht lag in Flecken auf dem Boden, und Jann sprang von einem Leuchtflecken zum anderen, was er bei unserem Besuch bei Jenni gesehen hatte.

Max fragte Micha freundlich - daran erkannte man Klaus in ihm -, warum er nicht länger bleiben wolle, ob ihm diese Landschaft missfalle. Micha erklärte ihm die Gründe für seine Eile. Max hätte sicher neugierig, taktlos nach den Ursachen des Seehundfell-Skandals gefragt, während Klaus über Landschaft und Wetter sprach. Jetzt erübrigte sich der Gesprächspartner, mit dem er die neuesten Ereignisse des Tages hätte austauschen können. Ich erinnerte mich noch recht gut an seinen Applaus und sein Gelächter auf der Zunge, mit dem er die Wiedergabe der Klatschspalten der Lokalpresse unterstützte.

Es gibt immer einen Gewinner und einen Verlierer. Vielleicht öffnet der Verlierer dann den oberen Hemdknopf, lockert den Rollkragen, indem er den Reißverschluss nach unten zieht oder sich Luft zufächelt.

Sicher wird er oder sie dem Sieger scheinbar neidlos die Hand reichen, vielleicht teilnehmende Freude heucheln. Max, den man nicht mehr Klaus sein ließ, gehörte in dieser Zeit zu den Verlierern, denen keine Wahl mehr bleibt, auf die Niederlage zu reagieren.

Die Familienmitglieder fühlten sich seit dem Tod der Mutter verpflichtet, ihn ständig an seine "krankhafte Veränderung", wie sie seinen Zustand später nannten, zu erinnern, bis er in Wut geriet. Man konnte ihn dann wie einen Wachtposten beschleunigt durch den Garten gehen sehen, aber er entfernte sich nie weiter als 500 Meter vom Haus, wenn er es verließ.

Seine Wutanfälle führten schließlich zu heftigen Auseinandersetzungen, und es wurde ein Mediziner herangezogen, der mit
Medikamenten eingriff und so vorübergehend den Hausfrieden
herstellte. Das wusste Micha nicht.

"Wer wie Max einfach Klaus sein könnte!", wiederholte ich Michas Wunsch, als er ins Auto einstieg. Er nickte. "Und der
Lärm?", fragte ich. "Hoffentlich keine Dauererscheinung!", sagte
er. "Wie der Gerber, den hüllt jetzt auch plötzlich ein Musik-
schleier ein. Das wäre mir lästig." Von einer Musik-Therapie
war ihm nichts bekannt.

Richtig, ich vergaß zu erwähnen, dass ich die Namen Max -
Klaus längst mit lauter Musik assoziierte.

Seine Umwelt war es nämlich, die sein Erscheinen mit Bläsern,
mit Sprechgesängen, die Autoradios präsentierten oder aus den
Fenstern drangen, begleiteten.

Die Art der Vokalmusik und der Klangcharakter erinnerten
sehr an den der Musik-Therapie im Musik-Center. Freilich gab
es Verbündete unter den Nachbarn, die mehrmals wegen Ruhestörung Anzeige erstattet hatten, weil der Lärm während des
Parkens wogenartig aus offenen Türen quoll oder stundenlang
aus geöffneten Fenstern tönte, während Max selbst passiver
Zuhörer blieb.

Als ginge es um eine erlaubte Maßlosigkeit, blieben die Anzei-
gen wirkungslos.

Aber Max schien die neue Rolle, die ihn zum Psychopathen
werden ließ, trotzdem am Leben zu erhalten, Micha schien sie
zu vernichten.

Dass ich den Toten in ihm erst beweinte, als ich mich allein
wusste, geschah vor allem aus Rücksicht auf Jann.

Ich hatte Micha zum zweiten Male verloren, aber Verlorenes
gehört uns, solange wir es suchen, solange es in unserer Sehnsucht schwingt.

Würde auch Heilmar an Michas Stelle sein Maß verlieren? fragte ich mich damals.

An einem sonnigen Samstagnachmittag wurde ich Zeuge eines seltsamen Ereignisses: Ich spazierte am Spielplatz vorbei. Kinder saßen im Sandkasten und auf der Schaukel. Ein Herr in den mittleren Jahren, mit hellgrauem Anzug und Hut bekleidet, blieb stehen, sagte leise etwas zu einem der Kinder, gab ihm eine Tüte und deutete auf die auf einer Bank sitzende Dame und ging langsam weiter.

Ich setzte mich auf eine der gegenüberliegenden Bänke. Es war offensichtlich die Mutter der Kinder, die die Bonbontüte öffnete. Sie sprang auf, wirbelte mit der Hand durch die Luft, fragte das Kind etwas, gab ihm einen Gegenstand in die Hand. Der Zeigefinger wippte aufgeregt in Laufrichtung des Mannes, der inzwischen nicht mehr zu sehen war.

Das Kind kam zurück, hatte den Besitzer des Tonbandes, das sich in der Tüte unter Bonbons befand, nicht mehr erreicht. Die Mutter zeigte mir das Tonband, das an einen Herrn Knopf gerichtet war, und suchte meinen Rat.

Der Übermittler hatte offensichtlich die Kontaktperson verwechselt. Er kannte die Methoden, aber nicht die Frau, an die er übergeben sollte.

Dass es sich um Informationen auf Band handelte, konnte man zwei Tage später in der Presse nachlesen. Sie waren an den für die Musik-Therapie zuständigen Psychologen gerichtet. Der Adressat, ein "norddeutscher Jurist". Ich verdächtigte sofort Heilmar, seine Beweggründe ahnte ich zu diesem Zeitpunkt noch nicht. Rätselhaft erschien mir aber die Richtung der Information. Nicht das Therapie-Zentrum strahlte akustische Informationen aus, sondern der Jurist informierte den Psychologen.

Heilmar schien den Absprung aus einer Welt gewagt zu haben, aus der er im Geist längst emigriert sein musste, aus der der Humanität nämlich.

Was mich empörte, war die menschenfreundliche Kulisse, vor der das Geschehen spielte.

Die Schwundstufe einer Wissenschaft oder deren Abwege?

In der schmalen Zone zwischen Publikum und Bühne leuchtete aber ein Alarmsignal auf, das man übersehen hatte. Vielleicht hätte Nunnis Darstellung den Film belichten können.

Das gefährliche Spiel interessierte mich längst.

Lange Zeit ereignete sich nichts Bedeutendes, wenn man das permanente Schrumpfen der freien Zeit nicht für bedeutend hält. Dass auch unser harter Einsatz nichts an Vaters besorgniserregenden Zustand zu ändern vermochte, betrübte uns sehr. Er bewegte sich nur noch unter Zwang. Seine Heiterkeit welkte unter einem geheimnisvollen Virus. Die empfindlichen Reaktionen verunsicherten uns, und wir fürchteten durch einen falschen Zungenschlag sein völliges Verstummen herbeizuführen. Seine Geduld, Schmerzen zu ertragen, empfand ich geradezu als psychische Krankheit. Manchmal glaubte ich, es wäre besser gewesen, zu schreien, zu schimpfen, als schweigend einem langsamen Sterben zuzustimmen. Erst mit dem ersten Gewitterregen - so widernatürlich es klingen mag -, stabilisierte sich seine Gesundheit wieder, und er äußerte das Bedürfnis, sich im Freien aufzuhalten.

Tante Gretes Optimismus wirkte wie eine Wundsalbe. Sie saß mit Vater jeden Mittag im Garten in der Sonne. In dieser Zeit wurde mir mit jedem aufkommenden Licht meine düstere momentane Situation bewusst: Vaters physische Gesundheit würde sich in seinem Alter nicht mehr namhaft bessern. Micha unterwarf sich einem Wesen, das auch er nicht für das seine hielt und drohte an diesem Zustand zu zerschellen, und Jann suchte ungeduldig seinen Vater, der ihn vielleicht in seiner neuen Rolle nicht erkennen konnte oder durfte; Jann, den seine Umwelt ablehnte, wenn ich an Tante Grete dachte, die sonst die personifizierte Güte war, oder an die Erzieherin der Gruppe, die ihn ständig kritisierte, weil sie ihm "helfen" wollte.

Drei Menschen, die ich liebte, waren in Gefahr, ohne dass ich ihnen zu helfen imstande war.

Das konnte ich jedenfalls nicht mehr leugnen, dass mich die Angst um diese drei Menschen bereits aus allen Ecken ansprang.

Was mich mit Heilmar verband, ließ sich kaum verbalisieren. Jeder flüchtige Bekannte hätte ihn als liebenswürdig bezeichnen müssen. Ann hatte Recht, er verstand es, Jünger um sich zu versammeln und gefährliche Bedürfnisse zu wecken. Man musste nicht anfällig sein, um sich zu infizieren. Trotzdem misstraute ich ihm, ohne konkrete Beweise zu besitzen. Ich tat damals das, was ich immer in dergleichen Situation zu tun pflegte, ich setzte meine Füße in Bewegung. Es dauerte nicht lange, bis sich die Schrittgröße, das Tempo meinem inneren Rhythmus anglich. Es wird vom Ablauf meiner Gedanken bestimmt, die im Erregungszustand parallel zueinander in Bewegung geraten. "Rennst du schon wieder?", fragte dann Tante Grete. "Du musst doch immer aus dem Rahmen fallen!" Nein, ich konnte nicht aus dem Rahmen fallen, weil ich über die wahre Situation nie im Bilde war.

Manchmal ging ich auch gegen den schleppenden Wind, das ungenaue Gewölk über mir, das, vom Windatem gezwungen, die Sonne immer wieder freigab. Sie kroch durch die Wolken und strahlte uns immer noch oben wieder warm wie im Spätsommer an.

Freilich, es hatte ein paarmal geregnet, Gewitterschauer, kurzfristig, ohne Tiefenwirkung. Der Boden blieb hart und trocken. Grobsandig knirschte der Weg unter meinen Füßen. Auch der Garten glich seit langem schneelos im Winter, einem Sportplatz. Das Verbot, zu gießen, konnte man der Wassernot wegen nicht aufheben.

Meine düsteren Gedanken beschleunigten in dieser Zeit meine Schritte, ließen Spaziergänge zu Wanderungen werden.

Ich hatte mich ungewollt an einem Spiel beteiligt, dessen Spielregeln ich nicht beherrschte.

Der Würfel war nicht ins Leere gefallen. Der Schiedsrichter zählte die schwarzen Punkte.

Warum musste Nunni ausgerechnet in der Zeit verunglücken, in der wir, Ann und ich, eine Spur entdeckten?

Ein Telefonat bestätigte meine Vermutung, dass Micha das Ereignis wie eine schwere Last mit sich herumschleppte. Ellen konnte ihm nicht helfen, weil sie keine Relation herstellte oder dieser Beziehung keine Bedeutung beimaß.

Johann-Michael hatte damals diese Frau genommen, wie man etwas in Besitz nimmt, das schon zum Eigentum zählt. Sie stammte aus der gleichen Gegend wie er, wo Ebbe und Flut zum Alltag gehören wie der Fisch zum täglichen Brot.

Ellen begnügte sich mit einem Gesichtspunkt, einer großen Sommersprosse, die sie mitten auf der Stirne trug. Im Übrigen sah sie die Dinge aus der Perspektive ihres Gatten. Sie zählte auch längst nicht mehr zu den Frauen, die den Inhalt durch ständig neue Verpackung anpreisen. Seit ihrer Eheschließung lebte sie bescheiden und zurückgezogen und realisierte die Vorstellung der Bibel von der mütterlichen Frau, die dem Mann untertan ist, bis sie eines Tages der Gatte und der Pflegesohn markant überforderten.

Es war Jennis schrille hohe Stimme, die am Faschingsdienstag in den Hörer rief: "Hallo, hier Jenni. Es war herrlich am Kinderfasching! Ich war nicht Jenni, ich war das Rumpelstilzchen und habe einen ganz lustigen Schatten um mich geworfen, und die Jenni habe ich mit meinem roten Mantel kaschiert." Sie sagte nicht verborgen, unter dem Mantel verdeckt, sondern "kaschiert". Das Wort gehörte zu ihren Lieblingswörtern, die sie, in Blumen gerahmt, in ihrem Kinderzimmer an die Wände hing oder klebte, denn für sie war das Leben ein endloses Spiel, und Wörter bedeuteten Schaufenster, vor denen man stehen bleibt. Sie schaute sie dann lange an, spiegelte sich in ihnen und probierte sie vorsichtig ihren Sätzen an. Dann erst führte sie sie an der Leine herum, kletterte über die Wortkonturen.

Sie war ein interessantes Kind, das einer Schwester ihrer Mutter ähnlich sah und durch Kreativität und geistige Wendigkeit auffiel.

"Kannst du bitte dem Jann sagen, dass ich ihn ins Blei gegossen habe? Er sieht wie ein Frosch aus. Wir haben Bleistücke geschmolzen, in das Wasser geschüttet, und es sind Menschen, Tiere und Sterne entstanden."

Die Familie wiederholte am Faschingstag den Silvesterbrauch. Jennis Stimme überschlug sich vor Begeisterung. Ich sah sie vor mir, das selbstbewusste kleine Persönchen, wie es die schulterlangen blonden Locken nach hinten warf. "Kaspar" nannte Jann Jenni. Kleine Mädchen interessierten ihn nicht. Aber auch er bemühte sich am Abend, durch Jenni angeregt, um ansehnliche Exemplare aus Blei, um sie zu interpretieren. Er suchte seinen Stern im Blei, bis er das ganze Licht dieser Nacht in den Händen eingefangen glaubte.

Als alle schliefen, stand ich noch lange am Fenster. Die Nacht rieselte durch die Wipfel der Bäume, floss an den Zypressen entlang. Ein Zapfen löste sich von einem Ast und schlug hart auf. Der kleine Brunnen im Nachbargarten war versiegt. Eine einsame Vogelstimme klagte, aber der große Vogelzug hatte in diesem Jahr nicht stattgefunden. Als das Licht starb, verstummte sie.

Die schwüle, düstere Atmosphäre erzeugte nicht allein die immer noch zu starke Sonneneinstrahlung, sondern meine Prognose.

Wenige Tage später dann Heilmars Stimme im Telefon. Im Straßencafé vor dem Rathaus sollte ich ihn erwarten. Zum ersten Mal in dieser Jahreszeit standen Stühle und Tische im Freien.

Heilmar wurde dienstlich benötigt und war am Vortage angereist. Für ein Gespräch unter vier Augen glaubte er das Café besser geeignet als mein Arbeitszimmer. Vielleicht empfand er Janns Gegenwart als unangenehm.

Ich wartete also, fixierte den Zeiger der Kirchenuhr. Die Zeit dehnte sich. Was wollte Heilmar von mir? Die Spannung entsteht durch eine Potentialdifferenz zwischen zwei Punkten eines elektrischen Feldes. Ich stand unter Hochstrom. Eigentlich hätte die Spannung infolge meines Widerstandes von einem zum anderen Ende des Leiters abnehmen müssen, aber sie wuchs von Minute zu Minute.

Ich beschloss, ihm bei diesem Gespräch keine Möglichkeit zu Spötteleien zu bieten. Das verlorene "Goldene Zeitalter" nannte er unsere Jugendzeit und behauptete, ich würde Vergangenes durch einen Filter sehen. Heilmar warf mir nämlich vor, an der Misere nicht unschuldig zu sein. Jeder von uns hätte eine ferne Glücksinsel gesucht, aber wenn sich der Freund im Laufe der Zeit verändert hätte, so wäre das ein durchaus natürlicher Vorgang. Warum ich den Verlust seiner Spontaneität beklagte, annahm, dass er unerklärlichen Anweisungen folge, konnte ich nicht überzeugend beweisen. "Wollen sie ihm vielleicht raten, spontan zu reagieren? Sie können doch auch nicht vorsätzlich etwas vergessen." Er schätzte die Situation richtig ein. Das war paradox.

Hatte ich nicht wirklich, wie Heilmar glaubte, aus Egoismus unsere Beziehung zerstört und vielleicht sogar zu seiner Veränderung beigetragen?

Es ist wahr, ich dachte wie Rousseau: Wer mich besitzen würde, den hätte ich als denjenigen, den ich liebe, verloren. Ich wollte ihn nicht verlieren, aber das konnte Heilmar nicht nachvollziehen. Zuweilen dachte ich selbst an eine erbliche Belastung durch eine unverheiratete Tante, die die Familie scherzhaft die "alte Jungfer" nannte. Micha musste die Rolle des guten Freundes übernehmen, die des großen Bruders, um mich zu bestätigen. Als er aber seine Wirklichkeit herstellen wollte, verweigerte ich ihm die Zustimmung, weil ich meine Vorstellung nicht mehr hätte realisieren können. Er durfte sich nicht ändern, um für mich perfekt zu bleiben. Seine Veränderung hätte mich damals aus meiner Beziehung zu ihm geworfen. Von einer Schuld konnte natürlich nicht die Rede sein.

Ich wartete an jenem Tag eine gute halbe Stunde. Mit der Spannung wuchs meine Erwartung, die nicht Neugierde bedeutet, eher Erleben, ein nur von mir wahrnehmbarer Vorgang. Es war ein Erregungszustand, in dem ich mich befand. Freilich, es geht im Leben nicht immer darum, die gesteckten Ziele sofort zu erreichen, sondern vielmehr um ein Unterwegssein zu diesen Zielen, und dieses Ziel betraf Jann und Micha.

Dann kam Heilmar, liebenswürdig, beschwingt und heiter wie immer. Wir duzten uns seit Weihnachten, ohne uns "gezähmt" zu haben, unserer Beziehung fehlte das Vertrautsein.

Das war der Grund, warum ich mich von Heilmar in allen Winkeln meiner Person ausgeleuchtet fühlte, ohne dass er je besondere Fragen gestellt hätte.

Dass ich die geheimnisvolle Übergabe des Tonbandes in der Bonbontüte erwähnte, das laut Pressebericht einem norddeutschen Juristen gehörte, war sicher nicht diplomatisch, obwohl ich meine eigene Beobachtung aussparte. Er erriet natürlich meinen Verdacht und lachte. "Das wusste ich, dass du mich an diesem Spiel beteiligt glaubst. Diesen Mann kenne ich flüchtig. Er hat ein persönliches Interesse an der Auswertung. Das war sicher nicht der richtige Weg, aber er konnte nicht wissen, dass der Beauftragte die Mutter des Kindes verwechselt."

"In der Bonbontüte?", wagte ich einzuwenden. "Vielleicht lag das Band zufällig daneben in der Tasche." So genau kann man das nachträglich nicht feststellen. Sein Lächeln, wie immer chiffriert!

Der Kellner brachte die Eisbecher und für einen Mann, der allein an einem der weißen Tische saß, ein Bier und einen Kaffee. Es war jener Bekannte, der uns nicht bemerkte, der mit der Freude am Komponieren auch die am Alkohol von seinem Freund gelernt hatte. Er schrieb seine Melodien gerne auf die weißen Servietten. Ich lernte ihn kennen, als ich in einer Gaststube Getränke holte. Er diskutierte mit dem Wirt über den Wert eines Ringes, den er offensichtlich versetzen wollte. Seit er komponierte, sah man ihn nicht etwa an der Orgel, sondern in der Gaststube sitzen. Der Alkohol nahm ihn auf die Flügel. Vom Berufsalltag angeödet, hatte er sein Ethos vergessen. Die Frau drohte ihm mit der Scheidung. Der Wandel vom soliden Bürger zum Alkoholiker vollzog sich in so kurzer Zeit, dass man den Einfluss des Musikers verantwortlich machte.

Der Wirt erzählte mir seine Geschichte.

Muscher trank damals einen Schnaps und nickte mir freundlich zu. Er wirkte zwar etwas verschlafen, musste aber der Diskussion nach, die er mit dem Wirt führte, nie wacher gewesen sein, wie in diesem Augenblick, denn der Wert des Ringes wurde verhältnismäßig hoch angesetzt.

Bevor er das Lokal verließ, schaute er in einen Spiegel und schnitt diesem neuen Gesicht ein Grimasse.

Er winkte, schien sich bei Heilmar zu bedanken. "Ein Komponist. Ich spendiere ihm gelegentlich, wenn ich hier bin, einen Kaffee. Dann hat er gute Einfälle", sagte er.

Heilmar arbeitete mit verschiedenen Therapiezentren in der BRD im Rahmen seiner wissenschaftlichen Arbeit zusammen und besuchte damals auch öfter die Musik-Therapie.

Er legte ein Programm vor mir auf den Tisch. Ich sollte mit ihm nach Ivalo fliegen, für seinen erkrankten Assistenten kleine unbedeutende Aufgaben übernehmen. Besondere Hilfe konnte ich als Laie nicht bieten.

Ich liebe das Nordmeer mit seinen Fjorden, sah außerdem eine Gelegenheit, meinem Ziel näher zu kommen.

Als hätte er die Konstellation meiner Gedanken wahrgenommen, sagte er: "Jann vermisst dich während der Woche nicht. Hältst du Michael für seinen Vater?" Diesmal fiel ich aus der Fassung. Nur die sommerliche Mückenplage mitten im Sommer kam mir zur Hilfe. Ich wehrte mich erbittert gegen diese "Heimsuchung" und gewann Zeit. Die Sonne hatte den ganzen Tag unablässig geblendet, die Augen gepeinigt und immer noch bis zum Überdruss zum Baden eingeladen. Regen fehlte, der die Natur wieder aus der Erstarrung hätte wecken können. Der neue Rhythmus des Sonnenjahres hatte uns noch nicht erfasst, und das Leben pulsierte noch nicht mit dem neuen Stand dieses Sterns seit jener Finsternis, die uns die Klimakatastrophe bescherte, und mit ihr die Insektenplage. Ich schaute in das blasse Licht der müde am Horizont versinkenden Sonne und fand endlich wieder Kraft für meine Frage nach einem Beweis. Eine Ähnlichkeit wollte Heilmar nicht wahrnehmen. Der Brief mit der Unterschrift seines Namens und der Schmuck der Mutter müssten, das war auch Ansicht des Gerichts, eher auf einen Fischer verweisen. Der Vorname sei auch sehr verbreitet, meinte er.

Dass Heilmar, bevor wir das Lokal verließen, lange mit dem Kellner sprach, der dann noch einen Kaffee auf den Tisch des Komponisten stellte, fiel mir zwar auf, aber ich maß dem Geschehen keine besondere Bedeutung bei.

Ich entschied mich für die Reise gegen meine Vernunft, eine Reise, die aber nie stattfand.

Die Erinnerung war es, die tastend zugriff, mir sprachlose Bilder einer Nordlandreise lebendig werden ließ und meinen Entschluss beeinflusste.

Ich sah die sumpfigen Niederungen Lapplands vor mir, von Flechten und niedrigen Sträuchern bewachsen, die vom Wind schiefgedrehten Bäume in dieser kargen Gegend, in der wir wanderten, Kieferstümpfe, die von Harz trieften.

Micha reiste nicht gerne in fremde Länder und kritisierte mein Vagabundieren, aber am Fjord telefonierte ich mit ihm, das weiße Hüpfen und Schäumen der Brandung an den Klippen um mich herum. Die Landzunge versank nicht in der Finsternis, weil das Nordlicht über den Himmel geisterte.

Meine Zustimmung glich einem Protest. Hammerfest wollte ich in Heilmars Begleitung wiedersehen.

Damals reiste ich mit Ann, die auch fror und vor Angst bebte, als das Küstenschiff unterhalb des Nordkaps fast in Seenot geriet und uns ein Matrose über die Sinnlosigkeit der Rettungsreifen im Nordmeer informierte. Ann kündete per Handtelefon bereits den Untergang der Ilsebill an.

Sie kam auch später nie ohne Handy. Eines Tages erwarb sie Zeit im Ausverkauf zu einem Spottpreis.

Man wollte die Zeitreste nicht in die Ewigkeit entweichen lassen und das teure Netz keine Minute unbelastet sehen. 10.000 Minuten waren Zeit unter dem Tarif, am Markt zu erwerben. Der Händler teilte die 160,5 Stunden Redezeit unter 20 Personen auf, und Ann deckte sich mit Zeitvorräten ein. Wer länger preiswert telefonieren wollte, griff zu. Paradoxerweise hatte sie der Ausverkauf der Zeit aber in Zeitnot gebracht. Die gewonnene Zeit musste genau eingeplant, eine exakte Liste der Personen aufgestellt werden, die als Empfänger vorgesehen waren, denn der Anbieter hatte versprochen, die Telefonate an alle Ziele in die USA zu leiten.

Acht Stunden Sprechzeit waren nicht so leicht zu verbrauchen. Ann rotierte, denn der ungenutzte Rest verfiel. Was hätte dann der Zeithandel eingebracht?

Sie rechnete, zählte, schrieb all ihre Lieben auf, mit denen sie in den zwei Wochen sprechen wollte.

Später, als meine Zeit immer bemessener, immer knapper wurde, dachte ich oft an diesen Schlussverkauf.

Ann riet mir von der Reise mit Heilmar ab, und widerlegte sich selbst. Zu begründen vermochte sie ihre Warnung nicht; ich schob ihre veränderte Einstellung auf ihren Zeithandel, der ihre ganze Aufmerksamkeit in Anspruch nahm.

Auch mir war zu dieser Zeit die Veränderung aufgefallen, als ich, um eine Rufnummer nachzuschlagen, vergeblich Telefonbücher suchte. Leere gähnte mich an, denn Telekom hatte sie ersatzlos eingezogen, ohne, wie es in einer Demokratie üblich wäre, das Ereignis mit den Bürgern zu besprechen. Dafür erhielt jeder Postbesucher ein Prospekt, in dem er seinen Computer mit Internetanschluss auswählen konnte.

Wer sich nicht fügte, war gezwungen, gebührenpflichtig die Auskunft zu befragen.

Nach den Gründen brauchte der moderne, umwelt- und technikbewusste Bundesbürger natürlich nicht zu fragen.

Da man bei jedem Menschen, der das sechste Lebensjahr erreicht hatte, den Besitz eines Handys voraussetzte, war auch das Verschwinden der Telefonzellen selbstverständlich. Beweise der Fortschrittlichkeit lieferten täglich Kinder und junge Leute. In Naturschutzgebieten, Parks, und auch in Gottesdiensten, Theatern und Konzerten piepste nicht selten der treue Begleiter.

Auf den Geburtstagstischen fanden sich Handys mit Internetzugang. Der Hersteller hatte die ersten Mobiltelefone mit WAP-Technologien oder die Mobilfunktochter der deutschen Telekom bereits geliefert.

Wer noch keinen Mini-Browser besaß, galt als altmodisch. Mit 800 DM war sogar der Schulanfänger dabei. Vergaß der Vater einen in die Schultüte zu legen, fühlte sich das Kind zurückgesetzt und geschädigt.

Das Musik-Center besuchte ich erst wieder, als Jann in der Schule über die Lage im Osten referieren wollte und sich anschaulich informieren musste.

Wir nahmen die Lärmglocke über dem Geflecht der dissonanten Klänge in Kauf und ließen uns mehrmals von der Riesenleinwand umarmen, bis wir die entsprechenden Informationen gesammelt hatten: Blindgänger der Nato, Sprengfallen der Serben und 800 Minenfelder, die zum Erbe des Kosovo-Konfliktes gehören. Die Filme zeigten den Untergang eines Volkes, serbische Machtdemonstrationen.

Piloten stürzten über dem Meer ab, ein Blutbad in Osttimor, vom indonesischen Militär überwacht.

Von 20.000 Toten wurde berichtet. Die Schrecken des Kosovo wiederholten sich. Soldaten plünderten und schossen wahllos in Menschengruppen. Auch Frauen wurden nicht geschont. In den Polizeistationen folterten unter dissonanten Klängen die Milizen Nicht-Geständige. Die Dimension des Verbrechens war kaum absehbar.

Als wir das Kino verließen, wurden gerade Erdbebenopfer versorgt, stürzten auf der Leinwand Häuser ein, brannte ein Wald ab. Der Humanität blieb keine Chance, der Verwilderungstendenz des Menschen Herr zu werden, ihn aus der Barbarei zurückzuholen. Das galt auch für den privaten Bereich. Es war nicht abzuschätzen, wann der Mond seinen Schatten einziehen würde.

Nino realisierte, was er versprach. Drei Tage später hielt ich das Foto von seinem Bild und zwei Lieder in Händen. Die Vertonung der Gedichte entsprach eher einer Sturmflut als den Texten. Das Bild aber, ein Selbstporträt mit der Nymphe im Spiegel gefiel mir sehr gut. Er malte nicht modellgetreu. Nicht die Physiognomie war es, die ihn beschäftigte, sondern wie es seinem emotional bewegten Wesen entsprach, das Pathetische, der seelische Ausdruck. Meist wählte er kubistisch-räumliche oder surreale Erscheinungsformen.

Die melancholische Stimmung, die luftige Atmosphäre schuf die reiche Farbskala.

Es waren abgestufte lavendelfarbene Töne, die sich auf das leuchtende Rot der Jacke hin konzentrierten. Nervöse Linien ließen die zarte Zerbrechlichkeit der gespiegelten Nymphe entstehen. In der räumlichen Spannung der Kraftfelder zwischen seiner Person und der Nymphe wurde seine Intention deutlich. In völliger Verlassenheit schaute der Maler auf sein Spiegelbild und die Nymphe, die unendlich weit von ihm entfernt zu sein schien.

Windgeschüttelte Zweige vor dem Fenster und die grauen Silhouetten der Zypressen unterstrichen die Stimmung. Dass dieser etwas absonderliche, aber hochbegabte junge Mann bereits vier Wochen später bei einem Gewitter, das sich am Festland recht harmlos auswirkte, im Meer kenterte und fast ertrank, schockte jeden, der ihn kannte.

Zweifler wollten einen Sabotageakt in diesem Unfall erkannt haben.

Ein Schiff hatte den Verunglückten aufgenommen, der Arzt an Bord ihm das Wasser aus dem Magen gepumpt, das er beim Umsteigen schluckte. Er hatte es nie geübt, ein Rettungsboot zu benutzen.

Als Micha ihn einen Tag später aus dem Krankenhaus, wohin man ihn wegen Unterkühlung eingeliefert hatte, abholte, schien er zwar etwas geschockt, aber physisch gesund zu sein.

"Gewitter?", staunte er. "Es hat einmal geblitzt und gedonnert, aber das Meer war nicht übermäßig bewegt. Zuerst dachte ich, die Dübel, die die Planken verbinden, hätten sich gelöst, dann, kurz vor dem Unglück, entdeckte ich die Öffnung an der Außenwand." Platten, die mit den Enden übereinander an den Eisenspanten vernietet sind, hatten sich aus unerklärlichen Gründen gelockert. Das Wasser sickerte so langsam, unmerklich an dieser Stelle ins Boot, dass er es zu spät bemerkte. "Glaubst du an einen Unfall? Oder könnte jemand nachgeholfen haben?", fragte ich misstrauisch Micha.

"Ein neidischer Fischer vielleicht", meinte er. "Das kann man nicht beweisen. Nino ist eben fahrlässig. Er überprüft sein Boot nicht regelmäßig."

Ninos zweites Porträt aus dieser Zeit zeigte Heilmars Handschlag mit dem Tod. So sehr ich mich auch wehrte, die Ähnlichkeit war unverkennbar. Er versprach ein hervorragender Porträtist zu werden.

Weitaus problematischer entwickelte sich Nunnis Zustand. Ihr junges Herz schlug wieder verhältnismäßig gleichmäßig, obwohl man ihr noch nicht völlige Bewegungsfreiheit zugestehen konnte.

Was mich erschütterte, war ihre fehlende Reaktion. Nunni wurde vorübergehend in ein Heim für behinderte Jugendliche eingewiesen, und die zuständige Schwester behauptete, sie wäre nicht ansprechbar, nannte ihren Zustand "depressiv".

Ich setzte ergebnislos alle Mittel ein, mit denen ich sie herauszufordern glaubte. Aber dieses impulsive, lebendige Geschöpf blieb teilnahmslos, stumm. Ein Erlebnis, ein Schock musste sie der nicht verbalen Sprache beraubt haben.

Micha, der seine eigene Veränderung nicht erkannte, oder erkennen wollte, beurteilte die Ereignisse sehr unkritisch, sprach von "Zufällen und natürlichem Geschehen", während ich das Problem der Psychologie anlastete.

Nach der ersten industriellen Revolution verlangte die Industrie nicht nach dürren Theorien, sondern strebte die Automation des Menschen an. Roboter, der selbsttätige Computer waren gefragt, ein Maschinenmensch, der eines Tages dem Menschen Planen und Denken abnehmen sollte, wobei man den Erkenntnissen der Gehirnforschung folgte. Außerdem hatte die Emanzipation des Homunculus längst stattgefunden. Was könnte der Entwicklung der lebendigen Puppe im Wege stehen?

Bereits im 19. Jahrhundert wurden Menschen in Gliederpuppen

verwandelt. Ich denke an eine Vorführung im Rahmen einer China-Studienreise:

Ein Mann, an Starkstrom angeschlossen, brachte Glühbirnen im Mund und in den Händen zum Leuchten. Seinen Anzug hatte man aus Sicherheitsgründen imprägniert; aber ein Blatt Papier, an einen unbekleideten Arm gehalten, brannte. Der Mann wurde blau. Sein Körper zuckte.

Die Weiterführung des Experimentes hätte zur Erstarrung geführt. Exitus nennt die Wissenschaft diesen Zustand. Herzstillstand, Nerventod wäre eingetreten. Der Betroffene hätte keinen Schmerz mehr empfunden. Dass dieser Scheintote trotzdem Befehle ausführen könnte, klingt unwahrscheinlich. Setzte man ihn erneut unter Strom - 4.000 Volt beträgt die Spannung -, würde der technische Mensch, die Gliederpuppe, leben und reagieren.

Der "homo faber" entwickelte sich schließlich mit Hilfe der Psychologie zur Marionette. Diese Wissenschaft ersetzt die Computersteuerung und Elektrizität durch hormonelle Führung. Hormone wirken bekanntlich als Katalysatoren, indem sie stofflich vorbereitete chemische Reaktionen auslösen und steuern. Auf diese Weise werden Korrelationen zwischen verschiedenen Körperteilen hergestellt. Unverkennbar ist die Relation von zu großer Adrenalinausschüttung im Blut und aggressivem Verhalten. Hormone steuern Erleben und Verhalten.

Wenn jetzt Marionetten, an unsichtbaren Fäden geführt, unter der Regie ihres Seeleningenieurs ein neues Leben begännen, dem Puppenstande verfallen, den Schwerpunkt außerhalb ihrer Person hätten und daher der Impuls von außen käme, ihr Handeln inszenieren würde, wenn das glaubwürdige Spiel vom Geschick und dem schöpferischen Vermögen des Puppenspielers abhinge, müsste dann nicht jeder um seine Identität fürchten?

Was wäre, wenn sie die Bewegung der Führung, Erleben und Empfinden übernähmen, ohne sich die Grazie der Marionetten anzueignen?

Ellen sorgte sich um den Gatten. Das war verständlich. Da sie aber ein etwas extremes Mitteilungsbedürfnis dazu verleitete, sich der Freundin und Nachbarin anzuvertrauen, brachte sie Micha in peinliche Situationen und schädigte sein Prestige.

Es war einmal ein Mann, der hatte eine Frau, die nicht nur von Tugenden redete, die sie nicht besaß, sondern die ihm ihre Liebe und Treue bewies.
Waren das wirklich meine Computerinformationen, die Heilmar ins Bild brachten?

Er greift in seinem Arbeitszimmer gerade zum Telefon, erblasst, legt nervös den Hörer von einem Ohr auf das andere, schüttelt den Kopf. "Meine Frau? - Nicht möglich! - Zu wem?" Er nickt. Entsetzen breitet sich in seinen Zügen aus. "Aber nein! Nein, ich würde doch nie - hm, hm, ja - woher sie es weiß? - Nein, nein, unerklärlich. - Danke, für die - ja, ja." Die zwei Buchstaben verhauchte er in völliger Ratlosigkeit.
Nein, Ellen doch nicht! denke ich. Das ist ein Missverständnis. Ellen gehört doch zu Micha.
Aber die Frau, die auf das Haus zugeht, ist tatsächlich Ellen. Sie schließt auf, betritt die Wohnung, grüßt, leert in der Küche den Einkaufskorb und fängt an, Gemüse zu reinigen. "Hast du mit Frau Meier gesprochen?", fragt er leise, lauernd. "Ja", sagt sie ahnungslos. "Ich traf sie auf dem Markt." Worüber gesprochen, warum über ihn, und alle Einzelheiten will er hören. Die ruhige

konzentrierte Aufmerksamkeit, die peinlich genau gestellten Fragen verweisen auf die Bedeutung, die er dem Geschehen beimisst.

Er möchte alles genau wissen, was gesagt wurde. Aber so genau weiß sie das nicht mehr. Das ist ja unwesentlich, glaubt sie. Er besteht darauf, wird barsch. Sie erschrickt, versteht seinen Ärger nicht.

Er steht am Fenster im Gegenlicht. Eine durchsichtige Nebelschicht ist durch die Scheiben erkennbar. Unter dem Fenster rieselt kein Wasser mehr aus dem Springbrunnen. In den vertrockneten Brennnesseln und dem Dornengebüsch steht verlassen eine grüne Gießkanne.

Es ist ein großer, heller Raum, nicht mit Möbeln überladen. Die Türe zur Küche, in der sie Gemüse und Pilze putzt, steht offen. Was hat sie denn Besonderes gesagt? Sie fragt mit sanfter Stimme, begreift seine Wut, sein Entsetzen nicht, das sich in seinen an der Stirnseite angeschwollenen Adern zeigt, in der verhaltenen, verdunkelten Stimme hörbar wird. Schwatzsucht ist es nicht, eher Mitteilungsbedürfnis, das sie zu diesem Bericht verleitete, nachdem sie sich als aufmerksame Zuhörerin der Nachbarin erwiesen hatte.

Warum hätte sie nicht darüber reden sollen? Heilmar bemüht sich nicht um überzeugende Begründungen. Was er von der Frau erwartet, ist Logik, Einsicht, ohne zu fragen, Verschwiegenheit, und damit basta.

Dann plötzlich liebenswürdig. "Lassen wir das. Ich habe übrigens zwei Karten für das Theater, Brecht!" Kein Muskel zuckt mehr in seinen Mundwinkeln. Sein Ton hat sich verändert. Die Frau ist zufrieden. Sie will noch schnell beim Bäcker das vergessene Brot holen.

Das Spiel ist noch nicht zuende, aber die Karten müssen neu gemischt werden.

Heilmar steht allein in der Küche. Das ist ungewöhnlich. Er schaut unschlüssig um sich. Wo kommt der Pilz mit dem roten Hut und den weißen Punkten her? Aufgeschnitten liegt er auf dem Tisch. Das zitronengelbe Fleisch leuchtet neben den kugeligen steingrauen Hüten mit den knolligen Stielen. Junge Steinpilze! Man erkennt sie am weißen Fleisch, das beim Anschnitt die Farbe behalten hat. Auch eine Handvoll Pfifferlinge liegt herum und dort, rotbackige Äpfel. Ruft da nicht jemand: "Schöne Ware feil!... Gute Ware, schöne Ware!"? Heilmar fixiert immer noch den Pilzteller. Seine linke Hand gibt das Küchenmesser an die rechte weiter.

Der Raum wird vor meinen Augen kleiner, zieht sich nach hinten zu etwas zusammen. Die versteinerte Spur einer Rose auf der Bodenvase wird sichtbar. Nur ein einsamer dorniger Zweig biegt sich ihm zu. Von Liebe spricht eine Stimme im Radio. Vor dem Fenster Schlehen und Brombeersträucher, dorniges Gesträuch, aber auf dem Kalender der Frühling, zum Pflücken nah.

Es fängt nichts an, es geht nichts weiter, niemand ist in Bewegung. Heilmar wirkt seltsam erstarrt.

Sein Blick zählt die Pilze, aber seine Hand mit dem Messer ruht auf dem Küchentisch. Der Sekundenzeiger schiebt sich gleichmäßig weiter. Ich warte. Ja, richtig, wo befinde ich mich eigentlich?

Heilmar reibt die Schläfen an den Handinnenflächen. Die Anpassung an das neue Klima ist ihm noch nicht gelungen. Er schwitzt, öffnet den Hemdkragen. Dann stützt er sich mit der linken Hand am Tisch ab, schiebt sich langsam hoch, steht aufrecht, schwer atmend, als hätte er einen Berg erstiegen. Plötzlich nimmt er die Pilze in die Hand, schneidet sie in die Pfanne, in der die Butter liegt: Steinpilz, Fliegenpilz, Steinpilz, Pfifferling, Apfelscheiben dazwischen. Dann schiebt er die Pfanne auf die Herdplatte. Ein Knopfdruck.

Das Grauen, das mich befällt, entzieht sich jeder Analyse. Die mühsam gefundene Spur verweist auf ein Ziel.

Die endgültige Entscheidung für meine Teilnahme an der Reise wurde mir abgenommen. Heilmar erkrankte an Grippe und musste kurzfristig absagen.

Was mich peinigte, waren meine Unterstellungen. Heilmars Liebenswürdigkeit, sein Geist und Witz, Vielseitigkeit mit Aufgeschlossenheit und Flexibilität gekoppelt, ließen ihn nicht nur zu einem begehrenswerten Gesprächspartner werden.

Warum aber sollten die Geschädigten ausgerechnet seine Opfer sein? Was berechtigte mich, ihm bösartige Absichten aus Sicherheits- oder Prestigegründen zu unterstellen?

Als es anfing, war alles von einem milchigen Nebel umhüllt. Worum es ging, war zu diesem Zeitpunkt noch ungeklärt. Wer könnte sagen, dass alles stimmt, was gedacht wird? Kurz, es gab keinen Beweis dafür, dass der Fellhandel als Ursache der Verschleißerscheinungen gesehen werden könnte. Micha war zweifellos sein Opfer, aber nicht zwangsläufig das des Vetters, weil der seine wissenschaftliche Arbeit über zwangsneurotische Verhaltensweisen schrieb, das wusste ich inzwischen.

Dass unsere Inselspur bereits zu einem Teilziel geführt hatte, erkannte ich wenige Tage später. Eine dienstliche Besprechung in Verbindung mit einer Fachsitzung zwang mich, kurz zu verreisen.

Bereits die Fahrt prognostizierte unser künftiges Wüstendasein. Zwei ältere Damen klagten über die Hitze und Durst. Dazwischen ein Blick aus dem Fenster, etwas, was einmal Wiese war, braun, ausgebrannt, der blaue Himmel und wenig Bäume, im- mer weniger Bäume, vertrocknetes Strauchwerk und dorniges Gebüsch. Ein ebenso trockenes Bachbett. Sandiger Boden, die Wege versandet. Die Wüste schob sich nach.

In einem einsamen Gehöft flackerte eine Glühbirne, gab schließ- lich die Konkurrenz mit dem Tageslicht auf.

Beim Aussteigen fiel mir ein junger Mann auf, der aus dem ge- rade eingefahrenen Zug stieg. Er sah sich um, blieb zögernd stehen, dann konnte ich sein Gesicht sehen. Es war Nino. Er hatte mich erkannt und winkte. Er kam auf mich zu. Seine traumhaften Bewegungen ließen keine Verwechslung mit an- deren Reisenden zu. Zeit billig einzukaufen, war für Nino keine Notwendigkeit. Er besaß sie im Überfluss, auch dann, wenn er wie an jenem Tage ein Fortbildungsseminar besuchen wollte. Da er mir etwas "Wichtiges" zu erzählen vorhatte, setzten wir uns am Bahnsteig auf eine Bank.

Das Morgengrau wurde blass über dem Horizont, als ich aus seinem Munde hörte, was ich nicht hören wollte. Ob ich Heil- mars Handschuhe kenne, fragte er. Nein, ich erinnerte mich weder an die Form noch an die Farbe. Wer achtet im Umgang mit anderen schließlich auf dessen Handschuhe! "Fell, nichts Besonderes, wir tragen sie im Winter auch!", sagte er. Dass aber seine Anfangsbuchstaben, sein Monogramm diese Handschuhe als Heilmars Eigentum auswiesen und in Nunnis Behausung gefunden wurden, war nicht zu erwarten. Nino glaubte damit den Beweis zu besitzen.

Der Boden unter meinen Füßen schien zu weichen, ich fühlte mich in lichtlose Tiefe versinken. Beweise sind es, die uns zu- setzen, nicht Vermutungen.

"Er kann sie doch bei einem Inselbesuch vergessen haben." Während ich den Satz aussprach, fiel mir ein, dass Heilmar be-

141

hauptete, Nunnis Mutter nur flüchtig gekannt zu haben. Wie aber kamen die Handschuhe in die von Nunni aufbewahrte Truhe der Mutter?

Nino wusste auch, dass Nunni Heilmar als Konfliktpartner der Mutter auf ihre Art beschrieben hatte, als zwei Uniformierte sie auf seine Anregung hin befragten.

Unser Spurensuchen löste zweifellos die Katastrophe aus und brachte Heilmar in Schwierigkeiten. Dass Nunni kurze Zeit darauf ohnmächtig geborgen wurde, ließ natürlich Schlüsse zu.

Heilmar soll die Handschuhe in der Truhe der Inselbewohnerin später auf seine Vergesslichkeit bei einer Bootsfahrt zurückgeführt haben, mit leichten Worten, dicht hinter den Zähnen, von einem charmanten Lächeln begleitet.

Nicht, dass ich zu bizarren Gefühlsausbrüchen neige, aber ich konnte eine erhöhte Pulsfrequenz nicht leugnen und tastete nervös meinen Herzschlag ab. Das war nicht die Spur, die ich finden wollte. Freilich, Heilmar würde mit spitzwinkeligen Argumenten und lockerer Gebärde vor Gericht seinen Gegner schlagen, aber gerade diesen Mann, der die Lage der schwarzen Augen auf meinem Würfel zu beeinflussen imstande war, konnte, durfte kein Verbrecher sein!

Nino begriff meinen seelischen Tumult. Er zuckte hilflos mit den Schultern. "Ich muss jetzt gehen. Mein Bild schicke ich", versprach er zum Abschied und lief mit dem nächsten Windstoß über den Bahnsteig zur Rolltreppe.

Unsinn, dachte ich, vor zwanzig Jahren hätte mich diese Erkenntnis zerstört, aber heute? Ich warf mir mangelnde Menschenkenntnis vor, unangebrachte Sympathie, aber es gelang mir nicht, das, was ich nur für Sympathie halten wollte, aus der Brust zu vertreiben. Schließlich entfernte ich mich mit jedem Schritt etwas von dieser Vorstellung. An diesem Tag sah ich die

Welt in jeder Hinsicht deformiert: Es fing schon mit den schnellen Aufzügen zum Parabelgipfel an.

Eine Sintflut von Kugeln, die zerstückelten Leichen geschichtet.

Das Heldentum stieg mit der Rakete zum Himmel.

Aber die frischen Kränze nach dem Natoeinsatz.

Ich schlug Wurzeln im Wüstensand.

Der ausgedünnte Wald schluchzte unter der Bedrohung.

Dann holten mich Märchen ein:

Das Bäumchen "rüttle dich und schüttle dich" warf die Insektenplage ab. Hexen spie der Ofen aus.

"O, du Falada, der du hangest!"

Ein Bär ließ das Schneiderlein wie eine Puppe tanzen, und das Haar der Rapunzel riss.

Glück wurde in Fabriken serienweise fabriziert.

Jemand verschlang seinen gefrorenen Schatten.

Ich fand einen, den es nicht mehr gibt.

Wir verlachten die Steinpilze und Pfifferlinge, aßen Schirling und Fliegenpilz.

Die Schlechten ins Kröpfchen.

"Welcher Koch hat den Brei verdorben?"

Es war Sturmzeit. Ich betonierte mein Herz, ein falsches Wort im Schlepptau, und ich dachte an Babylon.

Warum hätte ich an diesem Tage nicht die Abendröte anzweifeln sollen?

Eigentlich wollte ich mich damals gerade hinlegen, um zu schlafen, aber das Mondlicht überschwemmte mich. Der Raum fasste es kaum. Die Gedanken überfielen mich wie ein Mückenschwarm. Ich stand am Fenster; da fand mich ein Satz und noch einer, mit denen ich mir hätte die ganze Geschichte erzählen können. Ich drehte sie verbissen auf der Zunge, zog sie zwischen die obere und untere Zahnreihe. Der bittere Geschmack am Gaumen störte den Ton. Vielleicht lag es wirklich am Mondlicht, das ein böses Spiel mit mir vorhatte. Diese beiden Sätze waren jedenfalls nicht aus meinen Gedanken zu vertreiben. "Man muss seine Vergangenheit vergessen können." Warum eigentlich? Natürlich darf sich Gegenwart nicht an den Restbeständen orientieren, die aus der Vergangenheit übrig geblieben sind. Das nicht. Aber gerade in diesem Spannungsgefälle zwischen Vergangenheit und Gegenwart wächst die Aktivität und schöpferische Kraft. Erfahrungen werden verarbeitet. Lernprozesse finden statt. Das war es, was mich schockte, dass jeder, der seine Vergangenheit ablegt, um in eine neue Rolle zu schlüpfen, nicht nur seine Individualität einbüßt. Er kann seine Erfahrungen nicht mehr nutzen.

Der zweite der Sätze peinigte mich nicht weniger. "Liebe ist kein Dauerzustand."

Verbissen versuchte ich den Begriff zu definieren, aber die fünf Buchstaben entzogen sich meinem Zugriff. Ich war an etwas gestoßen, mit dem ich nicht rechnete. Heilmar hatte seinen Satz nur so nebenbei ausgesprochen, ihm vielleicht keine besondere Bedeutung beigemessen. Mit einer Frage fing es an, auf die eine Antwort zu erwarten war: "Was hältst du von Ellen?"

Das Gespräch hätte sich auf diese Frage reduzieren lassen oder auf einen Fragenkomplex aus drei bis vier Fragen. Hätte aber ich ebensoviele Antworten darauf gegeben, wäre es über Frage- und Antwortkomplex zu einem Wortwechsel zwischen Heilmar und mir gekommen. Ich ärgerte mich über sein negatives Urteil.

Die Situation, in der ich mich ohne meine Eigeninitiative befand, war recht peinlich. Er behauptete, dass es zwischen Michael und Ellen längst keine Liebe mehr gäbe.

144

War es der Mond oder Heilmars Vorstellung, die das Wort zum Eigenleben erweckte? Es fiel aus dem Satz, verselbstständigte sich auf verschiedenen semantischen und sprachlichen Ebenen: Agape, Eros, Sexus: Ob affection, love, flirteo oder amore, das Wort schuf den Hintergrund vor dem sich der Satz befand.

Vielleicht hätten wir die Situation variieren, die Satzanordnung verändern oder das Wort im Kreis herumführen sollen, um zu einem anderen Ergebnis zu kommen. Inmitten dieser babylonischen Verwirrung krümmte sich mir eine weitere Frage zu: "Und wie würdest du...?" Der Verdacht, dass mich Heilmar in die Enge fragen würde, um die Situation auszuweiten, schlug über meinem Kopf zusammen. "Was verstehst du unter Liebe?" Ich wich in artistische Sprachspielerei aus, turnte wie Jenni über die Konturen, bis meine Zunge über die fünf Buchstaben stolperte und sich weigerte, auszusagen, was nicht aussagbar war.

Es ereignete sich nach Heilmars Genesung bei einem Wochenendbesuch, bei dem ich einen Tag nach unserem Gespräch aus Eigensinn oder Fahrlässigkeit fast ertrank, hätte mich Heilmar nicht mit einem kleinen Boot vor Fluteintritt ans Ufer gebracht.

Die Entfernung vom Meer zum Festland hatte ich falsch eingeschätzt. Das Flimmern der Sonne auf den Wellen kann zu gefährlichen Täuschungen führen und die Nähe des Strandes vorspiegeln. Die Gefahr erkannte ich erst, als der große Priel anschwoll und mich trotz der niedrigen Wassertemperatur zum Schwimmen zwang.

Woher Heilmar von meinem Ausflug wusste, ließ sich nicht klären. Er behauptete, nicht ohne sein ironisches Lächeln, es geahnt und vom Turm aus, den er daraufhin bestieg, gesehen zu haben.

Lebensgefahr lässt in der Zeit, in der die Minuten gerinnen, neue Lebensräume im Denken entstehen, und ich erweiterte diesen Lebensraum um eine Dimension.

Auch Jann dachte oft über seine Zukunft nach, bis eines Tages seine Geduld nicht mehr ausreichte.
Sein Mangel an Verschwiegenheit brachte Micha das "Gottesurteil" ein. Seinem noch sehr jungen Zeichenlehrer, zu dem er ein recht kollegiales Verhältnis aufgebaut hatte, erzählte Jann von dem, den er suchte, der sich aber von seinem Sohn nicht finden ließ, obwohl man seine Ähnlichkeit, wenn man ihn nach diesem Gesichtspunkt betrachtete, nicht ignorieren konnte. Der Zeichenlehrer wandte sich an das Jugendamt mit der Forderung, über einen Blutgruppentest die mögliche Vaterschaft Johann Michaels nachzuweisen. Das geschah auch. Michaels Verzweiflung verfärbte den Horizont. Er behauptete, nichts gewußt zu haben. Dass die Mutter des Kindes den Namen des Vaters nicht preisgeben wollte, war glaubwürdig. Da es bisher keinen Kläger gab, verwunderte niemanden der späte Test. Meine Wahrscheinlichkeitsrechnung und unsere verbale Auseinandersetzung über seine Vaterschaft verschwieg ich natürlich, zumal niemand auf den Gedanken kam, mich zu fragen.
Heilmar wusste, dass ich lange zuvor die Möglichkeit einer Vaterschaft erwogen hatte. Der später nachgeholte Speicheltest gab mir Recht. Micha bestand darauf, Jann, dessen Zuneigung, er längst erkannt hätte, mit Zustimmung seiner Frau zu sich zu nehmen. Jann überstürzte vor Begeisterung den Umzug vom Heim zu ihm durch wirre Telefonate mit der Heimleitung und der Erzieherin, bis ich eingriff.
Sein Zimmer versprach ich ihm für die Ferien freizuhalten. Ich fürchtete, seine Beziehung zu Ellen würde sich im Laufe der Zeit problematisieren.

Jann sah sich am Ziel seiner Anstrengungen und reihte Vorsätze und Pläne wie Perlen an einer Schnur auf.
Vielleicht ärgerte mich Tante Gretes "Gott sei Dank!" deshalb so sehr, weil ich von vornherein wusste, dass ich Jann aufnehmen würde, um ihn eines Tages an seinen Vater zu verlieren.

Der erste Sonntag im neuen Heim sollte gefeiert werden. Ich war natürlich eingeladen und führte bei dieser Gelegenheit Ellen in ihre schwierige Aufgabe ein, denn Jann passte nicht in ihre Schablone, nicht in ihre Vorstellung von einem zehnjährigen Jungen, das wusste ich sicher. Jann hätte seine Blickrichtung um 90 Grad schwenken müssen. Dass es trotzdem keine besonderen Probleme gab, war ihr zu verdanken.
Buchweizen zählte bis zum Zweiten Weltkrieg in den Heidegebieten des Nordens zu den wichtigsten Grundnahrungsmitteln. Aus Milch und Grütze hatte Ellen dünne Pfannkuchen gebacken, wie sie zu jedem Mittagessen gehörten, bevor der Wohlstand die Körnerfrucht vergessen ließ. Micha und Ellen verarbeiteten sie immer noch als Suppe oder Brei und zogen sie als Kuchen jeder anderen Mehlspeise vor. Gelegentlich sammelte Ellen auch das Kraut für die Hausapotheke. Den Fisch hatte Micha mitgebracht. Eine Scholle war es, etwa 60 cm lang, gelb gefleckt. Sie lag auf dem Küchentisch. "Goldbutt ist Ellens Spezialität!", sagte Micha. Er wird euch schmecken. Ellen schob Jann einen kleinen Teller mit den Eiern zu, während sie Heringe ausnahm. Er aß gerne Rogen. Micha zeigte uns den Vorrat im Keller: Gesalzene Fische, gepökelte Heringe und ein geräucherter Lachs hingen an kleinen Haken."Der ist 40 kg schwer, über einen Meter lang", kommentierte er.
Ellen füllte den Goldbutt mit einer Kräuterkreme und legte den Plattfisch offen in die Pfanne. "Hennes merkt den Unterschied

überhaupt nicht. Da kann ich mir noch so große Mühe geben", klagte sie. "Er fühlt sich ständig angriffen und hat keinen Appetit."

"Du weißt ja, der Mensch ist nur unglücklich, weil er nicht weiß, dass er glücklich ist", zitierte ich Dostojewski, weil mir kein besseres Argument im Augenblick einfiel, um den Sachverhalt zu kaschieren. "Sein Sohn wird ihn schon wieder motivieren."

Jann stand neben uns: "Lass doch den Kaspar kommen! Der schafft es schon." Aber Jenni durfte ihre Großeltern erst zu Ostern wieder besuchen.

Ellen wollte Jann zum Wochenbeginn in die für ihn neue Schule bringen, in der ihn Micha bereits angemeldet hatte. Dass sie nicht mit Ärger, sondern mit Verwunderung auf das Ereignis reagierte, obwohl sich der Himmel über ihr getürmt haben mag, trug dazu bei, dass ich wieder freier atmen konnte, obwohl ich Ellens mütterliches Gemüt bereits zu schätzen wusste. Janns zukünftige Entwicklung hing davon ab, wie ihn die neuen Eltern aufnahmen.

Heilmar ließ sich für diesen Tag entschuldigen. Sein Urteil über Michas Frau hätte ich zu widerlegen gewusst.

Dann kam Nino. Mit gedehnter Vorsicht bat Micha, das vergangene Geschehen nicht anzusprechen, denn er könne sich an nichts erinnern, und das rege ihn auf. Der Arzt meine, es handle sich um die Nachwirkungen des Schocks. Ich bezog die Erinnerungslücke sofort auf die Existenz der Inselbewohnerin und auf den Anlass des Konfliktes. Das Ereignis passte in das böse Spiel wie ein Steinchen in ein Mosaik.

Nino erschien unverändert. Er zeigte mir eine im Schleudergussverfahren in dem Stamm einer Krüppelweide untergebrachte Skulptur. Das alte Thema des Frauenraubes hatte er in wildbewegter Form aufgegriffen. Nino stellte sich selbst als Entführer dar im scheinbaren Kampf mit der widerstrebenden Hingabe seiner Nymphe. Das Formenspiel der beiden Körper entfaltete sich im offenen Stamm so geschickt von innen her, als ströme die Energie aus dem Holz. Auch die Weltkrise, wie er sein Gemälde nannte, gefiel mir gut. Im bleichen Sand stand eine bestrahlte Arche, die die Familie und einzelne Tiere vor der Verstrahlung retten sollte. Nino konnte man am Fenster sehen. Aber die Taube kehrte ohne Ölzweig zurück.

Am Abend führte Micha einen Film vor: Robben im Blitzlicht! Ein Wal schwamm durch das Bild. Er selbst ging mit verdeckter Blende in den Film ein. Jann, vor dem Hintergrund des aufgewühlten Meeres. Er schien ihn etwas unterbelichtet zu haben, längs im Format auch Heilmar mit einer leichten Brise Heiterkeit.

Der Zeitdehner begeisterte Jann.

In einer Minute wird die Beobachtungszeit auf das sechzigfache gedehnt. Jede Einzelheit des Bewegungsablaufs der Seebären war erkennbar. Die dazwischen montierten Großaufnahmen gaben kleine Ausschnitte wieder, die den Blick der Betrachter auf die Details lenkten. Jann war es, der unbedingt die Verfilmung des Robbenexperimentes vor der Insel, von dem Micha berichtete, sehen wollte. Der Film war nicht sofort greifbar, und Ellen zeigte ihm die große Schachtel, in der viele Filme, sauber beschriftet, aufbewahrt waren. Jann suchte. Fünfundvierzig Minuten vergingen, bis er mit zwei Filmen in der Hand zurückkam.

Nino, verwundert über seine Kenntnisse und sein Interesse, prognostizierte ihm eine erfolgreiche Laufbahn als Forscher. Er besaß die seltene Gabe, in der Vergangenheit zu erleben, was Gegenwart und in der Gegenwart, was Zukunft war.

Sehr aufschlussreich erschien uns der Film nicht, der eine Robbe ausschnittweise zeigte, die einem Boot folgte. Die Unterwasseraufnahmen wiesen deutlich technische Mängel auf. Aber man konnte erkennen, dass die Robbe einem Taucher folgte und wieder mit ihm zurückkehrte. "Halt, halt! Bitte nicht abschalten!", rief Jann, als das verfilmte Experiment zu Ende war. Eine junge Frau erschien lächelnd auf der Leinwand. "Das ist sie! Das ist meine Mutter!" Janns Erregung übertrug sich auf uns alle. Es wurde wieder dunkel. Der Filmstreifen lief weiter. "Auf meinem Bild sitzt sie auf einer Bank. Sie sieht genau so aus." Jann hopste hin und her und stieß Micha, der mich unsicher ansah, als hätte er das Bild der Freundin nicht mehr in Erinnerung.

Sie glich tatsächlich Janns Bild, das Vermächtnis der Großmutter. "Ich wollte sie dir auf einem gelungenen Foto zeigen", sagte Micha kaum hörbar. War es ein Trugbild, dass sein vom Salzwasser gezeichnetes braunes Gesicht erblasste? Ein Trugbild wie die beiden Sicheln zweier Sonnen, die gerade einer Wolkenbank zuschwebten. "Ja, ja, sie war eine sehr schöne Frau", sagte er, wie man etwas ausspricht, das aus tiefstem Vergessen auftaucht. Jann wollte alles über sie wissen, aber ich ermahnte ihn, seinem Vater etwas Zeit zu lassen. Dass er seine Pflegemutter nicht damit quälen dürfe, wagte ich nicht zu sagen, obwohl wir Ellen inzwischen in der Küche hantieren hörten.

Ob die Bank, auf der sie saß, auf der Insel stand, ließ sich nicht beweisen. Ich glaubte sie bei meinem Inselbesuch gesehen zu haben. Das andere Foto hatte Micha im Wald hinter dem Haus der Großmutter Janns aufgenommen.

Dass er den restlichen Filmstreifen nicht vernichtete, bewies, dass ihm das Ereignis nicht mehr gegenwärtig, die Folgen unbekannt waren. Ellen bewunderte ich, denn sie musste Jann, das Ergebnis seines Treuebruchs, neben sich ertragen.

Meine Angst, ihr Verhältnis zu ihm könnte sich problematisieren, erwies sich auch später als unbegründet. Er durfte die Zeit der Zwischenmahlzeit nach dem Unterricht selbst bestimmen und am Abend aß er mit seinem Vater und Ellen gemeinsam. Kurz, Ellen und Jann stellten sich aufeinander ein, und diese gegenseitige Anpassung erfolgte in einem kürzeren Zeitraum, als ich zu wünschen wagte.

Zuhause befremdete mich der unbewohnte Raum. Ich lief am Wochenende allein am Fluss oder an der Stadtmauer entlang, schloss mich von Zeit zu Zeit einer Wandergruppe an, wenn mir die Zeit nicht durch die Finger fiel, was sehr oft vorkam. Schließlich kaufte ich sie nicht wie Ann billig ein. Aber ich konnte es nicht leugnen, Jann hatte eine Lücke hinterlassen.

Die Sonne, die uns in diesem Jahr den ganzen Winter über nicht verlassen hatte, schleuderte uns fast jeden Morgen in allen Farbtönen zwischen Feuerrot und Zitronengelb ihr Licht entgegen.

Nachdem Vater gefrühstückt hatte und mit seiner Zeitung im Luftkissensessel saß, ging ich während der Ferien und an den Wochenenden der windigen Luft entgegen, wanderte am Fluss entlang über den Holzsteg oder zur Fischersruh und kehrte nach zwei bis drei Stunden gerade noch rechtzeitig zurück, um Tante Grete das Einkaufen für den nächsten Tag abzunehmen und Vater das Mittagessen zu bringen. In der Mittagszeit ließen sich lange Wartezeiten beim Metzger vermeiden.

Eines Tages standen zwei Damen am Ladentisch, als ich eintrat, unterhielten sie sich über Süchte.

"Abhängigkeit, Test, Selbsthilfegruppe" nahm mein Ohr auf. Dann erkannte ich die Sprecherin. Es war Frau Muscher, die ihren Mann anklagte, wie es mir schien.

Der Komponist war spät in der Nacht von einer Besprechung nach Hause gekommen, nicht betrunken, nein, eher krank. Die Frau musste Tee zubereiten, Umschläge anlegen und klagte ihre Müdigkeit und Unausgeschlafenheit weg. Die Leber wäre es, glaubte sie zu wissen, durch Alkoholmissbrauch verursacht. Muscher hatte sein Gesicht nach der Taufe mit Alkohol zu einem neuen Leben erweckt, das seine Frau verständlicherweise missfiel. Das Ich des Mannes hatte die Mitte verloren, und die Schwankungen zwischen dem durch Alkohol motivierten Komponisten, der gerne Max Reger auf der Zunge spürte, und dem Süchtigen verunsicherten die ganze Familie. Die Tochter verheizte ihren Ärger mit Vorwürfen und Drohungen. Der Sohn versteckte seine geronnene Wut hinter Ignoranz, zumal die dreistimmige Überredung erfolglos blieb.

Muschers Geschichte sang sich aus dem Mund der Gattin in einer so seltsamen Tonskala vor, dass sie den Eindruck erweckte, dass sich die Liebe der Frau trotz des Wackelkontaktes im Eheleben als witterungsbeständig erwiesen hatte. Ihr Klagelied wechselte nämlich die Tonart von Dur nach Moll. Nicht Zorn, sondern Trauer und Mitleid schwebten über ihr, und ihre Stimme wehrte den sachlichen Berichtton ab, als sie von einer gespensterhaften Gestalt im Morgengrauen erzählte, die sie mit der Flasche in der Hand überraschte. Außerdem hätte sie beim Putzen ein in eine Thermosflasche abgefülltes scharfes Getränk in seiner Tasche entdeckt, mit der er zur Arbeit gehe, sagte sie in einem weinerlichen Ton.

Dass sie die Zustimmung und das Bedauern der Zuhörer auf ihrer Seite spürte, schien sie etwas zu trösten und zu beruhigen. Beim Verlassen des Ladens hörte ich gerade noch: "Mein Richard war so ein braver Mann. Erst seit er Lieder komponiert, trinkt er und hat sich so verändert." Dass die ersten seiner

Lieder erfolgversprechend durch die Presse gingen, aber mit zunehmender Interessensverschiebung das feuchte Element dominierte, erzählte mir Monate später die Gattin des Metzgers. Die Öffentlichkeit empfand plötzlich seinen Namen als Druckfehler im Katalog und hätte den Süchtigen gerne vergessen.

Ich zählte bereits die Opfer, die ihr Gesicht gewechselt hatten und dabei zu Schaden kamen. Dass Muscher zu ihnen gehörte, stand außer Zweifel.

An den Sonntagen ging ich bei meinen Streifzügen nach dem Hochamt gelegentlich in Richtung Festplatz, sah von weitem die Achterbahn, bestieg sie sogar einmal und erlebte den Geschwindigkeitsrausch, der mich in der Jugendzeit oft in Ekstase versetzte, hörte das Knattern der Räder auf den Schienen und berauschte mich an dem Gefühl, dem Gipfel zuzustreben trotz der sichtbaren Tiefe. Aber in der Euphorie des Glücksgefühls holte mich immer dann die Realität ein, wenn ich beim Schreibtisch saß und mich das Gefühl beschlich, dass ich dem Wort nicht auf die Sprünge helfen konnte, wie ich es mir wünschte.

Sagte ich nicht, "auf die Sprünge helfen"? Damit bewies ich mir damals schon, dass es nicht immer gelingt, alte Sprüche zugunsten neuer Wörter zu streichen. Ich wartete und wartete, bis mir das geeignete Wort zufiel, bis sich das Unaussprechliche aussprechen ließ, bis sich mir das Unsagbare einsagte, vorsang. Aber Warten ödet an, eintöniges Singen ermüdet, und ich setzte zwischen den üblichen Hausarbeiten, der Betreuung des Vaters und der Schreibtischarbeit immer wieder einen Fuß vor den anderen, zuerst langsam, beschleunigte meine Schritte, erreichte schließlich die Spannweite der Wanderschritte, ging über Wiesen, Felder und durch den Wald, um meine Gedanken in Bewegung zu bringen. Manchmal radelte ich auch auf Feld- oder Waldwegen.

Siegte ich am Abend im Kampf mit dem Wort, dann grünte meine Hoffnung mit dem Schnittlauch im Blumentopf am Fenster. Manchmal ertrug ich meine verbalen Spielereien, meine Geschichten nicht mehr, zerstörte das Werk, um von Neuem die leeren Seiten zu fixieren. Dann zog ich verärgert meine Antenne ein und ging, mit der Gartenschere bewaffnet, in den Garten, um die Hecke nachzuschneiden.

Als Vater und Tante Grete mein Werk die "Berg- und Talbahn" nannten und die Hecke bedauerten, wurde mir bewusst, dass ich eigentlich beim Schneiden nicht mit der Hecke, sondern mit der Verbalisierung einer Satire beschäftigt war. Die Bilder reiften erst bei der schriftlichen Fassung nach. Sie entstehen durch Wahrnehmung und Vorstellung im Spannungsfeld der Worte. Nicht Gegenstände allein tragen die Aussage in sich. Sie liegt im verbalen Umgang mit ihnen. Ich ging daher nie ohne Block und Stift spazieren. Nichts faszinierte mich mehr als dieses Spiel mit den Dingen. Meine Sinne nahmen Gerüche und Geräusche, Farben und Formen auf, und sie erzählten sich in meinen Geschichten nach.

Manchmal saß ich auf einer Bank oder im Sommer auf einem der Steine unterhalb des Wehrs. Dann besuchte mich unerwartet ein Wort mit einer unbegrenzten Hoffnung auf ein Gedicht oder eine epische Spielerei meiner Einbildung.

Es kam auch vor, dass ein Wort vor meinen Augen zerschellte oder sich meinem Zugriff entzog.

Gelegentlich überraschte ich mich dabei, wie ich Heilmar mein Problem erzählte, ihm im Stillen meinen Umgang mit dem Wort erklärte. Warum nicht Micha? fragte ich mich, ja, warum nicht wenigstens ihm, wenn ich mich schon unbedingt stimmlos mitteilen musste.

Heilmar überraschte mich durch die Ohrmuschel oder schriftlich mit verblüffend exakten Interpretationen meiner Satiren oder Gedichte. Wie er die Zeit zwischen Beruf und wissenschaftlicher Arbeit fand, ausgerechnet meine Werke zu lesen und warum, verstand ich nicht. Warum leistete er, was ich mir lange von Micha ersehnt hatte? Vielleicht weil ich damals ihm so vieles heimlich, im Stillen erzählte?

Micha hatte ich an Ellen und an Jann abgetreten, aber ich gab ab, was ich nie besaß, was aber auch Ellen und Jann nie besitzen würden.

Heilmar fragte ich trotzdem eines Tages, ob die Menschen, deren neurotisches Verhalten er untersuchte, sich veränderten, ihre Gesichter wie die Anzüge wechselten. "Möglich", sagte er. "Ich weiß es noch nicht." Die Antwort auf meine Frage nach der Stichprobe hätte ich ebenso in einem der Fachbücher nachlesen können.

Dass ich ausgerechnet dem Menschen misstraute, der meine Denkweise verstand und sich ernsthaft damit auseinandersetzte, problematisierte damals mein Leben.

Auch Tante Grete war unzufrieden, weil sie nicht verstehen konnte, warum ich mich in Wörtern vergrub, wie sie meine Arbeit nannte. Aber ich sammelte und stapelte sie in meinem Gedächtnis, bis sie alle aus mir herausquollen. Dann probierte ich sie meinen Gestalten, die sich nach einem Schicksal sehnten, vorsichtig an, tauschte sie so lange aus, bis ich sie an der richtigen Stelle glaubte.

Jann fragte mich, ob ich nicht ein paar Lieblingswörter für Jenni hätte, sie wolle noch eine Wand ihres Zimmers damit bekleben. Er schien sich in seiner neuen Familie wohlzufühlen, "Jugend forscht" beanspruchte bald seine Freizeit, und er nahm begeistert an Experimenten und Probefahrten teil. An Jenni schickte ich einen Ganzwort-Lesekasten mit vielen Lieblingswörtern für ihre Zimmerwand.

Von Micha und Familie und von Heilmar lagen Blumenkarten zum Geburtstag in meinem Postfach. Jann hatte Sonnenblumen gewählt. Seine Schrift fiel mir sofort auf. Heilmars Winkelzüge schlossen eine wilde Rose ein.

Eigentlich hätte ich lachen sollen, weil mir der Zufall damals das Wort in den Kreis der Wörter hineinwürfelte, dem ich auf der Spur war.

Ein Donnerstag war es, ein leuchtend grüner Donnerstag. Der Frühling brach gerade aus, und die Wiesen hatten in diesem Jahr die Farbe kaum gewechselt. Das gelbliche Gras, vor Frosteintritt gemäht, strebte bereits lindgrün, blaugrün und in allen giftigen Grüntönen der Sonne entgegen. Der Tag hätte ein Wetter voll angenehmer Erwartungen versprochen, wäre der ersehnte warme Regen nicht ausgeblieben. Aber trockene Kälte und Sonnenschein, die im Winter übergangslos den Sommer ablösten, mündeten wieder in warmer Trockenheit unter dem meist reinen blauen Himmel. Die Luft brütete die Stille aus, bevor die Invasion der Spatzen einfiel, die sich laut zeternd direkt vor meinem Fenster auf der Fichte niederließ, kurz bevor ein Auto durch das schmale Asphaltsträßchen fuhr. Es waren nicht Einzelstimmen, die hätte man überhören, beiseiteschieben, als kleines Naturschauspiel oder als "Geräusche der Stille" empfinden können, aber nein, das lautstarke Gezeter kam aus den Kehlen eines riesigen Vogelschwarmes und erzeugte eine so lautstarke Geräuschkulisse, der meine auf Ruhe hin programmierten Ohren nicht lange gewachsen waren.

Zuerst beschloss ich, den Spielplatz meines verbalen Puzzles zu verlegen, änderte aber meine Absicht, nachdem das Gezwitscher, Gezeter, Gezanke in fast gleicher Lautstärke auch auf der

Südseite hörbar war. Ich stapelte trotzdem meine Wörter, ordnete, was ich sah, hörte, dachte, fühlte. Spannung lag in den Kontrasten.

Ein Anfang kündigte sich an. Aber die Spatzen zeterten, zwitscherten ständig dazwischen, hinderten mich daran, Satzfragmente mehr oder weniger emotional aufzuladen. Mit klarem Kopf mitspielen war gefordert.

Ich versuchte gerade ein Wort voll Meer einzuordnen. Der Leser sollte an der salzigen Luft lecken, sich mitten in der Landschaft befinden, über die sich der kühle Wind ergoss und seine Gedanken spazieren führen.

Vor meinem Fenster, hinter der Hecke auf schmalem Asphalt sprang krachend ein Auto an. Der Lärm des Motors fraß sich in die plötzlich eingetretene Stille. Keine Vogelstimme war zu hören. Spannung, Aufbruchsstimmung, ein dumpfer Laut, der Vogelschwarm flog auf und die Verfolgungsjagd begann. 80 bis 100 Spatzen müssen es gewesen sein, die dem Auto folgten. Das Wort Vogelfänger fiel in den Worthaufen, verband sich mit Rattenfänger, bis ich es in abgewandelter Form aus dem Munde eines Jungen hörte. "Vogelanton! Der Vogelanton fährt!"

"Er ruft sie, seine Vögel, und sie folgen ihm. Kennen sie ihn denn nicht, den Vogelanton?", fragte mich ein Nachbar. Dass sie sich keifend, zeternd, kichernd, was immer auch zwitschern bedeuten mag, sich in seiner Nähe niederließen, mit ihm redeten, auf seinem Tisch saßen und die Krümel aufpickten, die er ihnen zuwarf, erfuhr ich von jenem Jungen. Er zog sie wie ein Magnet an.

Wilde Rosen wanden sich um die kleine Gartentüre, durch die der Vogelanton täglich kam und ging, von einem Schwarm Spatzen begleitet. Niemand erwartete ihn, wenn er kam, niemand begleitete ihn zu der kleinen rosenumrankten Gartentüre. Er wohnte allein in seiner gartenhausähnlichen Behausung. Aber seine Vögel saßen während seiner Dienstzeit auf dem Dach des großen Gebäudes in der Stadt, in dem der Vogelanton sein Brot verdiente.

An diesem Tag würfelte er die fünf Buchstaben, das Wort, auf das es ankam, in den Kreis meiner Wörter und bereicherte meine Interpretationsversuche.

Die Ankündigung des Cirkus Krone an der Litfasssäule, den ich mit Jann besuchen wollte, war es, was mich dazu veranlasste, mit Jann und Jenni virtuell im Zirkus aufzutreten.

Der obere Wolkenrand verhüllt einen Teil der Sonne. Frühlingsgeruch liegt in der ungewöhnlich drahtigen Luft, die einen salzigen Geschmack auf der Zunge hinterlässt.

Ein blaues Zelt unter noch hellerem blauen Himmel öffnet sich, lässt den Blick auf die Manege frei. Das Orchester raschelt bereits mit den Noten. Jenni spannt sich auf die Zehenspitzen, bewegt die Schultern in die Höhe, senkt die Ellenbogen auf und nieder, entfaltet Flügel von der Spannweite eines Adlers, bis sich die bunten Schwungfedern in der Luft berühren. Sodann hebt sie sich wieder und dreht sich in einer Pirouette. Spürbar ist die Freude an der Höhe und Tiefe, an der Krümmung und Harmonie der Linien. Ihr Tanz ist Ausdruck dieser Freude und Fröhlichkeit. Die Manegenbeleuchtung wirft ein freundliches gelbes Licht auf das Vogelkind, das im Sprung die Flügel ausbreitet. Wie vom unsichtbaren Seil nach oben bewegt, schwirren und surren die Flügel beim Schlagen im Crescendo der Klänge. Mit angewinkelten Ellenbogen, in denen der Schwerpunkt liegt, schwingen sie gleichmäßig wechselnd, von einer Bewegung in die andere, dass man den Eindruck des Fließens gewinnt. Dazwischen hört man dieses unbeholfene Kratzen der Instrumente in den Händen der Laienspieler.

Jenni tanzt die Illusion der luftigen Vogelwesen, bis sie wieder auf dem Boden landet und das bunte Gefieder abstreift. Ein triumphierendes Lächeln spielt um ihren Mund.

Jann liegt rücklings als Brücke am Boden, Jenni kriecht durch den Bogen und turnt über Jann hinweg. Als ich ihm das Trapez anbiete, verweigert der Computer seinen Auftritt.

Ein Zirkusdirektor war eigentlich nicht vorgesehen. Aber er steht mitten in der Manege, hat eine Reitgerte in der linken Hand. Er wirft die Zügelenden auf die rechte Seite des Pferdehalses, wendet sich etwas nach rechts, fasst nach dem Bügelriemen, besteigt das Pferd und schreitet am langen Zügel die Manege ab, dann leicht trabend im Kreis herum. Seine vollkommene Beherrschung des Hengstes in jeder Art der Bewegung wird durch ein Höchstmaß an Verkürzung der Zügel erreicht. Die gerade Leitung von Oberarm über das Ellenbogen- und Handgelenk zum Pferdemaul ermöglicht ihm, geschmeidig in jeder Situation das Pferd zu beherrschen und mit dem Zügel feinfühlig umzugehen.

Aber wie kommt ausgerechnet Ellen, Michas Frau ins Bild? Sie reitet auf einem Ponny, und er treibt es zu immer schnellerem Tempo an, bis sie erschöpft im Sattel hängt.

Gilt ihr oder seinem Geschick der Applaus?

Dort kommt Jenni, tanzt wie ein kleiner Kobold dem Pferd vor der Nase herum, dieses Energiebündel! Es liegt an meinem Mangel an Geduld, dass ich auf dem Seil herumturne, ehe die anderen den Schauplatz verlassen haben, ehe die Luft den Musikwirbel ausbalanciert. Ich setze einen Fuß vor den anderen, hebe die Arme wie Schwingen, schiebe mich vorsichtig über das Seil. Meine Nerven ticken wie eine Uhr. Dann in der Seilmitte, Beruhigung und Umkehr in tänzelnder Bewegung, dem eigenen Rhythmus gehorchend, vorwärts. Der Abgrund unter mir öffnet sich. Das leichte Prickeln auf der Haut beweist es. Erst am Ausgangspunkt wage ich einen Blick nach unten. Jann und Jenni sitzen am Rande der Manege. Sie jonglieren mit kleinen Bällen, bis Jenni wegläuft und ein Zauberer, der aus dem Publikum kommt, Jann in seinen Kasten steckt. Das Zauberspiel lässt den Atem der Zuschauer gerinnen. Er saugt die Musik auf, reisst sich die Ellenbogen fast von den Schultern, schüttelt die Hände fast von den Gelenken. Sie übernehmen den Rhythmus. Dann rennen seine Finger mit den Sekunden um die Wette. Sie heben einen Jungen aus dem Kasten. Der Zauberer probiert ihm die Person wie einen Anzug an. Es ist Micha. Der Kasten scheint noch weitere Personen zu beherbergen. Muscher entsteigt ihm auf ein Zeichen des Zauberers. Er schwingt ein Notenblatt und jongliert im Takt des Dirigenten mit Flaschen.

Die Hände des Zauberers kreisen wild über dem Kopf. Sein starrer gleichmäßig ausgerichteter Blick folgt einem hellblauen Fleck in der Mitte des Kastens. Max war es, der vom Trapez mitten hineinsprang. Ein Stück seines Pullovers ist noch sichtbar. Dass Max keinen Schatten mehr wirft, ist noch kein ausreichender Beweis für sein Nichtexistieren. Im zitternden Licht der Rampen entsteigt er, mit Klausens Pullover bekleidet, dem Kasten.

Am Rande der Manege schlürft eine dunkle Gestalt in einem seltsamen Rhythmus. Vögel sitzen auf seinem Kopf und auf seinen Schultern.

Hebt der Zauberer nicht seinen Stab? Nein, es ist die Geste des Zirkusdirektors. Die Reitstiefel werden unter gespensterbraunem Mantel sichtbar. Er dirigiert und überwacht jede Bewegung der Personen in der Manege. Der Hengst steht wieder vor ihm. Der Zirkusdirektor wirft seinen Mantel ab und fasst nach dem Bügelriemen, besteigt das Pferd und schreitet am langen

Zügel die Manege ab, dann trabt er leicht im Kreis herum. Wenn sich jetzt unvorhergesehen der Himmel wieder grün-blau färbte, wenn sich die schwarze Mondscheibe mit einem glänzenden breiten Lichtring umgäbe, von welcher gelbe Strahlen ausgingen, oder wenn jetzt die Mondscheibe eine graue bis schwarze Farbe annähme, das leuchtende Gelb zurückdrängte, sie schließlich in ein schwaches gelblich-oranges Licht getaucht erschiene, wenn der Unmut der Gestirne also den Himmel verfinsterte, dann würde der Zirkusdirektor die Hohe Schule beenden, den Zauberkasten unter der Friedensfahne verbergen. Vielleicht gäbe er der Seiltänzerin das Zeichen zum Absprung und verließe mit seinem schwarzen Hengst die Arena.

Ellen erzählte es mir, dass Micha Selbstgespräche führe, um akzeptable Gesprächspartner zu finden. Ironische Bemerkungen wirkten bei Ellen absurd, aber sie litt darunter, dass sich der Ehemann immer mehr zurückzog und keine Zeit mehr für sie fand. Pseudokommunikation charakterisierte diese Zeit ihrer Ehe. "Man sollte nicht heiraten, wenn man nicht allein sein möchte", versuchte ich das Problem zu verharmlosen. Ellen fühlte sich ausgeschlossen, vor den Kopf gestoßen. Einen Seitensprung hatte sie ihm vergeben, aber nicht diesen Vertrauensbruch.

Jann, der jede Minute seiner Freizeit mit Michas Assistenten auf Beobachtungsfahrten oder bei den Heulern verbrachte, wo er Ferienhilfe leistete, überforderte sie auch. Es gab kaum mehr Möglichkeiten, ihn angemessen zu beaufsichtigen.

Seine Ferienarbeit im Forschungsinstitut war auch der Grund, warum er seinen Besuch bei mir absagen musste. Der geplante Zirkusbesuch wurde daher verschoben. Vaters Zustand hätte mich ohnehin daran gehindert.

Als es mit Vater anfing, war noch unklar, wie es enden würde, schimmerte noch die Hoffnung am Horizont. Sein vorzeitig müdes Gesicht aber, die Mattigkeit der Glieder und die geronnenen Bewegungen hätten mich warnen müssen.

Die Sonne hatte immer noch keine andere Wahl als rücksichtslos zu scheinen. Vater genoss sie nicht, er ertrug sie, wenn er im Garten saß. Ein undefinierbares Unwohlsein war es, dass ihm die Freude nahm, die er benötigt hätte, um das Licht und die Wärme in sich aufzunehmen, eine Freude, die seine Gedanken beflügelt hätte. Von den Beinen her kroch es in ihm hoch. Inmitten einer Flut von Sonnenblumen klagte er manchmal trotz Luftkissen über harte Unterlagen. Auch im völlig schmerzfreien Zustand muss er sich wie einer, der schon gestorben war, empfunden haben. Er schleppte die Zeit hinter sich her, ohne am Weltgeschehen teilzunehmen, ohne sich für die Probleme anderer zu interessieren. Weder Fernsehen, noch die Zeitung boten Ablenkung. Er ließ Bilder an sich vorbeiziehen, ohne auch nur einen Gedanken um sie kreisen zu lassen. Das bewies sein Erschrecken, wenn jemand eine Frage auf das Geschehen bezogen, an ihn richtete.

In lähmender Wiederholung fragte er dagegen oft nach unbedeutenden Kleinigkeiten, ob der Rosenstock erfroren sei, oder ob die alte Gartenbank noch an ihrem Platz stehe. Seine Krankheit ließ sich nicht lokalisieren. Das Herz erwies sich beim Abhören, Abtasten, im Röntgenbild und auf dem Elektrokardiogramm gesund, aber die Bewegungsunfähigkeit ging ihm ans Herz. Saß er im Rollstuhl, schlug er häufig die Hände in einer Geste der Verzweiflung an den Kopf oder fuhr mit der rechten Hand an den Schläfen entlang.

Früher steckte er alle seine Probleme in seinen Hirnapparat, um sie mathematisch gelöst herauszuziehen. Jetzt gab es nur noch das dumpfe Gefühl des Schmerzes, das sich nicht lokalisieren ließ, weil es sich nicht auf einen bestimmten Ort seines Körpers beschränkte.

Bei seiner Geburt stand die Sonne im Zeichen der Fische, einem Symbol der Selbstzerstörung.

Von Neptun beherrscht, gehörte er zu den Menschen, die sich gerne einer Führung unterordnen. Er lieferte sich in dieser Zeit immer mehr Ärzten und Fachpersonal aus, ließ alles mit sich geschehen, klagte selten, in sich stillgelegt und realisierte die Bibelstelle: "Dies hier ist eure Stunde!" Sein Blick aber verurteilte uns, weil wir nicht begriffen, was er nicht artikulieren konnte, oder was sich nicht mitteilen ließ.

Im zitternden Licht der künstlichen Schlafzimmerbeleuchtung rollte er, bevor die Körperpflege begann, nervös die Hände in den Deckenrand. Eine unerklärliche Angst schwebte über ihm. Seine Stimme verlor an Lautstärke und mündete schließlich in einem Flüsterton, den keine Geste unterstützte. Seinen Freunden und Nachbarn begegnete er selten. Wer nicht laut zu reden versteht, wer anderen die Zähne nur bei einem müden Lächeln zeigen kann, darf nicht auf Gesprächspartner hoffen. Wer Hilfsbedürftigkeit demonstriert, muss mit der Angst und dem Ausweichverhalten der anderen rechnen. Wer aber immer anwesend ist, zur Familie gehört, zählt nicht. So blieb Tante Grete bei ihren Seufzern und Vater verharrte immer mehr im Schweigen, denn es ist schwer, sich ohne die Hilfe der Freunde zu trösten.

Seine Bewegungen waren geronnen. Auch das Blut stockte, schob sich, zu dickflüssig, durch die Adern. Hätte er seinem Schmerz, seiner stummen Klage, dem lautlosen Schrei Stimme verleihen können, hätte er sein Schicksal leichter ertragen.

Sein Blick, ängstlich gespannt, wenn sich sein Mund schmerzlich verzog oder in einem Staunen gefangen, heftete sich auf uns, die wir hilflos die notwendigen, qualvollen Handgriffe miterleben mussten.

Dann dachte ich an das trübe Licht der Krankenstation, wo Vater stundenlang geduldig auf dem langen Gang warten musste, bis sich eine der weißgekleideten Schwestern seiner annahm. Ich fürchtete eine Wiederholung. Wenn er mit leicht zugekniffenen Augenlidern von der Sonne geblendet, vor sich hin sah, glaubte ich seine Gedanken auf ein großes schwarzes Loch gerichtet, aber sein Wille, diese Welt zu verlassen, reichte noch nicht für einen Sieg.

Dann verlor ich oft die Fassung, ohne eine Träne zu finden. Ich fragte mich allerdings, ob Vater wirklich an den Tod dachte. Seine Existenz wollte er auslöschen, das schon, um das, was er als irdische Last, als Bürde empfand, abzuschütteln. Ob aber der Mensch den Tod als Vollendung des Lebens erkennt, hängt davon ab, ob er Gott als den tragenden Grund seiner Existenz annimmt.

Früher ging Vater mit uns zur Sonntagsmesse, ließ auch gelegentlich eine Predigt im Rundfunk über sich ergehen. Nie habe ich ihn aber von Gott als der Basis der menschlichen Existenz reden hören. Manchmal glaubte ich, dass er das Kommen und Gehen vielmehr als absurd empfand.

Wenn er mit Mücken und Wespen Freundschaft schloss, die im Freien auf seinen Knien und in seiner hohlen Hand saßen, umspielte ein wissendes Lächeln seinen Mund.

Vater starb wochenlang, ob er im Garten in der Sonne oder auf seinem Ledersessel vor dem Fernsehschirm saß oder im Bett lag. Sein Tod war nur das Ende dieses Sterbens, kein finsterer Abgrund, aber auch kein neuer Anfang, eher eine schweigende, trennende Ferne, er, von unendlicher Einsamkeit verschluckt. Nie habe ich allerdings die Furcht Sterbender in seinen Augen gesehen, die ausgespannt zwischen Verlorenheit und Hoffnung auf ein seliges Endgültigsein zuschweben.

Nach der christlichen Vorstellung lebt die Seele nach dem Tode weiter. Der psychische Tod tritt nicht gleichzeitig mit dem Herz- und Hirntod ein. Die Begriffe Psyche, Pneuma, anima, spiritus, atman, nephäsch bedeuten Hauch, fühlbare Bewegung, also Seele. Das freie Leben der Seele spielt sich unabhängig vom Körper ab. Descartes spricht von einer Welt des Bewusstseins.

Wer könnte also garantieren, dass der in sein Todsein Ausgesetzte nicht noch mit seiner Umwelt stimmlos zu kommunizieren imstande, in einer Dimension seines Wesens noch lebendig wäre? Antlitzlos befände sich der Abgeschiedene, der Wirklichkeit entzogen, dem Wesen des Wirklichen zwar näher als zu Lebzeiten, aber nicht zwangsläufig leidbefreit.

Verzweifelt fragte ich mich deshalb, ob der durch eine unsichtbare Wand Getrennte, Ferne nicht doch noch Schmerzen ertragen müsste, nicht physisch lokalisierte, sondern seelische Leiden, und das Entsetzen verließ mich nicht einmal, als Vaters Asche in der Urne in die Erde versenkt war.

Aber ich dachte auch oft an die Opfer im Musik-Center. Aus der Sicht der Parapsychologie können die Seelen Kontakte zu den Lebenden herstellen, vermag die individuelle Kraft der Seele über den Tod hinaus ein fortdauerndes Bewusstsein zu schaffen, das auch Erinnerungen an das Diesseits enthält.

Wäre dann nicht auch den Lebenden die Möglichkeit gegeben, nicht nur mit ihnen zu kommunizeren, sondern die in ihr Todsein Ausgesetzten, in schweigender, trennender Ferne Wartenden in ihre Nähe zu zwingen? Ihnen Aufträge zu erteilen, sie vielleicht zu quälen, falls Gott den Machtbereich der Lebenden nicht einschränkte?

Wäre nicht die Marionette Mensch besonders gefährdet?

So sehr Tante Grete auch um Vater trauerte und weinte, sie gehörte zu den Menschen, die nicht ohne soziale Aufgabe leben können. Meine Base, die ihr drittes Kind erwartete, war es, der sie trotz ihres Rheumas und der kleinen Widerlichkeiten des Alters zu Hilfe eilte. Sie wollte dort im Kreise der Familie so lange wohnen, "bis das Kind aus dem Gröbsten ist", wie sie sagte. Trotz unserer unterschiedlichen Lebensweisen und Vorstellungen vermisste ich auch sie, die längst eine Art Mutterstelle eingenommen hatte, sehr.

Ihre Wohnung blieb natürlich unberührt, und sie hätte jederzeit zurückkehren können, aber ich wusste es, Tante Grete wollte gebraucht werden.

Von diesem Tag an lebte ich in der berufsfreien Zeit so vor mich hin, als wäre die Zeit ein Gummiband. Sie billig einzukaufen war nicht mehr notwendig.

Da ich auch Jann gut versorgt wusste - auch ich hätte ihn nicht besser beaufsichtigen können -, da er sich durch Fleiß und vielseitige Interessen in so kurzer Zeit trotz Ellens Sorge viele Freiheiten erwarb, fiel diese Aufgabe weg. Er schien zufrieden zu sein und wusste die Privilegien zu nutzen, die ihm Michas Vaterschaft bot.

Ich empfand mich plötzlich als unbehaust und stürzte mich mit einer solchen Vehemenz auf die Arbeit, dass ich manchmal darin zu versinken glaubte. Sooft ich es auch verschob, Vaters Wohnung musste geräumt, entrümpelt werden, denn alte Menschen sammeln im Laufe ihres Lebens Schätze an, die Säcke füllen: Osterhasen, Weihnachtsbäumchen, Vasen und Tassen, Gläser und Krüge. Was ich an einem Tag entrümpelte, stellte ich am nächsten wieder an seinen Platz. Es wird in nächster Zeit niemand einziehen, dachte ich. Die Aktenstapel der letzten zwanzig Jahre sollten den Papiermüll bereichern. Auch Steuerunterlagen fielen dieser Säuberungsaktion zum Opfer, sauber gezeichnete Pläne in Schutzhüllen, für die ich im Augenblick keine Verwendung sah, dem Müll anzuvertrauen, widerstrebte mir, da sie Vaters Handschrift trugen.

Das Wetter war seit der Sonnenfinsternis auf den Sommer eingeschworen. Trotz der kalten Nächte standen im Winter und im Frühling warme bis heiße Tage am Morgen bereits am Horizont, und im Juni brütete die Luft wieder eine Hitze aus wie im Hochsommer. Aber das Haus mit den leerstehenden Wohnungen, das ich zwangsläufig allein bewohnte, wies mich ab. Trotz der Sonneneinstrahlung wirkte das Treppenhaus eiskalt. Die Hausfenster auf der Ostseite hätten genügend Morgensonnenschein einbringen können.

War es Einbildung, Zufall oder Absicht, dass sich zwischen mir und der Umwelt eine unsichtbare Wand aufzog? Als hätte jemand die Nähe in die Ferne gerückt, führte ich plötzlich das Leben des Robinson Crusoe. Gut, ich hatte mich nie um Vaters Freunde gekümmert und war über die unsozialen Verhaltensweisen verstimmt, aber auch meine guten Bekannten waren nicht erreichbar. "Kein Anschluss unter dieser Nummer", tönte es mir aus der Ohrmuschel entgegen. Ann schien verreist zu sein, und die Nummern zweier Berufsfreundinnen und Wanderkolleginnen waren permanent belegt.

Nach einer Woche gab ich es auf, irgendeinen sozialen Kontakt herzustellen. Da ich in dieser Zeit verschwenderisch mit der Zeit umgehen konnte, saß ich häufig beim Schreibtisch, was mich natürlich verdächtig erscheinen ließ.

Gegen die Verlockungen des Müßigganges war ich immun. Ich stand früh auf, arbeitete in Haus und Garten oder wanderte kilometerweit mit dem Notizblock in der Tasche, um am Nachmittag zu schreiben. Ob ich mich für die nächste Veranstaltung vorbereitete oder meine Beobachtungen zu verarbeiten suchte, den Nachbarn schien es verdächtig. Eine Frau, die statt zu kochen und Handarbeiten anzufertigen, einen großen Teil des Tages am Schreibtisch verbringt, musste ihren Argwohn erregen.

"Was kann man denn nur ständig schreiben?", fragte eine der Nachbarinnen deutlich vernehmbar ihren Mann.

Lange blieb ich konsequent bei meiner Inkonsequenz, denn mit der Druckstärke veränderte sich meine Geschichte. Aber ein düsteres Motiv durchzog die Komposition. Das alte Leid wollte sich noch nicht entfernen.

Eines Tages stand ein Vertreter vor meiner Türe, schwatzte den letzten Flecken Blau vom Himmel, um mir seine Zeitungen begehrenswert zu machen. Die unartikulierten Seufzer dazwischen galten der Finanzierung seines Studiums, es war der Grund für seinen Job. Aber seiner Hymne auf die Zeitung fehlte der Schwung. Er sagte sein Loblied auf die gute Information und die interessante Thematik wie ein Gedicht auf. Aber der analoge Bereich stimmte mit der digitalen Kommunikation nicht überein. Die abwehrende Geste seiner Hände widerlegte ihn. Kurz, man merkte es ihm an, dass der Ferienjob nicht sein Traumberuf zu werden versprach. Meine Ohren erinnerten sich an diese Stimme, die mein Verstand nicht zuordnen konnte.

Wenn die Morgensonne nicht scheint, bekommt mein Arbeitszimmer nur Licht zwischen den Bäumen hindurch. Der Vertreter legte deshalb seine Zeitungen in Fensternähe so aus, dass ich jeweils die Titelblätter sehen konnte. Unberührt von bestimmten Erwartungen überflog ich oberflächlich die Inhaltsverzeichnisse. Ein Wort sprang mir ins Auge: Therapie. "Therapie muss nicht immer eine Heilbehandlung sein", lautete der Titel. Der junge Mann kannte den Bericht. "Ich habe das Theater miterlebt, weil mein Vater betroffen ist", sagte er. "Woher kenne ich sie eigentlich?"

Als er "Vater" sagte, wusste ich es. Er war Muschers Sohn. "Dass mein Vater trinkt, weiß die ganze Stadt." Er schaute auf die Schuhe, auf seine Zeitungen, auf die Schuhe, auf seine Zeitungen, sah aber weder die Schuhe, noch die Zeitungen in diesem Augenblick. Er tat mir leid. Als hätte er meine Gedanken gehört, sagte er: "An einer Therapie war mein Vater beteiligt, die Bewohner der Stadt fürchten ja inzwischen, ihr Gesicht zu verändern, wenn sie über den Kauf von Seehundfellen oder über den Professor reden. Meinem Vater ist dieser Fehler leider unterlaufen." Muscher war nämlich mit einem Mitglied des Tierschutzvereins befreundet, der Johann-Michael als "Schlächter" beschimpfte, und auch Muscher äußerte zwanglos seine Kritik und führte das Urteil des Gerichts auf Michas Verwandtschaft mit einem Juristen zurück. Kurz, er hielt ihn nicht nur für einen Ausbeuter, er sprach auch in der Öffentlichkeit darüber.

Diese nicht abgesicherte, eher unbewiesene Schuldzuweisung machte der Sohn für die Schädigung des Vaters verantwortlich. Die Zusammenhänge zwischen Anklage und dem Alkoholismus des Vaters konnte er aber nicht logisch erklären. "Er hat sich eingemischt und es gewagt, die Wahrheit zu sagen und wurde dafür bestraft." Wütend kaute er die Sätze zwischen den Zähnen.

Muscher sen. zwischen Lust und Sucht und Angst und Sucht und Lust drehte sich im Kreis und setzte einen chaotischen Zustand in Kraft.

Aber der junge Mann beklagte sich nicht nur über den Forscher und dessen vermutete dunkle Geschäfte, auch dessen Vetter gehörte zu den Angegriffenen. Seine beruflich, wie er meinte, nicht gerechtfertigten "Besprechungen" und "Gesprächsrunden" würden ein grelles Licht auf dessen unerforschte Beziehungen zu einer dunklen Organisation werfen.

Dass Heilmar immer wieder für den Vetter eintrat, war mir auch nicht verborgen geblieben, aber Muscher jun. wagte es daraufhin, auf dessen unbenutztes Gewissen zu folgern, das nur deshalb als "rein" bezeichnet werden könne.

"Er zieht ihn ja oft wie einen erschöpften Fisch aus dem Wasser", sagte er. "Einen Verwandten muss man im Gericht sitzen haben, wenn er auch nicht verteidigen darf. Das Vitamin B genügt." Er wirkte wie versteinert.

Michas Angstzuckungen auf eine ungerechtfertigte Schuldzuweisung zurückzuführen, war sicher nicht weniger hypothetisch. Dass Micha seine täglichen Frustrationen im Umgang mit seinen Mitmenschen exakt geordnet, unbewältigt abheftete, sich aber von einer unerklärlichen Angst aus dem Haus ins Freie treiben ließ, konnte man aus Ellens Bericht ableiten.

Freilich, er hätte diese Schuld nicht annehmen dürfen, aber keiner lebt lange an der Naht der Angst, weil er annehmen muss, dass sein Leben im Chaos enden könnte, wenn er sich schuldlos fühlt. Ich glaubte es trotzdem zu wissen, dass er seine Tiere, nicht deren Felle liebte, dass es aber eine Kraft geben musste, außerhalb seiner Person, die stärker war. Dieses Bewusstsein musste ihn in eine Einsamkeit stürzen, in der er unbehaust, inmitten dissonanter Klänge keinen eigenen Ton mehr fand.

Dass Heilmar auch einen Grund für seine Hilfeleistung haben könnte, die außerhalb seiner verwandtschaftlichen Beziehungen lag, zweifelte ich nie an, seit ich die Richtung seiner wissenschaftlichen Arbeit kannte, aber ich schwieg. Dass Nervosität Michas Ausgeglichenheit abgelöst hatte, dass er ein Problem nicht zu bewältigen verstand, konnte nicht als Beweis für eine

Neurose herangezogen werden. Heilmars Wesen blieb mir ein Rätsel, das ich immer wieder zu meinem Erstaunen zu lösen versuchte. Gut, gegen Überraschungen war ich gefeit, aber das Staunen über diese Versuche, sein Wesen zu ergründen, überfiel mich immer häufiger, weil ich mich immer öfter dabei überraschte.

Warum gerade Heilmar? fragte ich mich, und das Staunen besaß mich erneut, aber das war nicht zu ändern. Noch immer schwang eine Entscheidungsfrage in meinem Denken hin und her, und ich wiederholte die gleichen Worte in Gedanken.

Eigentlich gab es nur ein Wort auf diese Frage. Ein Nein, das sich verdoppelte, verdreifachte, ein Nein, das man sich mit fallender Stimme, zugespitzt, vorstellen musste, kein flaches, langsames Nein, nicht gedehnt, nein, eher ein kurzes, nach unten geklapptes Nein. Der Augenblick, in dem ich es aussprach, saß mir lange in den Augen, in den Gedanken, in jedem Nerv, aber ich hätte die gleichen Worte, die dieses Wort begleiteten, wiederholen müssen. Nachträglich lösten sich Minuten oder eine Stunde in diesen Augenblick auf.

Nur manchmal, wenn wie damals nach kurzem Regen der Himmel keck mit Farben spielte, tauchte zaghaft ein Zweifel auf und diese verstörte Überraschung über meinen Zweifel. Aber auch das war nicht zu ändern, und es blieb mir nichts anderes übrig, als über mich hinwegzulachen.

Glück ist eine Chiffre des Schicksals, sagte ich mir. Warum sollte die eingleisige atemberaubende Fahrt an der Schwelle eines neuen Jahrtausends nicht faszinieren? Immer den Boden stemmen und auf der brüchig gewordenen Zeit balancieren, die unkenntliche Tiefe überwinden, sagte ich mir. Mit fieberhafter Erregung vergrub ich mich zuerst in meine Arbeit, stellte Fallen, in denen ich neue Ideen fing, kämpfte mit den Kapriolen der Wörter, und der Heilungsprozess meiner zerschlissenen Seele setzte ein.

Aber die Wirklichkeit zeigte sich mir von verschiedenen Seiten in ihrer widersprüchlichen Logik und brachte mir die Erkenntnis, dass das Leben in jeder Hinsicht trügerisch ist. Meine Vermutung, dass das damals aktuelle Phänomen Suchtkranke und Neurotiker bei der Therapie nicht nur von einer Zeitung aufgegriffen wurde, bestätigte auch die Tageszeitung. Ich schnitt einen Artikel aus, der mit einer kleinen Überschrift und leiser Stimme auf das Ereignis hinwies. Den Namen, den ich ängstlich suchte, fand ich nicht. Erleichterung beruhigte meinen Atem und hob das schwere Gewicht aus meinen Gliedern.

Die Öffentlichkeit wagte es nicht, Heilmar in das Geschehen in der Musiktherapie einzubeziehen, oder sie sprach ihn frei. Das psychische Unwetter, das mit der Vorbereitung der Sonnenfinsternis begann, brachte außer Muscher jun. und mir niemand mit ihm in Verbindung.

Ein Gewitter mit Getöse und Wirbelsturm, aber mit nur ein paar Bindfäden Regen öffnete die neue Jahreszeit. Das spärliche Licht verleitete oft dazu, in den Morgenstunden die Augen an Zwielicht zu gewöhnen. Die Stille schwebte mit dem ersten Laub in der bewegten Luft.

Micha war es, der mir sachlich mitteilte, dass Ellen erkrankt sei. "Kreislaufprobleme", sagte er, wie man "es ist kalt oder heiß heute" sagt.

Jann, weil er eben so war wie er war, gab sich mit seinem Freund und Ersatzvater, Michas Assistenten und mit der Haushaltshilfe zufrieden, die seine Ernährung sicherstellte. Er wollte größer und älter werden, möglichst schnell sein Studium beginnen und aß deshalb Vitamine, trainierte seine Muskeln und streckte sich, weil all die dazu nötigen Kräfte in ihm wachsen sollten.

Ellen, die biblische Frau, dem Manne hörig, hatte in letzter Zeit oft über Michas gestörtes Verhalten, das auf eine Neurose hinweise, wie sie behauptete, geklagt und dem Gatten einen Arztbesuch empfohlen.

Jemand musste das Blatt gewendet haben. Der Arzt sprach von nervlicher Überbelastung als Ursache des gestörten Kreislaufs und verordnete ihr einen Kuraufenthalt.

Auch Max, der immer noch Klaus heißen wollte, bereitete sich zu dieser Zeit auf eine streng überwachte Kur vor. Der Grund der Diagnose war seine Desorientiertheit.

Max verirrte sich in seinem eigenen Haus und fand den Ausgang nicht mehr. Das Schauspiel wiederholte sich täglich. Immer wieder suchte er den Ausgang und gelangte in den Keller, in die Waschküche und in fremde Wohnungen und musste zum Ausgang geführt werden.

Zugegeben, der Architekt hatte nicht mit derartigen Problemen gerechnet, und der Ausgang führte seitwärts aus dem Haus in den Garten. Max wohnte aber seit vierzig Jahren in diesem Haus.

War es eine Weissagung oder das Werk eines Heinzelmännchens, das an Michas Geschichte gestrickt hatte? Jemand musste sie vorzeitig zuende geschrieben haben, diese Geschichte. Es war ein denkwürdiger Sonntagvormittag, als ich nach dem Gottesdienst mitten durch den Trödlermarkt in die Altstadt ging. Häkeldecken, Puppen, Möbel aus der Zeit der Großväter und Urgroßvätergeneration boten sich den Vorbeieilenden an. Eine Frau pries ihr altes Porzellan. Daneben versteigerte ein junges Paar eine Uhr im Jugendstil zwischen zwei Bewerbern, die den Besitzer durch ihre Minimalerhöhungen reizten, da sie den Preis kaum veränderten.

Der Mann, der mir das Buch mit den magischen Zeichen auf dem Einband wie ein Traktat anbot, war ein Schüler. Das stand auf seinem Namensschild neben dem Stand. Der Roman gehörte paradoxerweise zu den Neuerscheinungen. Die Geschichte ließ mich nicht mehr los. Keine Sekunde ließ mich diese Geschichte mehr los.

Der Verfasser nannte seine Person Hans Müller, vielleicht deshalb, weil die Hälfte aller Männer im Umkreis Hans hießen und man im Telefonbuch der Stadt fünfundzwanzigmal den Namen Müller lesen konnte.

Die Geschichte erzählte das Geheimnis einer Zwangsneurose. Hans Müller war es also, der von der Unendlichkeit der Tugenden, von Liebe, Treue, Ruhm und Ehre träumte und in der Zeit, genau gesagt, in einzelnen Momenten hängen blieb, Hans Müller, der das Paradies kannte und sich an einer Höllenfahrt beteiligen ließ. Ja, beteiligen ließ, denn es fehlte ihm die Entscheidungsfreiheit. Wie eine Marionette bewegte er sich an unsichtbaren Fäden, den Schwerpunkt außerhalb seiner Person, ohne die Grazie einer Marionette zu besitzen.

Er liebte sie, seine Seehunde, Seebären und all die Wasserbewohner, deren Verhalten er erforschen wollte. Aber das Leben antwortete brutal auf seine Träume. Eines Tages zog er seinen geliebten Tieren das Fell über den Kopf. Zuerst waren es verendete Tiere. Es gab aber Zeiten, in denen er diesem Sterben nachzuhelfen verstand, bis er monatlich auf eine gewisse Zahl von Robbenfellen kam.

Zwischen Lust und Schmerz und Ekel und Lust und Schmerz gebeutelt, ließ er sich immer wieder verleiten. Sein Seelenmechanismus hatte sich verklemmt.

Die Opfer schwammen meist in der Nähe der Seehundbank in seine Fallen. Sein Freund, der Gerber half ihm beim Einholen der Beute. Er gerbte die Felle und teilte sie mit ihm, bis er eines Tages aus unerklärlichen Gründen ertrank. Hans verschenkte die meisten seiner Felle an Freunde und Verwandte.

Als das Verbrechen an die Öffentlichkeit gelangte, musste sich der Fallensteller vor Gericht verantworten, aber ein psychologisches Gutachten erklärte seine Tat als zwangsneurotische Handlung und übergab ihn der Obhut eines Psychologen und eines Mediziners. Von diesem Tag an lebte Hans stumm wie seine Fische in seinem privaten Aquarium außerhalb der Zeit. Der Tumult in seinem Innern glättete sich dabei nicht. Seine Welt blieb ein Trichter, der immer mehr das Leben für ihn filterte.

Das Gutachten stützte sich auf seine düstere Vergangenheit: Hans verlor durch einen tragischen Unfall sehr früh seine Eltern. Sein Vater und der Vater seines Stiefvaters waren Fischer. Die Großmutter zog ihn auf. Eigentlich war sie gar nicht seine Großmutter, sondern eine Base der Großmutter, die ihn sehr streng erzog, weil sie ihm den Vater ersetzen wollte. So wurden seine Bedürfnisse nie angemessen befriedigt. Zwischen moralischer Angst und Bedürfnisspannung gefangen, versuchte er seine Wünsche zu verdrängen und endete im Frust. Wie von einem fremden Willen gesteuert, beutete er zwanghaft die Tiere aus, die er liebte und deren Verhalten er jahrelang erfolgreich erforscht hatte. Wie ein verstörtes Tier gehorchte er der Frau, die er eigentlich hasste.

Soweit die Fabel des Romans.

Dass ich an Micha dachte, hing mit den gleichen oder ähnlichen Daten und Fakten zusammen. Beruf, Alter stimmten überein. Die knapp gehaltene Landschaftsbeschreibung glich der der nördlichen Meer- und Küstenlandschaft. Ich beschloss, Heilmar bei der nächsten Gelegenheit das Buch zu schenken.

Micha kam mit Jann in Konflikt, der vor Wut und Entsetzen schäumte, als er Zeuge wurde, wie man einen Seehund tötete, weil man glaubte, dass er in der Station hätte gesundgepflegt werden können. Der vernichtende Frust in seinem Innern zerstörte fast, von jenem Assistenten, seinem besten Freund, unterstützt, die Beziehung zu seinem Vater.

Die Information erreichte mich durch Ellen per Telefon, als sie gerade ihren Kuraufenthalt vorbereitete. Jann schien zu dieser Zeit ihre Nerven nicht weniger zu beanspruchen wie Micha, aber er verfolgte mit dem Fleiß eines Insektes seine Ziele, brachte sehr gute Noten nach Hause, gewann Preise und war bei Mitschülern und Lehrern beliebt und geschätzt.

Eines Tages stand Emel vor meiner Türe. Er wirkte etwas abgehetzt und kaute seinen Spruch, bevor er ihn erregt von der Zunge stieß. "Ich soll, soll, ich soll ihnen ausrichten, dass weil sie Jann nicht erreicht hat... - Ich soll ihnen ausrichten, dass sie Jann nicht erreicht hat und dass, dass er einen Wettbewerb, dass er in einem Wettbewerb gewonnen hat." Er geriet in Atemnot, schaute zur Decke auf, als ob dort oben jemand einsagen, soufflieren könnte. Dann setzte er neu an. "Ich soll ihnen ausrichten, dass er einen Preis im Kinderwettbewerb gewinnen soll... Ich soll ihnen ausrichten, dass sie Jann nicht erreicht hat und dass er im Kinderwettbewerb den ersten Preis gewonnen hat." Erschöpft lehnte er sich an die Haustüre.

Jann hatte es geschafft und wollte natürlich belohnt werden. Als ich anrief, war Jenni am Telefon. Sie besuchte die Großmutter nach dem Kuraufenthalt zum Geburtstag und blieb eine Woche bei den Großeltern. Aber sie war ein sehr anstrengendes Kind.

Man muss sich Jenni beim Telefonieren, gestreckt auf einem Küchenstuhl stehend, vorstellen. Sonst konnte sie das Telefon noch nicht erreichen.

Jenni buchstabierte sich zu dieser Zeit langsam ihre Welt zusammen und sammelte alles ein, was ihr der Alltag Wissenswertes bot. Gelang es ihr, eine Schleife zu binden, sich selbstständig an- und auszuziehen, hüpfte sie erfreut durch die Wohnung und sang ihr Kinderliedchen "Ich bin so klug, ich bin so fein..." Dieses kleine Liedchen war es, das sich in den Kopf der Großmutter sang, summte, pfiff, dass diese es tagelang, als Jenni längst wieder zuhause war, vor sich hinbrummte, summte, das deren Kopf füllte, sich schließlich von Instrumenten gespielt, begleitet ihr vorsang. Gelegentlich wechselte es auch die Tonart. Aber die Musik hörte nicht auf und brachte sie fast um den Verstand. Um den Zauber zu bannen, versuchte sie die Melodie nachzusingen, aber sie ließ sich nicht einfangen.

Jennis Briefe ersetzten Zeichnungen, die sie bei ihren Lieblingsbeschäftigungen zeigten. Sie verglich Glück mit einer rasenden Schlittenfahrt, einem Ponyritt oder einem Sieg über Jann, der den "Kaspar" natürlich gewinnen ließ. Jann behauptete, sie höre die Blumen wachsen, sehe den Schmetterling, bevor er in ihr Blickfeld geriet.

Ihren verwunderten Augen entging nichts. Aber Jenni war ein unberechenbares Kind. Ohne Vorwarnung fiel sie von irgendwoher Ellen auf den Schoß, die so erschrak, dass sie sich eine Stunde hinlegen musste. Manchmal sprang sie Jann von hinten an, um sich mit ihm bis zur Prügelei zu balgen.

Im Weihnachtsspiel, das der Kindergarten bereits im Herbst einstudierte, sollte sie paradoxerweise den Engel spielen. Wenn sie mit ihrem langen Gewand durch die Wohnung schwebte und mit den Flügeln wippte, war keine Tasse, kein Blumenstock und keine Vase vor ihr sicher.

Aber Jennis Kinderseele schlief längst nicht mehr. "Glaubst du vielleicht, Gott sitzt in der kleinen Hostie?", fragte sie Jann nach dem Gottesdienst. "Der schickt nur einen Gedanken hin." Sie war es auch, die bei einem Ausstellungsbesuch Ninos Bild in einer Weise interpretierte, die Micha das Blut aufwallen ließ und ihm die Hitze in den Kopf trieb. Trotz der Verfremdung und Deformation der Körper glaubte sie Heilmar zu erkennen. Ihr Zeigefinger wippte über der über seinem Kopf schwebenden Frauengestalt. "Die schaut aus wie die Frau Tarzan." Sie hatte bei einer sonntäglichen Bootsfahrt die Inselbewohnerin Nunni kennengelernt.

An einem grauverhangenem Montagmorgen lag ein kleines grünes Päckchen zwischen Briefen und amtlichen Schreiben in meinem Postfach. Mit einem leichten Schauer legte ich es zuhause auf den Schreibtisch. Vor mir an der Wand hing der Kalender. Ein Tageskalender war es, der an einem Steingutrelief schaukelte. Unter dem Datum stand der Name: Eleonore.

Nein, Eleonore heiße ich nicht; auch nicht Lenore, Lore, Ella, von Helene abgeleitet, sondern schlicht Nora. Die Mimose wird diesem Namen zugeordnet. Kleine Blüten in Kugelköpfchen, eine dornige Holzpflanze, die bei der geringsten Berührung ihre Blätter zusammenlegt und die Stiele senkt. Ja, die Mimose und ein leuchtend goldgelber bis grünlich gelber Edelstein aus Südwestafrika, der Heliodor.

Wenn mich jemand gefragt hätte, welchen Wert das Päckchen hat, dieses Päckchen, das ich in der Hand hielt, welchen Wert es hat, hätte ich nicht mit dem ideellen oder materiellen Wert dieses Päckchens antworten können.

In der kleinen grünen Schachtel liegt meine Lieblingsblume, hätte ich vielleicht gesagt. Eine Tulpe war es, eine unaufdringlich dezent rote Tulpenblüte.

Diese Art von Augenblicken gehören zu den winzigen Zeitabschnitten, die sich nie in Nichts auflösen, die nur mit der Zauberformel "verweile doch" zu beschreiben sind. Trotzdem ließ sich der bittere Geschmack am Zungenrand nicht verleugnen. Hätte ich mich in diesem Augenblick im Spiegel betrachtet, wäre mir eine Veränderung nicht verborgen geblieben. Ich schämte mich. Aber es dauerte tatsächlich nur einen Augenblick, denn ich wünschte nichts sehnsüchtiger als ein Foto der Gedankengänge des Senders.

Der schwarzumrandete Brief stellte einen seltsamen Kontrast zu meinem grünen Päckchen dar, er lag im Postfach daneben. Ninos einziger Freund, ein Fischer, der mit seinem Boot strandete und von einem Passagierschiff aufgenommen wurde, starb an einer akuten Lungenentzündung, den Folgen der Unterkühlung, schrieb Ellen.

Ich musste sehr lange auf den Brief mit dem schwarzen Rand geschaut haben, denn eine Bekannte, die gerade anwesend war, fragte mich, ob ich ihn auswendig lernen wolle. Der Tod fängt oft im Kopf an, wenn der Gedanke an ihn da ist. Vater war mit diesem Gedanken vertraut, ehe er starb, das wusste ich sicher. Jener Fischer mag in seinem Rettungsboot in Todesangst mit ihm gekämpft haben. Dass er zwei Wochen nach seiner Rettung an "den Folgen der Unterkühlung", einer schweren Lungenentzündung starb, richtete ein Chaos in meinen Gedanken an, weil sie die Unschuld der Realität in Frage stellten.

Da das Begräbnis in die Herbstferien fiel und ich Jann ein neues Fahrrad versprochen hatte, fuhr ich unangemeldet zu den Feierlichkeiten.

Einzelne Klänge kamen mir von weitem mit jedem Windstoß entgegen. Eine Klangflut überschwemmte die Besucher, als ich den Friedhof betrat. Mit ihren grellen Tonfarben färbte sie die Luft ein, ließ sie vibrieren.

Der Tote, Mitglied des Posaunenchors, hatte viele Freunde, und ich konnte in der Menschenansammlung Michas Familie nicht finden.

Der Pfarrer rühmte den Toten, indem er eine Prozession von aufwertenden Adjektiva an der Leine herumführte, sie dem Toten zuordnete: von einem "fleissigen, verantwortungsbewussten Fischer, einem liebevollen Vater, einem treuen Gatten und ehrlichem Händler sprach er. Das Wort ehrlich betonte er noch ein zweites Mal in anderer Bedeutung. Direkt und schonungslos hätte er die Dinge ausgesprochen. Nino stand neben mir, knurrte etwas Unverständliches vor sich hin. Er wusste von seinen Angriffen gegen Micha, der einen verletzten Seebären tötete, um dessen Leiden zu verkürzen. Der Fischer aber sprach von neurotischen Zwängen.

Dass Micha nicht materiellen Gewinn anstrebte, war auch ihm klar geworden. Keiner der Ozeanologen hätte sich selbst als Schlächter betätigt. Nur Micha, und das war dem Fischer längst aufgefallen, soll selbst auf elegante Weise die Haut, das Fell von leblosen Tieren gelöst haben, als hätte er sich ein Leben lang mit nichts anderem beschäftigt. Der Fischer sprach nicht von wissenschaftlichen Zwecken, sondern von einer inneren Nötigung zu objektiv zwecklosen Handlungen, zumal es ihm nicht um den Besitz der Felle ging. Das hätte ihm eine psychologisch geschulte Bekannte gesagt. Sie war es auch, die auf die strenge Ritualisierung der Handlung verwies, was der Fischer durch Überraschungsbesuche beweisen konnte: Er stand plötzlich am Ort des Geschehens, wenn Micha seinen Tisch aufstellte, der einem Opferaltar glich, auf dem nicht einmal die Kerzen fehlten. Leise Musik ertönte aus seinem batteriebetriebenen Radio, ein Taschenscheinwerfer schnitt im Morgennebel grelllichtig einzelne Körperteile des leblosen Tieres aus, wobei das bedeckte Kerzenlicht mit dem Scheinwerfer kontrastierte, eine schaurige Szenerie schuf, berichtete er. Das Verschwiegene wuchs mit jener Begegnung, wurde beredt, bis es einen Grad des Bekanntseins erreicht hatte. Micha wäre fast Opfer eines Fehlurteils geworden, hätte er nicht Forschungszwecke nachweisen können. Er schien eher Opfer eines Psychologen zu sein. Freilich, Neurosen können recht unterschiedliche Ursachen haben, aber ich kannte ihn seit meiner Kindheit. Micha war keine neurotische Persönlichkeit. Dass ich sein Verhalten als eine misslungene Verdrängung interpretierte, lag sicher nicht allein an meiner Fächerverbindung, an meiner Berufsrichtung. Hätte ich Heilmar gefragt - seine Dissertation war zu dieser Zeit fast abgeschlossen -, wäre die Antwort nicht weniger vage ausgefallen. Er bestritt grundsätzlich, dass es sich um abnormes Verhalten handle, und er verstand es, mit seiner Fachkompetenz die anderen vom normalen Verhalten des Vetters zu überzeugen.

Ich fiel als Zweiflerin aus dem Rahmen, weil ich über die wahren Hintergründe im Bilde zu sein glaubte. Heilmar kannte meine Zweifel.

Egozentrik ist eine Krankheit vieler Intellektueller, wenn es um Erfolg, Anerkennung, Image geht. Ein Verbrechen aber nimmt durch die soziale, kulturelle Stellung des Täters keine Würde an.

Heilmar war bereits als Kind der Rechtsstaatlichkeit begegnet. Sein Vater Jurist wie er, hatte ihn streng erzogen. Die Öffentlichkeit warf ihm nichts vor.

Trotzdem fragte ich mich immer wieder, wie der Ton beschaffen sein musste, der trotz meiner Zweifel von ihm zu mir reichte. Es war ein sehr intensiver Ton, der in jedem Akkord einen Klangreichtum entfaltete, dass ich erschrak. Die Dissonanz störte das Klangfeld nicht, nein, diese dissonanten Töne fügten sich im rhythmischen Wechsel zu einer vollkommenen Melodie zusammen, die in ihrer Dynamik meinen Alltag bereicherte. Gerade diese Diskrepanz war es, die meinen Ärger, meine Wut stimulierte.

Nach dem Begräbnis traf ich Micha und Ellen.

"Sehr feierlich", sagte Micha. "Die Tochter hat im Chor mitgesungen." Meine Frage, ob er mit dem Toten befreundet gewesen sei, verneinte er. "Er mietet nur in der Hauptsaison hier eine der Fischerhütten. Von Oktober bis März wohnt er bei der Familie in der Stadt, ein paar Häuser hinter Heilmar."

Er sagte es so nebenbei, das "ein paar Häuser hinter Heilmar", aber eine Hitzewelle pflanzte sich bei diesen Worten durch meinen Körper fort.

Ich warf mir vor, auf diesen Namen übersensibel zu reagieren, aber ändern ließ sich die Reaktion nicht.

Heilmar, beruflich verhindert, konnte an der Totenfeier nicht teilnehmen.

Jann holte uns mit Jenni ab. Ich glaubte ihre Koleraturschleife während des Begräbnisses bereits gehört zu haben, und Jann bestätigte meine Vermutung. Er wollte den "Kaspar" als neues Mitglied im Kirchenchor anmelden.

Sie hüpfte und tänzelte zwischen allen Familienmitgliedern herum und beanspruchte die Nerven der Großeltern bei jedem Besuch bis an die Grenzen gefährlicher Zerreißproben. Anlass der Freude war Janns noch gut erhaltenes Fahrrad, das er, im Besitz des neuen Mountainbikes, bereitwillig verschenkte. In ihrem Geschwindigkeitsrausch drehte sie sich um die eigene Achse. Dass Jenni natürlich auch über die Seele des toten Fischers nachdachte und in ihrer üppigen Fantasie ein Jenseits entstehen ließ, das dem Schlaraffenland glich, lag in ihrem Wesen.

Eine junge Frau in Schwarz lief zielstrebig zum Ausgang. Ihre verlorene Stimme war es, die über dem Chor schwebte und mit Jennis Koleraturen in Konflikt kam. Das Amen der Schwester fehlte am Totenbett des Bruders. Als sie endlich eintraf, soll sie ausgerufen haben: "Bruder, aber Bruder, du kannst uns doch nicht einfach verlassen!" Den gleichen Satz wiederholte sie deutlich vernehmbar vor der offenen Grube.

Die letzten Töne der Bläser verflüchtigten sich und eine gespensterhafte Leere besetzte die Luft. Nichts erinnerte mehr an die Explosion der Klänge. Bleifarbene Schleier zeigten sich am Himmel. Der Wind wehte vom Süden her, und das Meer wälzte sich mit Wucht an den Damm. Mein Blick fiel auf den steilen Felsen mit grasigem Abhang, auf dem Grasnelken wuchsen. Das vom Felsen fließende Wasser prallte vom Damm zurück und schoss klatschend als weißschäumender Pilz empor. Micha war meinem Blick gefolgt. "Das waren noch Zeiten", sagte er. "Dort in dieser Felsennische saßen wir, wenn ich als Kind Heilmar besuchte. Er war immer zu Streichen aufgelegt." "Und sonst? Was war er für ein Kind?", wollte ich wissen. Dass er auf die Dummheit seiner Mitmenschen setzte, war mir längst aufgefallen, und es war nicht verwunderlich, dass ihm diese Tendenz schon als Kind eigen war. Auch als Kind, sagte Micha, hätte er bereits versucht, mit Humor und Witz ungemütlichen Gedanken zu entkommen. Als Erwachsener brillierte er mit Ironie, die bis zum Sarkasmus reichte. Micha zögerte mit der Antwort auf meine Frage nach seiner Beziehung zu seinem Vetter. "Freundschaftlich, ja, das schon, aber später haben wir uns jahrelang nicht mehr gesehen. Dass es später eine undefinierbare Organisation gab, die ihn anfeindete, wusste ich von Nino. Vergiftete Worte, von unbekannten Stimmen ins Telefon gesprochen, sollen die Aufmerksamkeit der Öffentlichkeit erregt haben. Auch dem erwachsenen Juristen soll diese Gruppe, die man für den Sand im Getriebe der Bosheit hielt, feindlich begegnet sein.

Der November ließ sich die 25^0 bis 28^0 Celsius immer noch nicht nehmen und entfaltete mit den Buchen, Birken und Lerchen im Park, direkt dem Justizpalast gegenüber eine verschwenderische Pracht aus glühendem Rot, rötlich Braun, warmem Orange zwischen Gold, Zitronengelb und lindem Gelbgrün. Die Bäume flammten unter dem entzündeten Wolkenrand auf, dass die noch recht frische Linde erblasste.

Ich stand eines Tages vor dem Gerichtsgebäude, prüfte immer wieder die Zeit, als wollte ich den Ablauf vom ersten Zeitablesen zum anderen feststellen. Der Fall Wabbe war nicht folgenlos geblieben. Der Hausarzt, der sich zu dieser Zeit auf einer Urlaubsreise befand, hatte seinem jungen Vertreter vorgeworfen, die Symptome einer schweren Lungenentzündung nicht rechtzeitig erkannt zu haben und ihn wegen fahrlässiger Tötung verklagt.

Auch Micha und Heilmar waren als Zeugen geladen.

Dass Heilmar vorher mit einem Reporter ein sehr langes Gespräch führte, das dazu geführt haben könnte, dass dieser sich durch einen Anfänger vertreten ließ, warf ihm der Kläger vor. Aber er konnte beweisen, dass die Verhandlung nicht der Gesprächsgegenstand war. Der Reporter sei aus familiären Gründen verhindert gewesen.

Die spannungsgeladene Stimmung unter den Zuschauern war die vor einem Kriminalfilm.

Fast tonlos emotional bewegt, beschrieb die Frau des Verstorbenen den Zustand des Fischers nach der Rettung. Die Bronchitis war mit hohem Fieber verbunden und der Arzt hatte Hustensaft und Vitamintabletten verschrieben.

Als Zeuge wurde ein Fischer aufgerufen, der, nachdem er geschworen hatte, "nichts als die Wahrheit zu sagen", nicht etwa den Zustand des Fischers bei seinem Krankenbesuch beschrieb, sondern die vermeintlich kriminellen Hintergründe zur Sprache brachte. Der Tote hatte Micha bei seinem "Opferaltar", an dem er sich der Felle bemächtigte, überrascht und den Professor, was kein anderer Fischer gewagt hätte, offen angegriffen. Dass er dabei etwas zu stark auftrug, lag in dem impulsiven Wesen des noch sehr jungen Fischers. Er beschrieb die Begleitmusik als anregend, aufheizend, sprach von einem "Spektakel". Der aufsteigende Nebel hätte an Kains Opfer erinnert. Der Professor habe dabei vor sich hingemurmelt, als würde er beten. Der Zeuge, nicht zungenschwer, sprach emotional bewegt.

Micha saß mit rotem Kopf da und weigerte sich eigensinnig, auf den "Unfug" auch nur ein Wort zu antworten. Das übernahm Heilmar mit viel Spott über die krankhafte Fantasie des Sprechers. Er beschrieb die Handlung des Vetters als den "normalen Umgang mit dem toten Tier" und fand die Zustimmung des Psychologen. Warum sollte man die langwierige Arbeit nicht bei etwas unterhaltsamer Musik verrichten?

Micha kannte nachweislich den jungen Arzt nicht. Dieser galt zwar als unerfahren, aber als zuverlässig.

Auch Lobe, der in den Zeugenstand trat, ließ den Widerspruch in den Zeugenaussagen deutlich werden, da auch er eine kultische Handlung beschrieb, die den Professoren und dem fünften Zeugen, ebenfalls einem Fischer, lächerlich erschienen. Da die Information von Nino stammte, maß man der Aussage keine Bedeutung bei. Auf Ninos Anwesenheit, der als Fantast bekannt war, hatte man verzichtet.

Da nicht geklärt werden konnte, ob es sich um fahrlässige Tötung aus mangelnder Kompetenz oder um vorsätzlichen Mord aus Rache handelte, musste die Verhandlung vertagt werden.

Der als Gutachter bestellte Psychiater fand kein geeignetes Wirkungsfeld vor. Er bestätigte lediglich Heilmars Aussagen, der auf dem Heimweg von "Spitzfindigkeit, Lächerlichkeit, Verwegenheit" sprach. Sein Antrag, "den Unfug nicht ins Protokoll aufzunehmen", wurde nicht angenommen.

Was ihn, den Antragsteller besonders ärgerte, war die unkontrollierte Wut, die ihm dabei ins Wort gefallen war. Micha hörte bei dessen Antrag lange nicht zu nicken auf. Aber auch diese Bekräftigung brachte keinen Erfolg. Später bescheinigte man dem jungen Arzt seine fehlende Kompetenz. Eine Manipulation konnte man ihm nicht nachweisen. Johann-Michael war ihm vor dem Ereignis nie begegnet.

So blieb das hohe Gericht bei seinem Urteilsspruch: Fahrlässige Tötung aus fehlender Kompetenz, die wiederum durch einen Mangel an praktischer Erfahrung bedingt war. Obwohl Micha eine scheinbar unbedeutende Rolle dabei spielte, bestand kein Zweifel mehr, dass er zwischen Erfolg und Niederlage längst seine besondere Geschichte hinter sich hatte. Jann war mir zu spät begegnet oder ich hatte zu spät einen Kontakt zu Micha gesucht.

Der Mensch ist ungeschützt der Gewalt und Hinterlist seiner Mitmenschen ausgesetzt. Mitleid ist schließlich der Liebe liebste Verwandte. Ich sah in Heilmars geballten Blick hinein und etwas durchfuhr mich, verbreitete sich in meinem Kopf: Wer sich im Knoten befindet, hat keine Chance, auszusteigen, ohne ihn zu lösen.

Eine undefinierbare Organisation im Untergrund, wie es mir schien, lockerte diesen Knoten auf eine unerwünschte Weise.

Ich setzte immer wieder Schritt vor Schritt. Meine Schritte beschleunigten sich von selbst. Eigentlich ging ich nicht, es ging mich. Meine Gedanken liefen im gleichen Tempo mit. Manchmal zog mich ein Klang an. Er kam von der romanischen Kirche her, deren Orgel man überholte.

In den Ferien hatte ich oft auf der Orgel gespielt, zusammen mit einem Kaplan. Choräle, die chromatische Fantasie, Fugen und Präludien. Auch unser Pfarrer war in mancher Übungsstunde anwesend. An den Sonntagen lösten wir uns ab. Der Kaplan kannte Micha von der Jugendbewegung her. Als Micha ihn vertrat, bei ihm die Ferien verbrachte, trafen wir uns. Ich setzte das Bild mosaikartig zusammen: Orgelspiel mit Micha, dem eigenwilligen jungen Streber, der genau wusste, was er wollte; Micha und Nora in der Heide; Johann Michael, der Verhaltensforscher; gefeierter Professor; unser Konflikt und die Trennung; Micha, der Preisträger, als Pelzjäger angefeindet und sanktioniert; Johann Michael in der Bewegung einer Marionette, die ihren Schwerpunkt außerhalb ihrer Person hat und ihre Meinung mit unsichtbaren Antennen einzieht.

So ärgerlich es auch war, zu dieser Zeit klebte ich immer noch im Schaum meiner Träume.

Auf der Brücke blieb ich stehen. Obwohl der Wasserspiegel gesunken war, prallte das Wasser klatschend an den Stein. Eine kleine Schachtel, eine schaumbespritzte Zigarettenschachtel vielleicht, oder Holzstücke schwammen auf der Oberfläche, ringsherum tummelten sich kleine braune Enten, die sich von den Wellen tragen ließen, die durch das Zurückprallen der Wassermassen erzeugt wurden.

Ja, diese Spaziergänge am Fluss entlang, über die Brücke oder den Holzsteg wiederholten sich in dieser Zeit fast täglich, da ich außerhalb der Schulstunden, von diesem Gedanken verfolgt, erst konzentriert beim Schreibtisch arbeiten konnte, wenn sich meine Füße müde gelaufen hatten. Gelegentlich ging ich auch durch den Wald, ohne einen einzigen genießbaren Pilz zu finden.

Meine Gedanken schlugen Purzelbäume in meinem Kopf. Wer war der geheime Anrufer, der Ellen plagte? Ihr Vorschriften auferlegte, sie zum Schweigen verpflichtete? Sie bedrohte, als sie den Gatten zum Arzt schickte? Und immer wieder Heilmars warnender Blick, der mich meinte. Wieder stieß ich den Gedanken mit einem spöttischen Lachen zurück. Etwas schrie mich dabei höhnisch an.

Das Musik-Center war lange aus den Schlagzeilen getreten, seit die Therapie ihre Pforten geschlossen hatte. Auch später griff die Presse die Ereignisse variiert auf. Trotz des Lärms lag ein Schleier der Verschwiegenheit über der Musiktherapie, bis sie eine Gedenktafel erneut den Medien aufzwang.

Jann besuchte mich während der Ferien, aber ich spürte es deutlich, seine Wurzel trieb tief in einer neuen Familie. Ellen übernahm die Versorgung, befriedigte seine vitalen Bedürfnisse. Michas Assistent war zu seinem engsten Vertrauten, zur Kontaktperson und wie ich vermutete auch zu seinem Identifikationsobjekt geworden. Er verehrte nicht Micha, sondern jenen jungen Mann, der seinen Interessen entgegenkam und ihn zu fördern verstand. Die Problematik der seltsamen Telefonate hat auch er erkannt. Der Sender warnte Ellen vor jeder Art der Einmischung und beanspruchte durch Drohung, düstere Prognosen ihre bereits stark strapazierten Nerven.

Der Mondschatten lastete auch auf der Natur, befreite sie nicht ein einziges Mal durch einen warmen Regen. Kurze Schauer, die nicht in die Erde eindrangen, änderten die wüstenartigen Bedingungen nicht. Die Mücken spielten seit der Sonnenfinsternis, ohne eine Winterpause einzulegen, und die Vögel hatte der Instinkt verlassen. Sie blieben, wo sie waren. Tiere, die den trockenen Boden liebten, wurden immer noch zur Plage. Heuschrecken und Schlangen gehörten zu den Schrecken des Alltags, obwohl in den Wintermonaten oft ein eisiger Wind ging. Chaotische Zustände verhießen Experten als Folge der Sonnenfinsternis auf verschiedenen Gebieten. Nino prognostizierte in seinem Wassermärchen ein politisches Chaos:

Der blaugrüne Streifen schimmert im Fackelschein wie Sommergewölk, wo die Felsen den Grund freigeben. Einen hohen metallenen Ton gibt das kühle Kristall, wenn es mit seinem Stab in Berührung kommt. Kubisch-illusionistisch ist er erbaut, dieser mysteriöse blaue Kristallpalast, der innen Rotorange und in allen Blautönen schillert. Eine Grauzone umhüllt ihn. Gespensterhaft werfen Leuchtorgane wie Fackeln ihr Licht in die tiefe Finsternis des Schlunds.

Quallen, Kraken, Stachelhäuter und Krebse bevölkern schon den Grund. Glasschwämme schaukeln auf zerbrechlichem, schlanken hohen Stiel. Die Scheinwerfer der Tintenfische wetteifern. An der Anordnung ihrer Leuchtorgane erkennt er sie. "Großmäulige Geschöpfe, gefräßig und ohne Verstand", sagt er und steigt aus der Tiefe.

Bald ersetzt das blaue schwache Dämmerlicht die Leuchtorgane. Der Geruch der feuchten Erde nimmt ihm fast den Atem. Er geht am Ufer durch die tiefblauen Wellen mit den rosigen Spitzen und den blauvioletten Schattenzügen, die einen kleinen schimmernden Fleck umspielen, schaut um sich. Ein kleiner Fisch mit scharfen Schattenkanten schwimmt auf diesen Unrat zu, den das Meer angespült hat. Ocker, Orange schimmert es zwischen den gekräuselten Spiegelbildern. Die Farben zerfließen in der Sonne. Krabben suchen auch hier mit flinken Beinen Nahrung.

Neben einer Planktonschicht, die auf der Wasseroberfläche schwebt, taucht er wieder in die Tiefe.

"Unsere Koordinationsdemokratie funktioniert. Die Zahl der Beamten habe ich drastisch erhöht. Nach dem Empfang der Besucher werden wir am Nachmittag Sachfragen und besondere Ereignisse diskutieren. Auch die Gesetzesvorlage gehört zur Tagesordnung", sagt er beschwingt zu seinem Mitarbeiter und staffiert sich mit überdimensionalem Selbstbewusstsein aus. Dann sieht er sich in seinem neuen Arbeitszimmer um. Die Korallenvorhänge schillern. Ein Aquarium mit Zierfischen steht neben seinem Arbeitstisch, ein Aquarium, das er selbst betreut. Auf beiden Seiten stehen Felsplatten, auf denen die Menschenrechte und das 10-Punkte-Programm eingeritzt wurden:

Regelung, Ausgleich, Verteilung der Schätze

Zusammenarbeit der Ozeane, Verbesserung der Kommunikation

Fernverbindung durch Unterwasser-Handys

Moderne Unterseeboote an Stelle der altmodischen

Pferdegespanne, Poseidons Lieblingstiere

Freie, gleiche, geheime Wahlen und die Aufhebung

der Machtmonopole

Bundesstaatliche Ordnung, die in jedem der Ozeane

eine demokratische Regierung voraussetzt

Konzept einer dauerhaften Friedensordnung

Stärkung der europäischen Gemeinschaft, Schutz der

Grundfreiheiten und Rechte

Institutionelle Formen der Vereinigung

Vereinigung, die Wiederherstellung des

ursprünglichen Zustandes

"Unsere Schatzkammer zeigt ein Vakuum an, meine Herren.

Die Wirtschaft steckt tief in der Konjunkturkrise", versucht er einen Schwerpunkt zu setzen. Der Presseberichtsprecher unterbricht ihn mit der täglichen Information. Dann fallen Argumente der Wasserverschmutzung über die Zuhörer her: "bakteriell zersetzbare Substanzen aus Haushaltsabwässern, Abwärme aus Kühlwassereinleitungen, industrielle Abwässer". Der falsche Atem der Zornigen über die Rücksichtslosigkeit führte zu einer Sturmflut, die eine Insel in Gefahr bringt.

"Unser Machtbereich ist in Gefahr. Die Verschmutzung hat zu Seuchen, Fisch- und Seehundsterben geführt."

Stolz füllt seinen Mund, wenn er von seinen Zielen der Umweltpolitik spricht. Er verweist auf das neue Programm der Nahrungsbeschaffung, den Schutz der Koralleninseln.

"Der Öltanker Erika ist gesunken und hat die Küste mit einer dicken Ölschicht verschmutzt." In der Erregung stolpert er durch das Wortgeröll der Nahrungsketten tierischer Organismen, der Planktonschicht, verläuft sich in der Bedrohung der Koralleninseln durch Atombombentests, erpresst die Erinnerung der Zuhörer an die Schönheit der Blüten der langsam wachsenden Korallen und an die in den letzten zwei Jahrzehnten abgestorbenen Riffe infolge der Klimaänderung."

Seine besondere Sorge gilt den schwelenden Wasserkonflikten, den Ursachen großer Kriege, denn die Entsalzung hat schon begonnen. "Ein Teil unseres Elementes wird uns geraubt. Nur 2,5 Prozent des Wassers ist Süßwasser, ein Drittel in Eis gebunden. 57 Prozent des Wassers besitzt einen hohen Salzgehalt und gehört uns", belehrt er die Mitarbeiter.

Einer der Anwesenden neckt ihn, weil er, um seine Missbilligung der Entsalzung zu demonstrieren, statt ein Ungeheuer aus der Tiefe steigen zu lassen, durch einen wütenden Schlag mit dem Dreizack eine Quelle entspringen ließ.

Kritik aus oppositionellen Kreisen, die der Pressesprecher vorträgt, ignoriert er. Das Wort "Überwachungsstaat" lädt ihn emotional auf. "Ich gründe meine Führung auf Vertrauen, bin nicht Gegner, sondern Partner im Gespräch, aber Vertrauen schließt Kontrolle nicht aus. Bin ich nicht zum Beherrscher der Weltmeere geschaffen? Das hat mir Großvater Kronos, der Poseidon verschlang und von Zeus gezwungen, ihn wieder ins Leben spie, in den Genen mitgegeben."
Seine Haltung strafft sich. "Das Meer ist die Wiege der Welt." Bei dem Wort "Meer" verläuft sich sein Zeigefinger auf einem auf der Oberfläche eines riesigen Steines nachgebildeten Globus. Die ernste Miene verweist auf die Bedeutung seiner Aussage: "Das Leben begann im Meer."
"Wehren wir uns gegen den Unverstand", hörte er deutlich aus dem plötzlich einsetzenden Stimmengewirr heraus, und wieder "wehren wir uns".
"Freie Selbstbestimmung, in der jeder in Frieden und Freiheit leben kann, das Miteinander statt Nebeneinander, haben wir lange genug angestrebt." Sein Monolog erreicht sie nicht. Er redet durch die Zuhörer hindurch. Das Wort "Betrug" belästigt sein Ohr. "Jawohl, Offenheit, Ehrlichkeit, solidarisches Vorgehen müssen wir praktizieren!"
Die Reizworte "Bravourstück und Zusammenschluss" fliegen ihn an. Erinnern will er sie noch einmal an die jubelnde Menge über seinen großen Erfolg, aber er redet gegen die Windrichtung. Als hätte er seinen Text verlernt, stockt er, schweigt. Da stellt jemand, der durch den Seiteneingang den Saal betrat, einen Koffer aus hartem Leder vor ihn hin, einen stabilen Koffer mit verstärkten Ecken. Auf ironischem Unterton legt er lauernd die Frage aus: "Wer hat den Schatz in unsere Schatzkammer gestellt?" Der den Vorsitz führt, fällt aus dem Blickwinkel. Auf

zerfranstem Ton sagt er: "Der Meteorsturm im Fernrohr..." Empörung, Lachen wellt ihm entgegen. Er spürt, man zwingt ihn, gegen sich zu sein. Seine Worte treiben am Rande der Verzweiflung. "Hundert Sternschnuppen pro Minute vom Himmel, die vier hellsten Sterne im Orion-Trapez, der Zusammenstoß der Sterne, die Konstellationen der blauen und roten verheißen Glück." "Der Schatz in der Schatzkammer! Wer hat es gewusst?" Die Frage wird unerträglich aufdringlich, vorwurfsvoll. "Der Staub im intergalaktischen Raum", setzt er erneut an. Seine Stimme verflüssigt sich. "Vom grünen Tarantel-Nebel umgeben bedeutet Reichtum, Glück für alle." Man sieht es, es lärmt in ihm. Die Welt kippt aus diesem Morgen. "Es war für alle, für die Benachteiligten, die Wirtschaft, Projekte..." Man entzieht ihm das Wort. "Von wem? Wer hat gespendet?"
"Ein blinkender Goldfisch. Als ihn der Schatzmeister in die Schatzkammer brachte, wurden alle, die er streifte, zu Gold, die Spende eines Unbekannten."
Ein Verhör beginnt, aber er sammelt nur Sprachtrümmer ein. "Wer hat - wann - wieviel, wofür - warum - wohin?" Auf den scharfen Angriff nicht vorbereitet, verbirgt er sich hinter seiner Stimme, aber die vorwurfsvollen Fragen verwandeln sich in die Fragwürdigkeit seiner Person.
Der Schatzmeister zermurmelt seine Kalkulation. "Schon die Hindus haben die Null in ihr Zahlensystem eingeplant. Wir bedienen uns auch der dezimalen Stellennotation." Er berechnet den Wert des Goldes, ritzt mehrmals die Null mit den Zahlen in die Spalten seiner Listen. "Die leere Menge stellt kein Vakuum dar", sagt er. Dann gibt er Rechenschaft. "Riesenprojekte wurden mit der Spende unterstützt, in jedem der Ozeane ein mehrdimensionaler Palast erbaut für die Regierungsgeschäfte. Auf dem Gebiet der Unter-Wasser-Architektur übertraf Posei-

don bereits seine Brüder und die Kunst der Menschen. Dimensionen entstehen im Auge und in der Vorstellung der Betrachter. Fünfdimensional haben wir unsere Korallen- und Kristallpaläste erbauen lassen. Die Krümmung der Zeit, ihr Abbiegen in die fünfte Dimension, war es, der Raum-Zeit-Zusammenhang, dieses stetige sich in bestimmten Intervallen des In-Den-Raum-Krümmen, das berücksichtigt werden musste. Ein Stück der Zukunft sollte in die Gegenwart hineinragen, die Zeit eine Schleife beschreiben. Darum ging es.

Kalium-Magnesiumsalze gab es in gelöstem Zustand im Meerwasser zwar in Fülle, aber die Herstellung der symmetrisch festen Körper und der Bau der Paläste war mit harter Arbeit verbunden und musste bezahlt werden.

Über die Verwendung des Goldes haben Sie allein entschieden", rechtfertigt er sich.

"Gerieten wir nicht beide, vom Strahl des Goldes getroffen, in Hochstimmung?", fragt der Vorsitzende mit der Stimmgewalt des Ohnmächtigen. "Die Regierungen aller Ozeane waren beteiligt. Auch sie gaben Informationen nicht weiter." "Der Zweck heiligt die Mittel nicht!", unterbricht einer der Minister den Rechenschaftsbericht. "Und wer hat die Reisen mit diesem Geld bezahlt? Den Wahlkampf?", will er wissen.

Der sich zu Wort meldet, wirft der Partei Vertrauensmissbrauch vor. Die Spender soll er nennen und genauer Rechenschaft ablegen. Das erwarten alle.

Worte werden zerrissen, zerbrüllt, Treten, Pfeifen demonstrieren den Unwillen der Zuhörer.

"Verstoß gegen die demokratischen Regeln! - Eigenhändig gehandelt! Dienstreisen, Wahlkampf vielleicht und Urlaub?" Es hagelt Verdächtigungen. Sie stemmen sich in die Auseinandersetzung. Empörung greift um sich, pflanzt sich wellenartig fort.

Die Unzufriedenheit wird zum Schrei, in dem die emotionale Ladung explodiert.

Er versucht es, die Verantwortung weiterzureichen, aber die Hände entziehen sich schnell.

"Merkwürdig, merkwürdig!", sagt einer der Sicherheitsbeamten. Die Information soll von einer Wassergöttin stammen, die sich nicht ernstgenommen fühlte und sich mit dem Schatz im Zentrum der Betrachtung wiederfindet. Man legt ihr das Verhalten als Ergebnis der Machtgier aus, aber ihre klanglosen Worte verklingen nicht. Die Empörung der Versammelten versetzt das Meer so in Aufruhr, dass ein Schiff, das sich gerade über dem Palast befindet, kentert.

Der Beschuldigte sitzt in seinem Arbeitszimmer, das Gesicht in den Innenflächen der Hände verborgen.

"Ich bin schuld", sagt er. Dieser Satz, der ein Bekenntnis darstellt, taucht aus der Stille in lichtloser Tiefe auf. Zuerst ist es nur das Wort "Schuld", dem ein Dämon dieses Pronomen mit seinem Hilfsverb beifügt und zu einem Satz ergänzt. Wieviele Sätze ruft er gegen diesen kleinen Satz auf! Fragen krümmen, bäumen sich ihm zu, Befehle erreichen ihn. Hypotaxen, Parataxen und Ellipsen eilen ihm zur Hilfe. Aber sie sind seiner Bekenntnissucht nicht gewachsen: "Der Schatz war ein Geschenk für die Partei. - Der Schatzmeister verwaltete ihn. - Ich bin sinnvoll damit umgegangen. Er diente weitgehend dem Gemeinwohl. Ein Teil des Goldes war für den Wahlkampf in verschiedenen Meeren eingesetzt. - Die Methode war es. Ja, es lag an der Methode. Die anderen konnten nicht mitbestimmen." Seine Worte brechen ab. "Aussagen? Die Spender nennen?" Er schüttelt entschieden den Kopf. Dann ersetzt er den Begriff "aussagen" durch "Wort halten". In einem Zug, ohne Zögern sagt er schließlich: "Ich halte mein Wort." Der Satz singt sich ihm zu.

Sein verlorener Blick schwimmt einem Fisch nach, der sich am Fenster vorbeibewegt.

"Arme Frau", sagt er ins Atemlose. Dann pfeift er den Augenblick ab, in dem er die schöne Nymphe kennenlernte, er, der junge Gott. "In einem Stern sah ich sie", sagt er. "Wird sie mich verstehen?", und stürzt sich in ein endloses Grübeln. "Es ist schwer, sich allein zu wissen. Es ist schwer, mit einem Wortbruch zu leben." Er hat die Mitte verloren, neigt zur Polarisierung. Die Diskrepanz zwischen Individuum und Kollektiv quält ihn. Mit den Fäusten schlägt er sich an die Stirne.

Ist es der Gedanke an einen freiwilligen, ehrenvollen Ausstieg, an eine Selbstvernichtung, wie sie dem Gott entspricht, der plötzlich erwacht?

Er verlässt den Palast, als sich die Nacht ereignet. An die Finsternis hat er sich bereits gewöhnt. Kann er so die Zungen der Spender lösen und ein Chaos abwenden, das die Regierung zu vernichten droht?

Es war einmal - nein, es wird einmal eine Zeit kommen, in der die Null verdreifacht dominiert, das Nichts umrandet. Die Magie dieser Zahl ist es, die die Spiegeleffekte erzeugt. Wird mit diesem Jahrtausend eine neue Zeitrechnung beginnen? eine Zeitrechnung, die Gott aus dem Zentrum verbannt? Die Einstiegsluke in das Leben vermauert, kein umgrenztes Loch zurücklässt? Schließlich verspricht man sich eine Erhellung der Tiefendimension. Aber die Fragen bleiben: Könnte nicht menschliches Versagen die Regierung in eine folgenreiche Krise stürzen und auch wissenschaftliche Erkenntnisse ad absurdum führen? Wird uns die Speicherkapazität nicht um das Gedächtnis bringen? Viele Träume werden wie zu jeder Zeit wie Seifenblasen platzen, aber könnten nicht die Herzschrittmacher versagen, die Kühlsysteme der Atommeiler zusammenbrechen? Könnten nicht künstliche Kernreaktionen ausgelöst werden und tötende Neutronen und Gammastrahlen unerträgliche Hitzeeinwirkung entwickeln? Werden die Brutkästen geklonte Babys füllen?

Im letzten Jahrhundert war keine Wissenschaft so aufregend wie die Gentechnik. Wird die Macht der Ärzte darüber entscheiden, wer geboren wird? Die Eltern könnten durch die Erkenntnis der genetischen Wissenschaft eines Tages die Möglichkeit besitzen, ihre Kinder nach detailliertem Plan zu entwerfen, die genetischen Eigenschaften selbst festzulegen. Das hätte eine Elite zur Folge, weil die reichsten Mütter die schönsten und klügsten Kinder gebären würden. Klonen ist kostspielig.

Vielleicht wird uns in diesem Jahrtausend nicht nur bei dem Gedanken genetischer Manipulation, spektakulärer Spenden der Schrecken nicht mehr verlassen.

Der Würfel rollt.

Eine scheinbare Brücke in der Ferne, die ich noch nie wahrnahm, bestimmt meine Richtung. Der bärtige Fährmann ersetzt mit seiner Fähre das Luftgespinst, das ich für eine Brücke hielt. Er bietet die einzige Möglichkeit, sich in diese Richtung zu bewegen. Mit seinem schwarzen Überhang, die Mütze weit ins Gesicht gezogen, lädt er nicht gerade zur Überfahrt ein. Schritt für Schritt falle ich in die Tiefe, steige auf der anderen Seite in der gleichen Richtung wieder auf und stehe an der Schwelle zu einer neuen Welt. Zuerst balanciere ich über eine Stange. Der Geruch der feuchten Erde steigt mir in die Nase. Dicht am Stacheldraht liegen die frischen Kränze. Nein, eine

Welt ist das eigentlich nicht, eher ein Horrorszenarium.
Aschenberge, als wäre ich am Ende der Zeiten angekommen,
zerstörte Häuser, der Brandgeruch in der Luft. Ich gehe wieder
am Fluss entlang, vermeide die Richtung, aus der mir die Zerstörung, der Fäulnisgeruch entgegenweht. Drei Menschen kommen mir entgegen. Flüchtlinge. Sie schieben einen Karren, der
mit Säcken beladen ist. Am Fluss lege ich eine Pause ein. Aber
Minentaucher stören die Ruhe. Um eine Tonne legen sie ein
Seil, führen sie zum Transportwagen. Der Weg ist abgesperrt.
Man vermutet einen Sprengsatz und zieht die hochexplosive
Last an den Wegrand, um sie zu entschärfen. Die Sonne brennt
unbarmherzig, eine leichte Brise wirbelt die staubige Luft mit
einem Insektenschwarm nach oben. Ich wende mich ab, versuche auf der anderen Seite durchzukommen. Ein Paar kommt
mir entgegen, berichtet von einem hundertjährigen Schlaf der
Bewohner in einem von Dornen umwucherten Dorf. Aids nen-
nen sie ihn, warnen mich, mich dem Dorf zu nähern. Wie die
Maus kurz vor der Falle wechsle ich wieder die Richtung.
Von weitem kann man noch die Plakate wahrnehmen, Plakate,
die politisch aussehen und die riesigen, hohen Gebäude hinter
dem Stacheldraht, von denen eine Drohung ausgeht, die mein
Blut gerinnen lässt.
Ich laufe auf einen bewaldeten Hügel mit einer felsbesetzten
Kuppe zu, ängstlich darauf bedacht, die kleinen Häuser, die
sich in weitem Rund um den Hügel gruppieren, zu meiden.
Welche böse Fee mag diese friedliche Ortschaft, die in keiner
Karte eingetragen ist, in einen Dornröschenschlaf versetzt haben?
Die Wanderkarte lenkt meine Schritte auf einen verlassenen,
fast ausgetrockneten Weiher hin. Eine Steinplatte wird sichtbar,
dessen kahler, glatter Felsen Besucher abweist. Die Wegspinne

verunsichert mich. Über mir summen die Drähte der Hochspannungsleitung leise. Kein Storch hält sich in den gelbbraunen, ausgetrockneten Wiesen auf. Kein Vogel zwitschert in den vom Wind gebeutelten blattlosen Bäumen. Eine leblose, schweigende Natur umgibt mich. Nur ein Hubschrauber hinterlässt Luftwirbel in den Baumwipfeln. An einer stillgelegten Fontäne in einem Steinbrunnen mit dem Blick auf eine Ruine bleibe ich stehen, prüfe die Markierung auf der Wanderkarte. Eine Quelle soll es in dieser Ödnis laut Führer gegeben haben. Die Markierung führt zu einem bemoosten Steinbruch. Trotz der Hitze türmen sich bergig düstere Wolken über mir. Die alte Mühle im Wiesengrund erinnert mich an Schubertlieder, aber auch sie steht verlassen auf sandigem Grund und lädt nicht einmal zu einer Ruhepause ein.

Ich steige auf den Aussichtsturm, den wir oft als Ziel des Sonntagsausfluges wählten. Von oben sehe ich eine veränderte Landschaft. Ein gelbgrünes Leuchten soll man am Himmel wahrgenommen haben, sagt später die Wirtin. Der Boden sei den Menschen unter den Füßen weggerollt. Das Ergebnis kann ich mit dem Feldstecher sehr deutlich erkennen: In Schutt und Asche gelegte Dörfer, von "unzähligen Toten" spricht die Wirtin.

Beim Verlassen des Turmes entdecke ich Lichter an der Kurve. Es ist ein Gasthof. Das grelle Licht in den Fenstern trägt jeden Blick ab. Eine alte Frau öffnet die Türe, die Wirtin. "Wer sind sie?", fragt sie. Furcht schwingt in ihrem Erstaunen. "Es kommt kein Mensch mehr in diese Gegend. Die hier gegessen, gelesen und geschwatzt und sich dann hinter ihren Zeitungen aus dem Staub gemacht haben, als es darauf ankam, sind längst hinter den sieben Bergen. Keiner wagt uns mehr aufzusuchen. Dort leben die, die in die Ewigkeit hinüberschlafen." Sie zeigt in die

Richtung der kleinen Häuser am Hügel. "Und hier, hinter dem Draht die Hubschrauber, die Hilfsgüter abwerfen für die Überlebenden. Wohin wollen Sie? Zu den Minenfeldern, in das Zentrum der Kämpfe?" Die alte Frau wirkt müde, ängstlich, als hätte sie das Gespräch erschöpft.

Ich bestelle etwas zu Essen, zögere mit der Antwort, und sie schlüpft ohne eine Antwort abzuwarten, aus dem Raum. Dann stellt sie einen Brotteller und eine dampfende Suppe auf den Tisch. Eine Katze drängt sich zwischen meinen Füßen durch, reibt den Kopf an meinen Jeans. "Nur gen Norden ist der Weg frei", sagt sie und schiebt mich nach dem Essen zur Türe hinaus. Ich habe das Bedürfnis zu schlafen, möchte aber auf diesem Umweg so schnell wie möglich meine Wohnung erreichen und beschleunige meine Schritte.

Der kleine Bahnhof sieht verschlafen, ungenutzt aus. Der letzte Zug ist längst abgefahren, oder wird nie abfahren, weil es keine Menschen hier gibt. Weiter, nur weiter, denke ich, nur bis zur nächsten Station. Dort wird vielleicht jemand ankommen und abfahren, und ich gehe weiter, immer schneller, immer geradeaus, bis ich vor einem U-Bahn-Schacht stehe. Menschenleer ist der Schacht, aber die Türen der U-Bahn stehen offen. Ich, der einzige Fahrgast, lasse mich erschöpft in einen der Sitze fallen. Das eintönige Knarren der Räder, die Dunkelheit sind schuld, dass ich einschlafe. Als ich erwache, stehen die Türen wieder offen. Kalter Wind weht mich an. Ich habe die Orientierung verloren, versuche bald in die eine, bald in die andere Richtung weiterzukommen. Eisige Kälte holt mich ein. Eine leblose Eiswüste liegt vor mir.

Vater war unter diesem Stern von Bethlehem gestorben. Tante Grete hatte eine neue Aufgabe, Jann seine Familie gefunden. Wenn ich das Haus betrat, glaubte ich einen einsamen Planeten allein zu bewohnen. Fluchtartig setzte ich dann meine Füße oder das Fahrrad in Bewegung. Manchmal schaute ich bei diesen Spaziergängen, die jedesmal in Wanderungen ausarteten, meinen Schritten zu. Das half mir etwas dabei, nicht über die Ereignisse im Mondschattenjahr nachzudenken.

Nunni konnte immer noch nicht entlassen werden. Aus Protest hatte sie beschlossen, nie mehr zu sprechen. Die Erzieherin konnte sie auch nicht dazu bewegen, kleine Hausarbeiten zu verrichten. Nunni wohnte ihrem Leben bei, ohne sich aktiv zu beteiligen. Eine endlose Traurigkeit stand in ihren Augen. Nur ihre anfangs zügellose Nahrungsaufnahme musste sie sich nach einer schmerzhaften Magen- und Darmverstimmung abgewöhnen.

Die Erlösung hatte ihr der letzte Stern von Bethlehem nicht gebracht.

Eigentlich wollte ich mich nur damals auf eine für das Frühjahr geplante Reise virtuell einstimmen, um mich abzulenken. Ich ließ kleine Kirchen aus dem 19. Jahrhundert mit naiv bäuerlicher Ausstattung zwischen Wasserfällen aus dem Boden wachsen, verstreute eine Siedlung in einem malerisch gelegenen Tal. Den von hohen Bergen und Seen eingeschlossenen Ort mit den alten Fresken in den kleinen Kapellen erhob ich zum Kur- und Kneippbad und zum Ziel meiner Wanderung. Einen Fjord zwischen steilen bewaldeten Hängen, von Wiesen und Heuhütten unterbrochen, erstand vor meinen Augen. Ich schuf eine Welt, Jahrhunderte entfernt, eine heile Welt wollte ich erstehen lassen, die unter einem günstigeren Stern stand. Nicht einmal Rentiere und Moschusochsen fehlten. Gemsen kletterten auf dem Felsen herum. Das Kap, das ich real nur nebelverhangen kannte, in feuchter Luft und eisigem Wind, zeigte sich leuchtend in der Mitternachtssonne.

Aber es war das erste Mal, dass ich eine Landschaft erstehen ließ, ohne mich einbringen zu können. Als würde mich ein Pferdefuß daran hindern, im Bild zu erscheinen. Ich informierte den Computer über meinen geplagten Freund, aber Heilmar trat ins Bild. Vielleicht könnte ich ihn mit seinem Vetter in Verbindung bringen, dachte ich, aber an Michas Stelle stand Jann neben Heilmar, unschlüssig, verunsichert. Vorwurfsvoll sahen seine Augen den Zuschauer an. Ich weigerte mich, in dieser Konstellation zu kommunizieren oder zu agieren. Von dieser Zeit an misslang jeder Versuch, auszusteigen.

Viel zu starr verlief der Unterricht in den Wochen bis Weihnachten. Geradezu stur nützte ich die berufliche Vorbereitungszeit.

Für Sonntag war der Besuch eines Naturschutzgebietes geplant. Am Samstag wollte ich mich über Beginn und Ende der vom Sportverein geführten Radwanderung dorthin informieren, ging durch den Park, wo der Winter immer noch Herbst spielte und das leuchtende Blätterwerk der Buchen- und Ahornbäume mit den Lerchennadeln einen prächtig rot-gelben Teppich unter meinen Füßen ausgebreitet hatte.

Die Anschlagsäule steht am Ende des Parkplatzes. Ich durchquerte ihn und lief zwischen den Autos hindurch zur großen Wandertafel.

Ich glaubte meinen Augen nicht zu trauen, als an ihrer Stelle eine ebenso große Gedenktafel hing, auf der die in der Musiktherapie Geschädigten aufgelistet waren. "Gedenktafel für die Opfer der Musiktherapie" lautete die Überschrift. Die Betroffenen waren namentlich mit Geburts-, die Verstorbenen auch mit Sterbedatum aufgeführt. So sehr man sich später auch bemühte, die Übeltäter zu finden, die Versuche blieben erfolglos. Sie hatten nur sehr kleine Tritte in dem weichen, sandigen Boden zurückgelassen. Die Verkäuferin der heißen Würstchen wollte zwei Jungen mit einer großen Platte gesehen haben. Eine Sekretärin meldete sich, die von ihrem Büro aus einen Mann beobachtete, der sich in der Nähe der Wanderkarte aufgehalten habe. Es gab niemanden, der den Austausch der Tafeln bezeugen konnte.

Der Himmel stand nass über der großen Gedenktafel, als Rolf Klemp seinen Namen entdeckte. Sein Zeigefinger der rechten Hand zitterte lange über den beiden Wörtern, weil er nicht verstehen wollte, dass man ihn, den Therapiebedürftigen, öffentlich anprangerte. Im Musik-Center gingen Beschwerdebriefe ein, da man die Schuldigen dort zu finden glaubte. Man verdächtigte einen Pfleger, der bereits einmal die Polizei verständigt hatte, weil er einem Mord auf der Spur zu sein glaubte. Er konnte aber nachweisen, dass er am Tag des Geschehens seinen Bruder besuchte, der 150 km von ihm entfernt wohnte. Hauptverdächtige blieben die beiden Buben, die die Platte über den Parkplatz trugen, zumal die Verkäuferin auch ein "fades Gekicher" gehört haben wollte. Aber niemand kannte ihre Namen oder die des Auftraggebers.

Als die Lokalpresse die fehlende Wanderkarte als "Diebstahl" bezeichnete, das Geschehen "einen bösen Bubenstreich" nannte, meldeten sich zwei weitere Zeugen.

Ein älteres Ehepaar, das nach einem Abendspaziergang das Auto holen wollte, wäre zu Tode erschrocken, als sich Schritte näherten, als sich jemand an den parkenden Autos entlangtastete. Als die Frau "Hallo! Ist da jemand?", rief, hätte dieses Schattenhafte etwas Unverständliches gestammelt und wäre in die Richtung der Anschlagsäule geeilt.

Herrn Oberlehrer Moser trieb am nächsten Tag der Wind ein

weißes Blatt Papier vor die Füße, als er mit seinem Fahrrad am Ausgangspunkt der Radwanderung eintraf und auf die anderen Teilnehmer wartete. Als zuverlässiger Staatsbürger legte er das "Dokument" der Stadtverwaltung zur freien Verfügung vor, die es der Polizei übergeben wollte. Das unverständliche Schriftstück war, wie der am nächsten Tag zur Begutachtung bestellte Dolmetscher feststellte, die fremdsprachliche Hausaufgabe eines Schülers, die der Wind aus einem Schulheft entführte. Der anwesende Stadtrat rückte bei der Besprechung unbehaglich hin und her. Die abwertende Handbewegung, an die Sekretärin gerichtet, begleitete nur das Wort: "gegenstandslos!".

Auch ein junges Paar stand am gleichen Tag vor der Gedenktafel. Die junge Frau im knöchellangen Kleid in der Farbe eines Sonnenunterganges mit einem Säugling im Kinderwagen sagte zu einem kaum zwanzigjährigen jungen Mann mit Mozartzopf: "Total lieb, total lieb! Musst du doch zugeben!" Worauf er "Ich krieg die Krise!", rief, um die Gedenktafel herumhüpfte und von der Freundin gerügt wurde: "Mach kein Scheiß! Die schauen schon!" Mit "die" waren drei Erwachsene und zwei Kinder gemeint. Die Warnung kam zu spät. Das als "verdächtig" bezeichnete Pärchen wurde telefonisch gemeldet und trotz der protestierenden Pfeiflaute des jungen Mannes zum Polizeigebäude geleitet. Die Aussagen brachten wenig Gewinn, zumal beide die Ereignisse im Musik-Center nur aus der Zeitung kannten und sich beim Anblick der Tafel nur gegenseitig ihre Meinung dazu mitteilen wollten.

Es gab allerdings auch Gegenstimmen. Bürger der Stadt, die die Gedenktafel als Zeichen der offenen Kritik bezeichneten und den "Tätern" Zivilcourage bescheinigten, wie die Presse meldete. Selbst der Rundfunk erwähnte das Ereignis nicht ohne lobend auf die kritischen Stimmen der Bürger zu verweisen.

So schäumten die unterschiedlichen Meinungen zu diesem Ereignis wie zu dem Geschehen in der Musiktherapie durch den sommerlichen Winter. Die Gedenktafel verschwand und wurde durch eine neue Wandertafel ersetzt.

Zum Tod der beiden Reporter der Zeitungen, die das Geschehen sehr kritisch und präzise der Öffentlichkeit vermittelten und vier Wochen später einen tödlichen Unfall erlitten, stellte offensichtlich niemand eine nennenswerte Beziehung her. Sie befanden sich in einem Auto, da sie gemeinsam eine Veranstaltung besuchen wollten.

Dass allerdings auch der noch sehr junge Rundfunksprecher, der die Sendung 'kritische Stimmen' zu den Ereignissen der Musiktherapie leitete, zwei Monate später einem Herzinfarkt erlag, schockierte die Hörer zwar, führte aber nicht langfristig zu Spekulationen, bis eines Tages eine weit größere Gedenktafel entdeckt wurde, die sich nicht auf das Musik-Center beschränkte. Hätten nicht Kinder, die sich auf dem in der Nähe gelegenen Spielplatz vergnügten, die Nachricht lautstark verkündet, wäre den Spaziergängern die Gedenktafel trotz ihrer Größe nicht aufgefallen, denn sie stand dort, wo sie niemand suchte. Das Fenster, von dem aus man den Unfug hätte beobachten können, führte direkt auf den grasbewachsenen Platz hinaus, aber die Hausbesitzer waren zu dieser Zeit außer Haus.

Der Weg schlängelte sich an einem Bach entlang. Das spärliche Wasser floss träge unter der lindgrünen Pflanzenschicht. Die Farbe vermischte sich trotz der Jahreszeit mit Rostrot, hellem Gelb, Zitrone und Gelbbraun. Der Winter hatte die braungesprenkelten Blätter nicht einmal von den Bäumen getrieben. Wer von der Stadtmitte über den Holzsteig kam, lief an den immergrünen Schrebergärten vorbei.

Unterhalb der Fabrik pfeift um 13.24 Uhr der hellrote Express aus Richtung Nürnberg. Die Geräusche der Fernstraße sind dort nur gedämpft hörbar.

Drei kleine Steintreppen führen in den Bach, der früher so viel klares Wasser führte, dass die Frauen ihre Wäsche darin wuschen. Dem Bach gegenüber, im Sumpfgebiet, das früher von einem Lupinenfeld eingesäumt war, wachsen Negerpfeifen. Dort kann man durch die Glaswand der Tanzschule die Mädchen bei ihren Tanzübungen beobachten. Fast immer saßen alte Männer auf den Holzbänken, neugierige Blicke auf die Tänzerinnen gerichtet. Dort, hinter der Wohnhausreihe, auf großem freien Baugrund, nur wenige Meter von unserem Haus entfernt, wo ursprünglich das Musik-Center errichtet werden sollte, stand die Gedenktafel auf einer Holzstelze, die man an der Litfasssäule befestigte. Dass der Musiker und Max, der Klaus sein wollte, wieder genannt waren, verwunderte keinen, der die erste Tafel gelesen hatte, dass aber auch der Gerber und acht weitere Namen aufgeführt wurden, Menschen, die diesen Ort nie betreten hatten und das Musik-Center nicht kannten, trieb so manchem den Schweiß aus, weil es unzulässige Schlüsse zuließ. Fieberhaft suchten meine Augen Johann-Michaels Namen. Er hatte sich nie einer Heilbehandlung unterzogen, aber ein nicht logisch erklärbarer Verdacht stieg in mir auf. Ein Jens Miller war genannt, und Miller hieß Michas Mutter vor der Ehe.

Heilmar wurde durch einen Bekannten, wie er behauptete, über das Ereignis informiert. Als er am darauffolgenden Samstag eintraf, war die Gedenktafel längst beseitigt.

Am Sonntag gingen wir spazieren.

Wir liefen an einem Maisfeld entlang, hörten das Rauschen der langen, dürren Stengel in der warmen Luftbewegung. Ein Segelflieger schwebte in den hellen Himmel und schlug einen großen Bogen. Eine verspätete oder verfrühte Lerche trillerte den Tag ein, von der Sonne erwärmt, bis sie mit einem warmen heftigen Windstoß, der über sie herfiel, vor unseren Füßen landete. Der Lärm der Schnellstraße erreichte uns kaum. Aber ein Summen und Fliegen erfüllte die Morgenluft. Eine Amsel sang, als wäre sie allein unter diesem Himmel. Es war eine Musik, die ihn berührte, diesen Himmel. Am Wegrand leuchteten mitten im Winter die gelben Sonnenblumen. Eine Farbe, die man nicht einmal im August träumt. Wir schauten und atmeten. Heilmar lächelte. Jeder Wink seines Gesichtes lächelte. Es war der heimliche Tanz seiner Augen, der mich festhielt, und in diesem Lächeln wuchs einen Augenblick lang mein Vertrauen.

Er wirkte trotz seines Alters jünger und dynamischer als sein jüngerer Vetter, und ich konnte nicht leugnen, dass ihm ein liebenswerter Zug anhaftete.

Aber obwohl ich seine Welt immer wieder streifte, seine Interessen und Hobbys kannte, blieben seine Denkweise, seine Ziele nebulos. Das war es, was mich beunruhigte, als sein Handtelefon unerwartet piepste. Eine Stimme krächzte undeutlich in das Ohr. Ich betrachtete ihn neugierig. Seine Unruhe wuchs. "Ja, ja, nicht möglich! Gut, bis später!", sagte er. Dann überließ er sich seiner Empörung über das "unsoziale Verhalten fanatischer Jugendlicher." Ob der Sender tatsächlich davon gesprochen hatte, blieb unklar. Dass sich nur sehr junge unreife Menschen in dieser Form engagieren, davon war Heilmar überzeugt. "Kranke Menschen anzuprangern, so eine Verbrecherbande!!", schimpfte er. Ich teilte seine Meinung.

Die knarrende Stimme rief noch ein zweites Mal ins Telefon. Mit "eine dringende dienstliche Angelegenheit" entschuldigte er seine Eile und beschleunigte seinen Schritt. "Jens Miller hat natürlich nichts mit Johann Michael zu tun", bemerkte er so nebenbei.

Ich kannte diesen warnenden Blick, der sein Lächeln ablöste. Immer wieder überraschte mich Heilmar mit seiner Fähigkeit, meine Gedanken zu lesen. Er wusste sogar, dass ich verreisen wollte, bevor ich ihm von der geplanten Reise erzählte.

Das Vertrauen, das sich langsam festigen wollte, war im Ansatz zerstört.

Dass ihm die Landschaft gut gefalle und dass er wiederkommen wolle, am folgenden Sonntag, sagte Heilmar zum Abschied. Dann heulte der Motor seines Autos auf.

Ich versuchte Ordnung in meine verwirrten, verirrten Gefühle zu bringen, aber wo ich Ordnung schaffen will, störe ich meistens eine Ordnung.

Ein Schauer rieselnder Kälte erstickte die kleine Flamme wieder, die auf einen Luftzug wartete. Mein Zweifel innerhalb meiner Zweifel erzeugte die Dissonanz. Die fremde Musik, die in meinen Ohren rauschte, mich hob, dass ich den Boden nicht mehr unter den Füßen spürte, war verklungen. Aber nicht alles, was wir unter die Füße treten, erhebt uns. Ich stieß mein Misstrauen mit jedem Gedanken aus. Es kühlte meinen Blick, der sich kaum in seinen wagte. War es die Entschlossenheit seiner Augen, dieses für mich nicht definierbare Wissen, das mich verunsicherte?

Meine schweren Gedanken fielen wie ein Mückenschwarm durch die Hitze der Tage. Aber ein ungewohnter Ton war in der Luft zurückgeblieben.

In der Weihnachtszeit regnete es zum ersten Male seit der Sonnenfinsternis sehr intensiv, und von diesem rauschenden Regen ging ein Schweigen aus, das sich auf die trüben, schlaffen Stunden legte. Den Nächten, die sich wie düstere Tücher an diese unbekannten Tage schlossen, fehlte der Mondschein, das

Leuchten der Sterne. Meine Seele bewegte sich im Mondschatten. Sind es Zufälle, die Hinterhältigkeiten des Schicksals, die Illusionen, Trugbilder zerstören und schaffen?

Zu dieser Zeit wurden fünf Männer beschuldigt, einer Untergrundbewegung anzugehören und am Aufstellen der Gedenktafeln beteiligt zu sein. Die Aktion war natürlich nicht gegen die Geschädigten gerichtet. Man wollte die Öffentlichkeit auf das Geschehen aufmerksam machen.

Als Hauptschuldige wurden ein zwanzigjähriger Tischlergeselle genannt, der auffiel, da er immer im selben Rhythmus lachte, und sein älterer Bruder, ein Zahnarzt von Beruf. Die Entschlossenheit seiner Augen, sein fast militärisches Auftreten zeigten, dass er im Gegensatz zu seinem Bruder die Angelegenheit ernst nahm. Der die Wahrheit durchlitt, war ein mittelgroßer Sekretär - die Betroffenen wurden den Medienfreunden auf dem Bildschirm vorgestellt - dessen gerötetes Gesicht unter kleinem Bärtchen einen gequälten Eindruck hinterließ. Mit vorsichtigen Bewegungen und gemessenen Gebärden beteuerte er seine Unschuld. Seine wässrig blauen Augen glitzerten, aber er sprach mit einer leisen Müdigkeit und fand kaum Zuhörer. Der Lehrer, kaum 25 Jahre alt, überließ sich, auf die Lehne des Klappstuhls seines Vordermannes gestützt, der Erregung und spendete den Akteuren großen Applaus. Die Beteiligung an der Aktion bestritt er aber.

Alle Beschuldigten behaupteten, trotz Zustimmung nicht aktiv beteiligt gewesen zu sein. Mit Hilfe von Telefonaten widerlegte man ihnen diese Behauptungen, wobei die Zulässigkeit des Mithörens offensichtlich keiner Diskussion bedurfte.

Dass es jemanden gab, der die Gedenktafeln lautstark beklatschte, um Heilmar zu schaden, wusste ich nicht. Dieter Rinsch, der als junger Mann jeden beneidete, der im freien Westen studieren durfte, strebte wie Heilmar die juristische Laufbahn an. Seine freiheitliche Gesinnung, die ihm als staatsfeindlich ausgelegt wurde, brachte ihm viele Sanktionen ein. Er durfte schließlich im Osten sein Studium nicht fortsetzen. Dieter floh, wie viele andere unter Lebensgefahr über die Grenze, sortierte Pakete, trug Post aus und versuchte sich später als Journalist, um sein Studium im Westen zu finanzieren. Für ein Stipendium reichten seine Leistungen nicht.

Bei einer Studentenveranstaltung lernte er Heilmar kennen, der ihm aber auch nicht helfen konnte. Dazu kamen die unterschiedlichen Einstellungen der Studenten zum politischen Geschehen.

Heimlich beneidete Dieter Rinsch jeden, der es geschafft hatte, einen gut bezahlten Beruf zu erlernen, ein Studium abzuschließen. Dem Staat wies er die Schuld an der Chancenungleichheit zu.

Nach der Grenzöffnung zog die Familie nach Westdeutschland. Die beengten Wohnverhältnisse, die Arbeitslosigkeit des Vaters und der Job des jüngsten Bruders, der sich als Vertreter von Staubsaugern nicht das erwünschte Vermögen schaffen konnte, verstärkten seine Unzufriedenheit. Die Familie beschloss, gemeinsam ein Haus zu bauen. Da auch Dieter dazu beitragen wollte, bewarb er sich erfolgreich als Sekretär bei dem gleichen Gericht, bei dem Heilmar als Jurist tätig war.

Neid und Wut über die verspätete Chance, sich im Westen Wohlstand zu erwerben, die blockierte Berufslaufbahn, reichten für seinen abgründigen Hass gegen die "Wessis", die allerdings ihre Unschuld an seinem Geschick bewiesen und ihm die finanziellen Hilfen für die "Ossis" vorrechneten. Der Vater und Bruder beugten sich über das, was von ihrem Leben übriggeblieben war, aber Dieter fand keinen Ausgang aus diesem Teufelskreis. Sein Unbehagen am Leben führte zu seiner Sucht nach Solidarität, die sich, wie Heilmar behauptete, sogar in rechtsradikalen Tendenzen äußerte.

Den politischen Hintergrund zu diesen Auseinandersetzungen zeigten die Feierlichkeiten des 3. Oktober 1990. Viele kritisierten zwar das Tempo, mit dem die Wiedervereinigung vor sich ging, aber es gab keine Opposition. Die Gedenkfeier glich einem Volksfest, auf dem man paradoxerweise deutsche Fahnen am Brandenburger Tor verkaufte. Die Ode "An die Freude" genügte nicht, um reaktionäre Strömungen zu verhindern.

Am 4. Oktober demonstrierten bereits viele, auch Dieter unter ihnen, unter der Losung: "Deutschland halts Maul". Die linke Gruppe befürchtete einen neuen Imperialismus. Alternativen wurden nicht geboten. Man überlegte nur, ob das vereinigte Deutschland sozialistisch oder kapitalistisch sein sollte.

Man wollte in der ehemaligen DDR wirtschaftliche Stagnation vermeiden, kein soziales Krisengebiet entstehen lassen. Es dauerte allerdings sehr lange, um derartige Summen aufzubringen, um Löhne, Gehälter, Renten anzugleichen. Dieser Sachverhalt und die steigende Arbeitslosigkeit veranlassten Dieter zu heftiger Kritik, die er lautstark verkündete.

Heilmar war auch seine Zugehörigkeit zur Hausbesetzerszene bekannt. Er kämpfte immer nach eigenen Aussagen um "soziale Gerechtigkeit" und verstärkte den heftigen Luftzug aus dem Osten spürbar, zumal er der Ansicht war, dass die ehemalige DDR zum sozial vernachlässigten Randgebiet des vereinigten Deutschlands geworden sei.

Es gab noch viele Angriffspunkte für Dieter, und Heilmar waren dessen Aktivitäten nicht unbekannt geblieben. Er wusste sie bei der geeigneten Gelegenheit auszuspielen.

Dieter ließ bei einem Referat im Rahmen einer Feier an der Mauer den Knüppel aus dem Sack.

Gegenstand seiner Kritik war der seiner Meinung nach unzureichende Lastenausgleich, sein Lieblingsthema: Chancenungleichheit. Sein Gegner, ein junger Journalist, wo immer er hergekommen sein mochte, setzte ihm die Meinung des Bundeskanzlers entgegen, der bei der Regierungserklärung die Aufbauleistung der Ostdeutschen wie die gelungenen Angleichungen von Ost und West einen "großen Erfolg" nannte. Für die innere Einheit seien beide Teile verantwortlich, betonte der junge Mann und dazu gehöre in erster Linie die Geduld der Ostdeutschen. Es sei auch geplant, dass die Nachfolgeregelung zum Solidarpakt realisiert werde, wobei kulturelle Belange im Vordergrund stehen sollten. Der Sprecher rief zu Geduld und Fairness auf. Viele der jungen Leute reagierten mit Pfiffen, und es fielen Worte, wie "Kapitalismus des Westens, Geldgier, leere Versprechungen".

"Viel zu wenig", schrie einer der Zuhörer. "Wir wollen auch reich werden!" "Auf Kosten der Steuerzahler des Westens?", setzte der Journalist ihm entgegen. "Die Bundeszuweisungen erreichen schon fast 26 Milliarden DM, und daran sind die Lasten der Wiedervereinigung schuld."

Die Diskussion wurde zum Streit und endete nach Presseberichten in Beschimpfungen.

Auch die Informationen über die Person des Dieter Rinsch bot bereitwillig die Presse an, als Heilmar von ihm als Initiator psychischer Experimente in drei verschiedenen Therapiezentren öffentlich verdächtigt wurde. Die Zahl der Fälle hätte durchaus eine sinnvolle Stichprobe ergeben.

Der Kläger konnte die Beschuldigung nicht aufrechterhalten, zumal Neid seine Haltung dem ehemaligen Studienkollegen gegenüber bestimmte und sich der Verdächtigte mit Genehmigungen der Experimente unter Zustimmung der Betroffenen zu rechtfertigen verstand.

So gelang es Heilmar, den Sekretär in der Öffentlichkeit zum Schweigen zu bringen. Er musste sich wegen böswilliger Verleumdung verantworten.

Zwei Wochen später klagten die Bürger der Stadt bereits über Telefonterror. Die Drohungen galten aber denen, die über die psychisch Beeinträchtigten sprachen, die Betroffenen schädigten oder sich in irgendeiner Weise einmischten.

Ich stand vor einem Rätsel.

Schon immer beobachtete ich genau, geradezu leidenschaftlich Äußerlichkeiten. Heilmars veränderbares Erscheinungsbild beherrschte ich wie ein Gedicht. Aber man kann Menschen, die man kennt, nicht objektiv betrachten, weil wir nicht nur über das nachdenken, das uns der Schein, die Oberfläche mitteilt.

Heilmar änderte seine Züge von Minute zu Minute, und auch ich betrachtete ihn unter verändertem Aspekt. Eigentlich lieben wir nicht den Menschen, sondern das, was wir an ihm wahrnehmen, wie er sich im Zorn, in der Begeisterung gibt, wie er sich verhält, wenn er sich fürchtet oder liebt. Ich wunderte mich, dass ich dieses Wort in dieser Beziehung an mich heranließ, das seit meiner Trennung von Michael sehr lange in meinem Wortschatz vergriffen war.

Ungeduldig überprüfte ich jede meiner Wahrnehmungen, meine Reaktionen. Immer wieder fragte ich mich verzweifelt, warum mir ausgerechnet dieser Mann so viel bedeuten konnte, dem ich nie volles Vertrauen schenken würde.

Sympathien ergeben sich aus Vorstellungen, aus den Meinungen, die wir über jemanden bilden, weil urteilen denken voraussetzt.

Die Intensität der Zuneigung hängt natürlich auch vom Temperament ab. Ich war immer ein impulsiver Mensch, reagierte heftiger, als mir angenehm war. Ich liebte Micha. Er tat mir leid, und die Bereitschaft mitzuleiden, Mitleid, ist eine Form der Liebe. Vater, Tante Grete und Jann zählten zu den von mir geliebten Menschen, ohne dass ich unter der Trennung von denen litt, die sich in ihrer neuen Umgebung wohlfühlten. Ich vertraute ihnen.

Heilmar, das wusste ich sicher, war nicht nur an genehmigten Experimenten mit Zustimmung der Betroffenen beteiligt, und die Stimme des Untergrunds, die aus den Handys tönte, vertrat seine Meinung, nicht die Dieter Rinschs. Der Untergrundbewegung seine Stimme zu leihen und sich in Verdacht zu bringen, hätte allerdings seiner Intelligenz nicht entsprochen.

Mit verknoteten Beinen saß ich auf zwei Stühlen wie auf einem expressionistischen Bild und wusste nicht mehr, welcher Fuß zu welchem Bein gehörte.

Eine ehemalige Studienkollegin, die ich in einem der Straßencafés sitzen sah, verhalf mir zu einer weiteren Erkenntnis. Sie besuchte die Freundin, die sich einer Heilbehandlung unterzog und wollte Heilmar in einer heftigen Auseinandersetzung mit dem Psychologen des Therapiezentrums angetroffen haben. Dabei sei im Zusammenhang mit psychischen Beeinträchtigungen auch der Name der Freundin gefallen. Sie hieß Lorissa, wirkte sehr jung, fast puppenhaft, geschickt geschminkt, und ich erinnerte mich wieder an das Mädchen mit dem langen Blick. Kurz, es war eine hübsche Dame, lebhaft und ehrgeizig, die Sängerin werden wollte.

Weitere Erfolge nach dem ersten ruhmreichen Auftritt verhinderten Zufälle und ungünstige Umstände, und Lorissa konnte die Illusion ihres Ruhms nicht lange aufrechterhalten. Aber es fehlte ihr auch die Größe des Verlierers. Der halbe Atem reichte nicht mehr für die Höhepunkte der Arien und des Lebens; sie spürte es, dass es nicht mehr auf sie ankam. Die Zweitbesetzung wartete bereits auf ihre Rolle.

Diese Dame also begann eines Tages in ihrer Glücklosigkeit zwanghaft zu handeln. Sie steckte bei den Proben die Noten ihrer Kolleginnen ein, hinderte sie, an der Probe teilzunehmen, ohne bewusst irgendein Ziel zu verfolgen. Zuhause trieb sie auf einer Welle von Schamgefühlen, war aber nicht imstande, den Diebstahl als Irrtum, als kleines Versehen mit einer Spur Selbstironie aufzuklären, die Noten zurückzugeben.

Als die Garderobenfrau Zeugin wurde und erzählte, was sie gesehen hatte, schickte man Lorissa zu einer Therapie ins Musik-Center.

Was der Therapeut Heilmar vorwarf, waren die Folgen dieser Therapie. Lorissa tat, was sie bisher voll Verachtung ablehnte. Sie nahm das Angebot einer Gaststätte an, die eine Sängerin für ihre Unterhaltungsabende suchte und empörte ihr ehemaliges Ensemble und ihre Angehörigen nicht allein mit unerwünschtem Schleifen und unsauberen Tönen, sondern mit dem Gehabe eines Barmädchens, das Kunden wirbt.

Das zwangsneurotische Verhalten zeigte sie allerdings nicht mehr. Sie nannte es "dumme Späße". Ihr neuer "Job" gefiel ihr sehr gut, und sie leugnete, je klassische Arien und Kunstlieder gerne gesungen zu haben.

Lorissa fand Heilmar nach einem Gespräch im Rahmen der Therapie "nett und sehr hilfsbereit".

Die Presse griff keinen der Fälle mehr auf. Die Medien verschwiegen die Skandale der Musiktherapie, zumal sich diese längst nicht mehr auf das hiesige Musik-Center beschränkten.

Heilmar kam tatsächlich an einem der folgenden Sonntage und hörte sich meinen sachlichen Bericht zum Fall Lorissa geduldig an. Er schien ihn erwartet zu haben. "Du kanntest sie doch! Sie hat eben den Misserfolg nicht verkraftet", sagte er, ohne zu lächeln aufzuhören. Dass sich keine Sängerin, die klassische Arien und Lieder sang, auf banale Unterhaltung einstellt, und dabei glücklich sein kann, wollte er nicht verstehen. Die Methoden der Musiktherapie kannte ich, aber nicht die Art der medikamentösen Beeinflussung. Heilmar leugnete sie. Die geballte Wut im Auge, distanzierte er sich von jeder Beziehung zu dem betroffenen Psychologen und zu jenem Fall. "Ich kenne sie nur flüchtig", sagte er.

Es war unser letzter gemeinsamer Spaziergang. Heilmar rief noch zweimal an, aber ich entschuldigte mich mit meinem Zeitmangel, ohne mich zu bemühen, ihn zu überzeugen. Die Ursache war nicht unbegründetes Misstrauen, sondern ein Brief und später ein Bild, die ich für Beweise hielt.

Nino, der nach dem Fischfang in der kleinen Bucht anlegte, um am Heimweg für die Mutter ein Wacholderbäumchen mitzunehmen, beobachtete einen Schatten, der am Ufer entlanghuschte und auch wieder zurückeilte. Eine halbe Stunde später konnte er durch das Fernglas Heilmars Privatboot erkennen, wie es von der Insel auslief. Er folgte dem Schatten in der Erinnerung und entdeckte, wo die Grenze des Heidelandes verläuft, an einem verkrüppelten Wacholderbusch etwas Weißes, zog es heraus und hielt einen Brief in der Hand. Er öffnete den Umschlag und erkannte Heilmars Schreibmaschine an dem etwas nach oben gestellten Buchstaben G. Der Brief war an Heinz gerichtet und mit H. unterschrieben. "Du kannst es ihm geben. Er weiß nichts mehr von unserer Abmachung. Zu seiner Rechtfertigung um 23 Uhr den Fellhändler hier festzunehmen!"

Nino berichtete mir das Ereignis telefonisch, nachdem er den Brief bereits an mich abgesandt hatte. Ich sollte ihn vor Gericht vorlegen. Schließlich fand der erste Prozess damals in dieser Stadt statt. Nino fürchtete, ein zweites Mal Opfer eines Anschlags zu werden. Wir hatten ihn vor Einmischung gewarnt.

Auf der Rückfahrt von der Post warf der Scheinwerfer Spukbilder in den Nebel. Micha, Max, Muscher, Lorissa und all die anderen Opfer verfolgten mich. Lautlos stand die Luft, als die Entscheidung schwergewichtig in meine Gedanken fiel.

Den Brief an Heilmar zurückgeben, hätte Nino und mich gefährdet. Es wäre zudem einem Vertrauensmissbrauch gleichgekommen. Ein Zufall hatte das Schreiben Nino in die Hände gespielt, ein Augenblick zwischen Plan und Chaos sollte den Mann vernichten. Ein überbordendes Gefühl überschwemmte alle meine Argumente, jedes Wort hätte einem Versuch widerstanden. Mein Auge weigerte sich, die Wahrheit wahrzunehmen, mein Fuß weigerte sich, sich dafür in Bewegung zu setzen und meine Hand weigerte sich, diesen Brief in fremde Hände zu geben.

Es gab nur eine Möglichkeit, ihn nicht erhalten zu haben. Aber die Lüge schlug mir die Zähne aufeinander.

Heilmar war nicht untätig geblieben und erinnerte Dieter an ein weiteres Ereignis aus seiner Studienzeit, um seine Aussagefreudigkeit für immer zu lähmen.

Nie müde und hoffnungslos, auf der Suche nach Glück, hatte er sich damals nicht nur eine undefinierbare Krankheit zugezogen, an der er immer noch litt, sondern auch neue Erkenntnisse erworben. Als Hobbyspion war er im Rahmen einer Reise im eisigen Norden auf eine Fabrik gestoßen, in der tonnenweise Bakterienbomben hergestellt werden; Pest, Milzbrand und andere Seuchen, die die Menschheit längst überwunden zu haben glaubte. Als politischer Einzelgänger kämpfte er gegen einen Staat, der auf diese Weise global gegen die Menschenrechte zu verstoßen im Begriffe war, was ihm aber im Rahmen der Völkerverständigung keine Lorbeeren einbrachte. Dieter wusste nach dieser Erinnerung wie die Einmischung in Heilmars Angelegenheiten sanktioniert werden würde.

Dass ich manchmal das Rauschen aus den grünen Hörmuscheln des Haustelefons hörte und in einem Albtraum, den ein Mövenschrei zerriss, geheimnisvolle Augen auf mich gerichtet sah, schien mit Ninos Bericht über Dieter zusammenzuhängen. Viele Telefonverbindungen waren blockiert. Beziehungen kamen nicht zustande oder brachen ab. Ann war zum Beispiel nicht mehr erreichbar, obwohl sich ihre Rufnummer, wie die Auskunft feststellte, nicht geändert hatte.

Nachdem wochenlang Heuschrecken die Stadt quälten, setzte zum zweiten Mal sintflutartig der Regen ein. Die ansteigenden Straßen verwandelten sich in reißende Flüsse, die ins Tal stürzten, in der sie die ersten Häuser überschwemmten, denn die Stadt liegt in einer Mulde, von Hügeln umgeben.

Der Regen malte mir Tränen unter die Augen, die ich in meine Wohnung trug, um die kleinen zartlila Blütenkelche des auf viele Vasen verteilten Heidekrautes zu benetzen. Ich beschloss, es bei meinem nächsten Inselbesuch zu erneuern. Weder Heilmar noch Micha wollten auf dieser Insel mit den drei Häusern leben. Auch Jann hatte bei unserem Besuch keine Beziehung zu diesem moorigen Stückchen Land mitten im Meer gefunden, das ich liebte.

Der Grund meiner Trauer war Heilmars Brief, der ohne dessen Gegenwart auf Nonnis kleiner Insel in der Nähe der Seehundbank noch keinen Beweis geliefert hätte. Ich verbrannte ihn un-

218

ter der Kerzenflamme. Heilmar hatte auch seinen Vetter nicht geschont. Darüber bestand kein Zweifel.

Dunkel vor Abschied versiegelte ich meine Gedanken. Jedes Wort über ihn blieb in meiner Kehle stecken. Die Flamme gab mich immer noch nicht frei.

Nicht nur Gott braucht die Sehnsucht. Ich, die das Ende, in dem kein neuer Anfang lag, herbeigeführt hatte, wartete, in der Strömung hin und hergerissen, auf eine Flaschenpost, auf eine Brieftaube.

Meine noch bewaffnete Hoffnung auf Heilmars Rechtfertigung schien längst zum Tode verurteilt zu sein, aber etwas besann sich in mir, und ich spie bei jedem Verdacht einen Mund voll in den Wind.

Wenn ich mit Bekannten oder Nachbarn redete, dann tat ich es vor allem, um mich zu überhören. Aber es half nicht.

Nino fragte lange nicht nach jenem Brief, der Heilmar durch mich vernichten sollte. Vielleicht ahnte er, dass mich seine Bitte überforderte.

Ich gehöre nicht zu den Menschen, die ihr Herz durch die salzige Flut der Tage und Wochen ziehen, ohne auf Grund zu stoßen. Ich stürzte mich in die Arbeit, und die Tage schrumpften zuerst mit den Äpfeln.

Je mehr ich mich mit Heilmar beschäftigte, um so weniger sah ich in diesem Brief und seiner Anwesenheit auf der Insel einen Beweis seiner Schuld. Hätte ich ihn selbst gefunden, wäre einer Aussprache und meiner heftigen Kritik an seinen Methoden nichts im Wege gestanden.

Nino wurde nach der Auseinandersetzung mit Heilmar Dieters Geschäftspartner. Der arbeitslose Sekretär, der auch eine Kaufmannslehre hinter sich hatte, betätigte sich als Fischhändler und verkaufte mit Nino zusammen das Ergebnis des Fischfangs in der Stadt. Dass er beim Überholen des Bootes half, das Nino zum zweiten Male in Seenot brachte, bot Heilmar die Möglichkeit einer eindeutigen Schuldzuweisung. Nino entging zum zweiten Male der Katastrophe und konnte sogar mit Hilfe eines Fischers sein Boot bergen, da es sich in Ufernähe befand. Hätte sich aber die mysteriöse Korrektur der lecken Stelle später losgelöst, wäre auf hoher See keine Rettung mehr möglich gewesen.

Dieter Rinsch, von Heilmar vor Gericht gestellt, bestritt heftig seine Schuld. Nino sei in der Übergangzeit sein Brotgeber gewesen, sie hätten sich gut verstanden und er wäre ihm dankbar. Auch Nino konnte keinen Grund für eine solche Tat nennen, obwohl keine lecke Stelle zu beobachten war, solange er es mit einem Bekannten zusammen selbst überprüft hatte. Zum ersten Male wäre es Dieter überlassen worden, der sich genau auskannte und vorher mehrmals zusah.

Ellens Nervosität über die Unglückssträhne nahm psychophatische Formen an, als Micha das Verhalten eines Jungtieres bei einem Unwetter beobachten wollte. Das Wagnis grenzte an Selbstmord, und er wagte es auch noch, auf ihre und Janns finanzielle Absicherung im Falle eines Unfalles anzuspielen. "Das kannst du ihr doch nicht zumuten", sagten sie ihm, und "willst du ja auch nicht, gerade du, der die jungen Leute zur Verantwortung ruft". Sie redeten in tote Ohren. Micha ließ sich nicht beeinflussen. Er kam völlig durchnässt und erkältet zurück. In der Nacht schrie er nicht selten plötzlich auf, schweißgebadet, weil sich die Albträume wiederholten und er voll Entsetzen seine Gliedmaßen auf ihre Vollständigkeit hin überprüfte, nachdem er sich im Traum in einen Seehund verwandelt hatte, was Ellen in Panik versetzte und Heilmar, dem es zu

Ohren kam, veranlasste, ihr einen Psychotherapeuten zu empfehlen. Sie fühlte sich abgehört, beobachtet, verfolgt. Die grünen Ohren und das verborgene Auge waren allgegenwärtig.

Es gab längst mehr Menschen, die seit dem Abbruch der Telefonzellen und dem Verschwinden der Telefonbücher ähnlich empfanden.

Da ich an eine Untergrundbewegung dachte, riet ich ihr, Ninos Konflikt mit Heilmar zu ignorieren, Micha nicht in Schwierigkeiten zu bringen und telefonisch keine persönlichen Informationen weiterzugeben. Aber Ellen war auf ständige soziale Kontakte angewiesen und vertraute sich immer wieder den Nachbarinnen an. Meine Angst, Micha könnte eines Tages einen Unfall vortäuschen und sich von einem inneren Zwang befreien, teilte ich ihr, um sie nicht noch mehr zu verunsichern, nicht mit.

Wer diese Untergrundbewegung anführte, wusste niemand, aber jeder fürchtete, dass eines Tages wieder ein anderer nach dem Prinzip des Sündenbocks für den Schuldigen büßen würde.

Tante Grete, die sich nicht mehr von den Kindern trennen wollte, schlug mir vor, in ihre Nähe zu ziehen, aber warum hätte ich einem Leben beiwohnen sollen, das meinem Leben nicht entsprach? Ich bot meine Hilfe an, falls diese benötigt würde.

Das war die Zeit, in der ich die Zwischenräume meines Handelns wieder mit Wanderungen füllte, eine Zeit, in der ich unterwegs war.

Es fing wieder mit diesem Aneinandervorbeigehen, Aufeinanderzugehen an, bis mir niemand mehr begegnete, die Geräusche der Stadt und der Außenbezirke nicht mehr zu mir drangen, bis mich nur noch Vogelstimmen aus der Luft fanden. Ich fühlte mich befreit, ohne zu wissen, wovor. Meist bevorzugte ich den Flusslauf, verließ oft das Haus, ehe der Morgen über die Stadt zog, selbst dann, wenn der Himmel seine Bläue hinter dunklen Wolken versteckte, ließ ich mich nicht von meinem Spaziergang abhalten.

Als Kinder wanderten wir oft mit der Jugendgruppe im Fichtelgebirge zur Quelle und folgten dem Lauf des Baches.

Ich ging über den Steg, auf der anderen Seite des Flusses in gleicher Richtung, bog nicht selten in einen Seitenarm ein, kehrte oft um und ging in die andere Richtung, kehrte auch gelegentlich nur in Gedanken um, weil ich auf einer der Holzbänke vor mich hingeträumt hatte und eine halbe Stunde später aus einem nicht geschlafenen Schlaf erwachte.

Beim Wandern geht es selten um das Erreichen eines bestimmten Zieles, eher um einen Aufbruch, das Weg-Suchen, um ein Auf-dem-Wege-Sein, das befriedigt.

Freilich, auf Reisen wanderte ich oft von einer alten Kapelle zur anderen, um mir die Fresken anzusehen, und legte auf diese Weise oft im Gebirge viele Kilometer zurück. Zu dieser Zeit aber genügte mir der bewegte Fluss, um immer wieder aufzubrechen.

Wenn ich am Bach entlang ging, wo ein stattlicher Enterich seine Schar großer und kleiner Enten bewachte, bog ich meist zu den Birken ab. Die schlanken weißen Stämme spiegelten ihr bizarres Geäst und Blattwerk im Wasser, und der Wind inszenierte fantastische Schattenspiele. Wanderte ich aber am Fluss entlang, über die Brücke hinaus, genoss ich im Herbst das Farbenspiel und im scharfen Licht der Sommerstunden die Spiele der Ahorn-Bäume, Weiden und Buchen, die sich im Wasserspiegel abzeichneten. Am Wehr überquerte ich oft den Fluss, sprang von Stein zu Stein und ging auf der anderen Uferseite weiter zur zweiten Brücke. Manchmal bog ich auch zum Wald hin ab, stieg den Hügel hinauf und folgte dem Weg, den ich gerne mit Langlaufskiern beging, solange uns der Mondschatten im Winter nicht den Sommer aufzwang.

Die Zeit verrann wie der unruhige Fluss, auf dem wir uns als junge Menschen gerne mit dem Boot treiben ließen, es über das Wehr trugen, um unterhalb des Wehrs zu paddeln oder zu rudern.

Bei sonnigem Wetter saß auf einer der Holzbänke ein altes Paar in der Stille des Mittags. Vom Alter gefurcht, genoss es die feuchte warme Luft. Ich grüßte, weil ich an ihnen vorbeigehen musste.

Eines Tages winkte mir die Frau: "Wissen Sie es schon? Die Gedenktafel ist wieder da", sagte sie und beschrieb mir den Weg. Ich ging ein Stück zurück über den Holzsteg und tatsächlich, mitten am Zirkusplatz lehnte, für jedermann sichtbar, am Telefonmasten, dem schmalen zitronengelben Uferstreifen des Baches gegenüber, die erweiterte Gedenktafel der abgelegten Namen und Rollen.

Nicht Klaus, sondern Max war es, an den man sich erinnerte, nicht der Musiker Muscher, der die Freude am Alkohol mit der am Komponieren übernahm, sondern der zuverlässige, eher etwas penible Lehrer, nicht Hans, sondern der Gerber Oliver und viele andere. Der Aufruf zur Wohltätigkeit weitete den Himmel aus. "Spende für die Opfer der Musiktherapie!"

Unter den Klängen einer Okarina, die den Sonnenschein begleiteten, sammelten zwei Buben und ein Mädchen.

"Wer war das?", fragte das Mädchen, das mir gefolgt war. Sie warf mir einen schnellen Blick zu und lächelte, als bestünde ein geheimes Einverständnis zwischen uns, aber vielleicht galt das Lächeln auch den sammelnden Kindern. Der Blick aus ihren kleinen spöttisch zusammengezogenen Augen wechselte von ihnen zu mir. Ihre Unterlippe schob sich verächtlich vor und stand im Widerspruch zu ihrem runden Kinn und den roten Bäckchen.

Die drei Kinder mochten zwölf Jahre alt gewesen sein. Ich sah mir die Tafel etwas genauer an. "Haben sie dich auch eingefangen?", fragte sie in einem frechen Ton, der in der Regel zwölfjährigen Mädchen nicht eigen ist. "Eingefangen" sagte sie und zeigte auf die Tafel. Ich beugte mich erschrocken über die Namen. Jens Müller tauchte wieder unter ihnen auf. Auch Lorissa war nicht zu übersehen. Wie man in der Tageszeitung nachlesen konnte, wollte sie wissen, warum man gerade ihrer gedenken wollte, und sie bestand verzweifelt auf der Löschung ihres Namens. Lorissa fühlte sich nicht als Opfer, und ihre abergläubische Vorstellung spiegelte ihr ein Unheil vor.

Man erklärte ihr, dass die Tafel beseitigt werden würde, aber sie demonstrierte weinend ihren Willen. Sie glaubte bald sterben zu müssen, wenn ihr Name auf einer Gedenktafel stünde. Außerdem hätte die Sonne gerade den Stier erreicht, und das bedeute nichts Gutes.

Dass die beiden Musikanten zu beiden Seiten eines kleinen Lagerfeuers saßen, das aus den Steinen, über dem Geäst der Nadelbäume züngelte, fiel mir erst auf, als Tannenzapfen krachten.

Einer der Musikanten spielte auf einer Okarina. Es klang wie eine Geisterbeschwörung. Der andere spulte gerade sein Tonband zurück. Dann ertönten plötzlich harte Sprechgesänge, von Männerstimmen getragen, wie ich sie von der Musiktherapie her kannte.

Ein Gedanke wuchs, wuchs, füllte mein ganzes Denken aus. Ich wollte es wissen, ob vor jedem der drei Therapiezentren, in denen Heilmar seine empirischen Untersuchungen durchführte, eine Gedenktafel zu finden war. Da man überregional der Opfer gedachte, war die Annahme gerechtfertigt.

Ellen wollte ich nicht Anlass zu neuen Spekulationen geben und mich in dieser Angelegenheit auch nicht telefonisch äußern.

Ich lud Nino ein und stellte bei dieser Gelegenheit meine Frage schriftlich. Die Antwort kam postwendend. Die dortige Lokalpresse berichtete von "Lack-Schmierereien auf weißen Wänden". Man hatte einen großen weißen Pfeiler benützt, die die Unterführung tragen, um der Opfer zu gedenken. Ninos Namensliste mit dem Foto der Pfeilerwand kam per Post an. Die Namen deckten sich mit denen der Gedenktafel und ließen den Schluss zu, dass die restlichen sechs die Geschädigten des dritten Therapiezentrums meinten, von dem wir nicht wussten, wo es sich befand.

Teil III

Es trug sich zu, dass sich Merkur, Venus, Mars, Jupiter und Saturn im Tierkreiszeichen Löwe versammelten und auf der Linie Sonne - Saturn standen. Die Planeten Jupiter - Saturn umarmten sich und vereinigten sich in ihrem Licht. Der große Schrecken am Himmel verdunkelte die Erde, blendete die Bewohner und zwang ihnen Schutzbrillen auf, die sie irreführten. Die Welt wurde ihnen zum Labyrinth. Wer vernünftig irreging, sollte die Wahrheit finden.

Blanka, unter dem leeren neuen Himmel ausgesetzt, geht mit großen Schritten durch das Stadttor. Der junge Tag erwartet sie. "Hallo!", ein kleines Mädchen steht, mit den Zehen über den Gehsteig wippend, da, als hätte es sie erwartet. "Suchst du jemanden?", fragt es neugierig. "Ja, ich suche etwas", sagt sie scherzhaft. "Dann geh immer auf dem Kopfsteinpflaster!" "Diesen unbequemen Weg? Warum?" Das Kind hüpft kichernd wie ein kleiner Kobold vor ihren Füßen herum. "Dreimal darfst du raten." Ein Mann mit einem Bücherkasten über der Schulter schiebt das Kind zur Seite und bietet Blanka ein Buch an. "Buch der Wahrheit" steht auf der Titelseite. "Zeigt es den richtigen Weg?", will sie wissen. "Den Umweg", sagt der Mann. "Nur er führt zur Vollendung und Wahrheit." Früher war die Wahrheit für sie eine klare Sache, aber durch die Schutzbrille nimmt sie die Dinge verkehrt wahr. Blanka kauft das Buch und steckt es in ihre Manteltasche und geht seitwärts über die kleine Treppe in den Park. Je mehr sie ihre Schritte beschleunigt, um so weiter rückt das Ziel, das sie erreichen will, in die Ferne. "Wie weit ist es noch bis zum Kino?", fragt sie eine Frau, die mit dem Einkaufskorb an ihr vorbeigeht. Sie versteht ihre Sprache nicht.

Das kleine Mädchen, das ihr am Morgen den Rat gab, das Kopfsteinpflaster zu wählen, steht vor einer Auslage für Spielsachen. Es sagt: "Jeder Punkt hat einen bestimmten Abstand zum nächsten, und das ergibt die Wegstrecke."

Am Kino will sie sich mit Bodo treffen, aber welchen Weg sie auch wählt, sie kann den Kirchturm nicht sehen, an dem sie sich hätte orientieren können.

Dann glaubt sie Bodo von weitem wahrzunehmen. Sein Jackett ahmt das linde Grün junger Blätter nach. Aber er entfernt sich mit jedem Schritt von ihr. Durch das Verdrehen ist ihr die Wirklichkeit verloren gegangen. Gegenstände oder Menschen, auf die sie zugeht, rücken in die Ferne. Die Entfernung verändert die Dimension, öffnet ungewohnte Räume. Nur auf die Vergangenheit kann sie sich verlassen. Das weiß sie. Die Vergangenheit überdauert die Gegenwart und die Zukunft. Also durchwandert sie ihre Geschichte: Sie kennt ihn schon lange, diesen Mann, seit einer Ewigkeit schon, glaubt sie, berechnet sie aber die Zeitspanne, könnten es nicht mehr als acht bis zehn Monate sein. Sie haben die gleichen Interessen, wandern und musizieren zusammen, lieben die Kunst, harmonisch, denkt sie, aber seit sie weiß, dass er mit seinem Zauberspiegel Menschen verzaubert hat, bestehen die Übereinstimmungen aus Unstimmigkeiten. Sie krempelt ihr Inneres nach außen. Freundschaft? Vielleicht. Liebe? Wahrscheinlich, wenn nicht... oder doch? Trotzdem? Sie hindert sie jedenfalls daran, ihren Anteil an der Verkehrtheit der Welt hinter sich zu bringen.

Die Bilder fallen nach innen. Gewählt hat sie nicht, sie wurde gewählt. Das erste Treffen fand bei den antiken Säulen statt, kleiner Pavillon, aber antik, Zeichen der Beständigkeit. Ihr verwunderter Blick und der Gesang der Gondolieri, seine Beharrlichkeit bei zunehmender Dämmerung in dickflüssiger Luft.

Sie trafen sich, wo das Paradies beginnt, aber sie fanden die Mitte nicht, den Baum nicht und den Apfel.

Dann blüht ihre Erinnerung ab.

Sie muss umkehren. Hinter der Mauer wird sie gehen, da kann sie nicht fehlen. Aber langsam merkt sie es, der Weg führt im Kreis herum. An diesen Häusern ist sie schon vorübergegangen. Wiederholung ist alles. Aussteigen! stöhnt sie. Aussteigen! Ich verfehle ihn sonst. Blanka schaut sich um. Die Häuser dicht an die Mauer gedrängt. Sie sind auf Sand gebaut, vergänglich wie das Leben. Zwischen einer blauen und einer leuchtend gelben Fassade kann sie durch eine schmale Gasse auf den Brunnen sehen. Ein Durchgang. Sie hält sich zur Eile an, beschleunigt den Schritt. Die Sonne hängt in der Linde. Da sieht sie es. Sie wirft keinen Schatten mehr. Ihre Füße hinterlassen keine Spuren im Sand. Wo Schatten und Spuren fehlen, kann sich das Wort nicht lebendig erhalten.

Sie will Bodo rufen. Er geht vorbei. Aber kein Wort formt sich in ihrem Mund. Je gespannter sie hinsieht, umso genauer erkennt sie es. Er flieht. Sie laufen zurück, entfernen sich voneinander. Einem Bekannten fällt sie fast rückwärts in die Arme. Wie sie dieses abgenutzte Lächeln hasst. Wo immer sie überholen will, ihr Schritt fällt zurück. Ihre Verzweiflung bringt mit dem Atem den Wind in Bewegung. Der Mondschatten hat die Straßen der Stadt in ein Labyrinth verwandelt. Dann sieht sie ihn wieder. Sobald sie auf ihn zugeht, bewegt sie sich rückwärts. Auch er wird wieder nach hinten geschoben. Die Entfernung vergrößert sich. Sie versucht ihn beim Namen zu rufen. Der verfängt sich im Flechtwerk der Weiden. Ihr Unglück vervielfältigt der Weg, der die Gegenbewegung, den Widerstand schafft wie der Wind. Sie findet den Eingang ins Zentrum nicht mehr, bis sie den Holzsteg über dem Bach wahrnimmt. Ein alter Mann sitzt bettelnd am Rand. Sie wirft eine Münze in seine Mütze. Das Kind vertritt ihr den Weg. "Halt ein, wo läufst du hin?" Diese Frage kennt sie doch! Richtig. Angelius Silesius hat sie vor 300 Jahren gestellt. Sie schaut auf die Uhr. "Nein!", sagt das Kind. "Die Zeit holst du nicht ein. Du hast das Suchen verlernt. Siehst du den Turm? Suche nur die Mitte!"

Die bittende Gebärde der Hände des Bettlers beschämt sie. Sie verdoppelt die Münze. Jetzt erst nimmt sie den Brunnen und die Menschen wie durch einen Konvexspiegel wahr, verzogen, deformiert, entstellt.

Jetzt sieht sie auch Bodo, ganz nahe vor sich, die eigenwillige Wölbung der Stirne, das lange Lächeln. Aber es gilt ihr nicht. Er hat sie nicht gesehen. Ein Fremdheitsgefühl durchdringt sie, breitet sich aus. Sie ist erschöpft, müde, benommen. Die Müdigkeit sammelt sich in ihren Nerven, den Muskeln und Knochen. Den Brunnen sieht sie deutlich, und sie hört auch das Sprudeln. Zwei Männer sind es, die den Brunnen passieren. Bodo, stämmig, robust, leicht angegraut und daneben der andere, mager elastisch. Sie eilen auf sie zu und entfernen sich, streben weg und wählen erneut den Weg zu ihr.

Sie geht jetzt langsam zum Brunnen, taucht ins Licht der Weihnachtsbeleuchtung.

Immer noch Sommer im Winter, die linde Luft und der trügerisch warme Wind verleiten zum Sitzen im Freien.

"Schau dich nicht um,
Dein Buckel ist krumm." "Die Gänsehirtin am Brunnen!" Sie bückt sich, weil die Früchte aus dem Korb der alten Frau rollen. Schwer ist der Korb, und die Frau hebt ihn kaum von der Erde. "Komm", sagt sie zu einem kräftigen Jungen, "hilf ihr! Das Christkind will kommen." Er lacht und läuft weg.

Da steht ihr das Kind zum dritten Male im Weg. "Na komm,

das Christkind will kommen!", wiederholt es ihre eigenen Worte. Dann sieht sie die Alte genauer an: das Kopftuch, der lange Rock und der Korb. Könnte das nicht Tante Grete sein? Sie hebt den Korb auf, der Weg ist nicht weit. Die Alte wohnt neben dem Kino, und Bodo steht ungeduldig am Eingang. Sie winkt, trägt den Korb noch über die Treppe. "Danke!", sagt die alte Frau. "Vielen herzlichen Dank!"

Dann geht sie auf ihn zu. Ihr Mund formt seinen Namen. Sie will mit ihm reden, aber sie kann sich zu keinem Ausdruck entschließen. Auch er findet nur Laute, Zeichen. Jedes Wort, grotesk, paradox, chiffriert, staut sich gnadenlos unter der Zunge.

Sie sehen sich wie in einem Konvexspiegel an, verzerrt, verformt, Wechselstrom hinter den Mienen. Der Mondschatten hat die Wahrheit verstellt. Da erinnert sie sich an das Buch. Sie zeigt es Bodo. Der blättert, und die Sätze formulieren sich in seinem Mund. "In Vergangenheit, Gegenwart und Zukunft und sie übersteigend, war und ist das Wort. Es kommt zum Menschen, um ihn in die Gemeinschaft mit dem Ursprung jenseits aller Zeiten und Geschichte zurückzuholen.

Wäre das Wort nicht göttlicher Art, dann bliebe es beim ewig dunklen Dialog des Menschen mit sich selbst.

Alles ist durch das Wort geworden...

Es gibt nichts, das außerhalb seines Machtbereiches läge."

Das Kind, das ihr bereits zweimal begegnet war, hätte sie sicher nicht am Boden sitzen sehen. Gerne hätte sie sich unsichtbar gemacht, um beim dritten Male der Belehrung zu entgehen, den visuellen und akustischen Kontakt verschwimmen zu lassen, aber seine Stimme klang wie eine Stimmgabel; eine Stimmgabel, die das innere Ohr in Schwingung versetzt.

Ob sie das "Willkommen" auf die letzte Aussage des Kindes oder auf ihre eigene Person beziehen soll, weiß sie nicht. Seine Finger wippen in die Richtung des Kircheneinganges.

Sie folgen der Kleinen. Ihr Schütteln, Zappeln und Wirbeln, Hobbeln, Zippeln und Stampfen gilt dem Kind in der Krippe. Das Mädchen schaut Blanka an. Ihre Handbewegung lädt ein. "Willkommen!", sagt es.

Es gab etliche, die sich durch die Tafel ausgegrenzt fühlten, die Rückkehr in die eigene Rolle oder die Wiedereingliederung in die Gesellschaft in Frage gestellt sahen. Sie bestanden auf der Löschung ihrer Namen.
So strebte Muscher jun. eine Gerichtsverhandlung an, da die Gedenktafel der Resozialisation des Alkoholikers, der sein Vater war, im Wege stand.
Man gedachte bestimmter Menschen und bescheinigte so deren Verlorenheit, während sich Muscher sen. z. B. immer noch für den hielt, der er immer war. Den übermäßigen Alkoholgenuss schrieb er einer Untugend zu. Viele der Opfer, besonders deren Angehörige, beklagten den Prestigeverlust und hätten gerne auf diese Art des Gedenkens verzichtet. Versicherungen meldeten sich, boten kostenlose Tests an. Und diejenigen, die ihn auf den Rat der Familie hin annahmen, stürzten diese fast in Verzweiflung.
Die Lokalpresse trug durch Schlagzeilen, wie "Opfer einer Therapie" oder "Gedenktafel unerwünscht" nicht wenig dazu bei.
Das geschah zu einer Zeit, zu der die Sonne wieder sehr hoch stand und in den späten Abendstunden beim Sinken das tiefe Rot aus den Wolken mit über den Horizont zog. Es war eine Zeit, in der die Hitze brütete und das trügerische Licht und die sanfte Luft eine Jahreszeit einleitete, die die Zeit noch nicht preisgab.
Der Vater des an Lungenentzündung gestorbenen Fischers war es, der ein Bild vorlegte, das Heilmar im Konflikt mit der Insel-

bewohnerin zeigte. Den Gesten nach schien sie ihre Wut gerade zu verheizen. Ein Holzscheit in der Hand, stand sie neben der Feuerstelle, gestikulierte heftig, überschäumend von Energie. Heilmar stand ihr aufrecht gegenüber, in seiner vom Erfolg geprägten Haltung.

Im Hintergrund vergilbte der Bach. Man hätte sogar die sich überlagernden Stimmen gehört, sagte der Fischer.

Die Verspätung des vermeintlichen Beweismaterials begründete er mit der Bedrohung seiner Person durch den anonymen Absender. Während er Nino als Denkmal der Nichtzugehörigkeit schilderte, das man belächelte, schien Micha sehr beliebt gewesen zu sein, bevor die Fischer ihn des Fellskandals und der toten Freundin wegen unter Druck setzten.

Ohne Emphase beschrieb der Kläger Michas Woge von Wohlwollen und Hilfsbereitschaft, die sie alle umspülte, wenn er kam. Sein Agieren am "Opferaltar" wäre allerdings ein handfester Beweis seiner psychopathischen Verhaltensweisen gewesen. Er warf ihm vor, verendeten Tieren das Fell über den Kopf gezogen zu haben. Es sei ein Ritual gewesen, das an Tieropfer des Alten Testaments erinnert hätte. Dazu kam, dass Pelzmantel und Felljäckchen der Inselbewohnerin - es sah einer behaarten Haut ähnlich - nachweislich Geschenke von Johann Michael waren, was er schließlich zugeben musste. "Für die Gastfreundschaft, nachdem Haut und Haare vorher wissenschaftlichen Zwecken dienten", sagte er.

Auch den Konflikt des Juristen mit der Inselbewohnerin hätte er veschuldet; einen Konflikt, dessen kriminelle Folgen er nicht leugnen könne, stellte der Fischer anklagend fest. Er erzählte mit farbloser Stimme von einem Unwetter, bei dem er mit einer jungen Frau auf der Insel Schutz suchte und bei Nunnis Mutter übernachtete, die ihm später vorwarf, sein Kind zu verleugnen.

Dies hätte wiederum Heilmar veranlasst, die Frau der Einmischung wegen zur Rede zu stellen. Dass es sich tatsächlich um Nunnis Mutter handelte, die fünf Tage später starb, darüber gab es keinen Zweifel. Auf dem Bild trug sie das kurze behaarte Jäckchen, das bei unserem Besuch in deren Behausung hing. Man fragte den Fischer, was er dem Juristen eigentlich vorwerfe. "Wir alle streiten doch zuweilen mit unseren Mitmenschen." Er wollte nicht verstehen, dass er unbeweisbare Relationen zu ihrem Tod hergestellt hatte. Woran die Frau starb, wusste er so wenig wie das Gericht. Es ließ sich auch nicht mehr ermitteln, wer der Fischer war, der sie mit der Tochter zusammen begrub. Heilmar, dessen Forschungsergebnisse der Wissenschaft offensichtlich einen großen Dienst erwiesen hatten, blieb in der Öffentlichkeit unangreifbar. Er hätte die Schuld auch nicht angenommen.

Der Telefonterror aber tyrannisierte die Bewohner der Stadt noch lange.

Auch Ellen litt unter diesen Drohungen. Dass es sich um eine Organisation handelte, die auf Michas Seite stand, schien sie so wenig zu begreifen wie die Relation zwischen ihren Nervenattacken und den durch ihren Mitteilungsdrang verursachten Prestigeverlust des Gatten.

Michas Assistent und seine Frau bemühten sich mit Heilmars Unterstützung sehr um Janns Adoption mit der Begründung, Ellen sei völlig überfordert. Johann Michael lehnte entschieden ab, begründete seine Haltung mit Janns Selbstständigkeit und stellte kurzfristig eine Haushaltshilfe ein. Es war das erste Mal, dass er sich Heilmars Plänen entgegensetzte, seit er, soweit ich es beurteilen konnte, eine Seite seines Lebens zuschlug.

Wird eines Tages der Wind der Zeit über die Ränder der beiden

Erscheinungsbilder wehen, alle Unebenheiten einebnen und wieder ein relativ einheitliches Persönlichkeitsbild entstehen lassen?

Bliebe als letzter Rest nicht trotzdem der Zwang, Tiere ihrer Haut zu berauben mit dem Ziel oder auch unter dem Vorwand, bestimmte Krankheiten der Tiere in Relation zu ihrem Verhalten zu untersuchen? Langsam wuchs ein tiefes Schweigen über das Geschehen in der Musiktherapie.

Ich beschloss damals, die Vergangenheit aus dem Schleppnetz zu entlassen und vor allem den Mann zu vergessen, den ich für unangreifbar, aber für schuldig hielt.

Meine Endgültigkeit überraschte mich. Dicht hinter meinen Gedanken wimmelte es von Zweifeln. Zwischen Angst und Erleichterung und Erwartung setzte ich einen Zustand in Kraft, der meine Unruhe in der Ruhe auslöste, und ich staunte über meine Erleichterung und über die Unruhe in der scheinbaren Beruhigung.

Heilmar versuchte nie, mich wie Micha einem Rahmen anzupassen. Gerade er war es, der mich in meiner individuellen Eigenart akzeptierte, der meine Ziele bestärkte, die Micha kritisierte. Hätte ich einen Gesprächspartner wählen müssen, meine Entscheidung wäre auf Heilmar gefallen. Gut, ich erwartete nicht, was ich selbst zu leisten nicht imstande war.

Alles Menschliche ist unvollkommen. Vollkommenheit setzt völlige Emotionslosigkeit voraus. Menschliche Schwächen hätte ich sicher übersehen können, aber nicht dieses wissenschaftliche Ziel, das zu einer Katastrophe führte.

Langsam schlich sich die Erkenntnis in mein Denken, dass Liebe Mut voraussetzt.

Er wurde sehr bald auf die Probe gestellt.

Lieber Heilmar, botest du mir einen Rückzug ins Gespräch an, um dich über den neuen Stand der Ereignisse durch mein Wort zu informieren? So sei es. Muscher hält sich immer noch am Bier- oder Likörglas fest, den Luftzug seiner Umwelt im Nacken. Max hat Klaus längst verfehlt. Den Rückweg findet er nicht mehr.

Lorissa singt sich immer tiefer in ihre neue Welt, ohne Kraft und Mut zum Absprung aufzubringen, und "Fee" erhält nur die Bestätigung durch die Mutter am Leben.

Nunni, das impulsive Naturkind, ist depressiv. Wer hat Staunen und Verwunderung aus ihren Augen getilgt? Die Leere in ihrem Kopf an die Stelle ihrer chaotischen Ideen gesetzt? Du glaubst, das neue Medikament gegen Depressionen wird ihr helfen? Ist Nunni der erste Fall, an dem du oder deine Mitarbeiter es erproben werden?

Vogelanton entschädigen seine Spatzen. Freilich, Nino sollte dir dankbar sein. Er scheint ein großer Künstler zu werden, falls er überlebt.

Micha bleibt der größte Fisch in deinem Netz. Micha und ich? Ich und Micha und Ellen?

Ich tanze über einem Abgrund auf dem Seil. Hast du die Tiefe richtig bemessen?

Wusstest du denn nicht, dass deine Feinde immer noch der Opfer gedenken? Dass sie auch deinen Auftritt fordern? Mir ist, als wären wir bereits gemeinsam im Zirkus aufgetreten. Du bist ein Meister der Hohen Schule und hältst deinen Hengst am kurzen Zügel fest.

Du hast natürlich Recht. Niemand kann dir eine Nachlässigkeit nachweisen. Aber die "Macht genießt ein einzigartiges, nie dagewesenes Misstrauen". Man traut ihr alles zu. Wie konntest du hunderttausend Jahre, nachdem der homo sapiens auftrat, einer

Wissenschaft die Möglichkeit bieten, die Marionette zu beseelen? Dein Meisterstück beweist, wie gut du dein Handwerk verstehst.

Wie viele Puppen bevölkern unter deiner Regie schon die Bühne? Wolltest du das Menschenbild der Zukunft entwerfen? Den neuen austauschbaren Menschen schaffen?

Das Wort wird vervielfältigt, in Wiederaufbereitungsanlagen recycelt. Soll jetzt auch noch die Illusion von Kommunikation über das Wesen der Marionette hinwegtäuschen? Sie werden reden, deine Puppen, aber nichts zu sagen haben. Ihre Funktion besteht darin, Sprachrohr des Puppenspielers zu sein. Richtig! An Einsamkeit werden sie nicht leiden. Kommunikation rund um die Uhr bietet das Handy, vielleicht mit Internetanschluss, aber reden, Bilder ohne Hintergrund und Tiefe zerstören mitmenschliche Beziehungen.

Die leblose Bestie hast du natürlich nicht verschuldet, aber du leistest Vorschub.

Der Spiegelblick der Puppe wird täuschen. Ihre Aggressionen könnten sich in Zukunft wie zusammengedrückte Sprungfedern befreien. Ob natürliche, fließende Bewegung auch durch Grazie und Charme der Marionette ersetzt werden, wird die Zukunft beweisen.

Du hältst ihr Fernfühlen für fortschrittlich. Sie wird Liebe und Hass mit unsichtbaren Antennen, ohne körperliche Vermittlung aufnehmen, vielleicht die Meinung ihres Meisters wiedergeben. Seine Worte sollen wie Schnee in die Gedanken der Puppen fallen.

Aber du hast die neuen Zuschauer in diesem Marionettentheater vergessen!

Sagte ich nicht, mein Mut wurde auf eine Probe gestellt?

An einem schwülen Samstagabend verkündete mir Tante Grete das Urteil ihres Arztes. Abgenutzte Gelenke plagten sie, und ihre Bewegungsfreiheit war stark eingeschränkt. Ich riet ihr, nach Hause zu kommen.

Wer seinen individuellen Lebensstil pflegt, mit bestimmten Tätigkeiten und kleinen Gewohnheiten, wie Menschen, die allein leben, muss sich bei einem derartigen Angebot überwinden. Ich versprach Tante Grete, Pflege und Betreuung zu übernehmen, und sagte es, wie man eben etwas sagt, das keiner Überlegung bedarf, obwohl ich in diesem Augenblick meine Freiheit in Gefahr sah.

Unfrei ist nicht der, der sich der Liebe oder einer Idee unterwirft. Freiheit scheint gerade in dieser scheinbaren Unfreiheit zu liegen.

Wenn ich beim Wandern von oben die Stadt im Sonnenglanz liegen sah, erfüllte mich das Gefühl, frei zu sein. Jeder Aussichtspunkt des Lebens stellt die Spitze einer Pyramide dar, deren Basis nicht bestimmbar ist. Dieser Blick von oben ist es, der befreit.

Ich schämte mich, dass ich mich nicht längst um Tante Grete gekümmert hatte, dass ich sie so lange ihrem Geschick überließ, während ich zwar Vater und sie vermisste, aber frei zu sein glaubte, und ich schämte mich, weil ich mich nicht früher geschämt hatte.

Da Tante Grete aber erst im September zurückkommen wollte, legte ich meinen Reisetermin auf die Sommermonate. Damals ging es nicht mehr um ein Unterwegssein. Ich verurteilte mich selbst zu lange zur Rastlosigkeit. Die Zeit sollte nicht mehr farblos dahinfließen. Ich setzte klare Ziele, die ich nach meiner Rückkunft realisieren wollte. Es war ein Aufbruch, der die Rückkehr und meine neue Aufgabe mit einplante.

Für den Reisenden ist es wichtig, den Weg nach Hause zu kennen.

"Denke daran, dass du in das Land kommst, in dem zuerst die Menschlichkeit und die Wissenschaft entdeckt worden sind", sagt Plinius 100 n.Chr.

Die Harmonie der griechischen Klassik war es, die auch mich immer wieder anzog.

Eigentlich fing es schon im Flugzeug an. Sie saß mit ihrer Mutter neben mir und wagte es nicht, auf die Toilette zu gehen, obwohl der Airbus ruhig in der Luftströmung lag. "Wissen Sie, ich habe entsetzliche Angst vor dem Fliegen", sagte sie erklärend. Die Worte quollen ihr so ängstlich aus dem Mund, dass sie mich überzeugte. Dass sie diese Reise schon öfter plante und dann verschob, ergänzte die Mutter. Sie erzählte, dass die Tochter Künstlerin, Bildhauerin wäre und in Athen die klassischen Skulpturen studieren und sich in der griechischen Architektur orientieren wolle.

Muss sie wirklich diesen schrecklich grün-roten Hosenanzug tragen? fragte ich mich. Die Sekundärfarbe Grün entsteht aus der Mischung von Gelb und Blau, aber dieses Smaragdgrün der Hose kontrastierte so stark mit der zinnoberroten Jacke, die an luxuriöse Dekorationen erinnerte, dass es mir einen Schauer durch den Körper jagte. Dazu kam das Chromgelb des leichten Sommermantels, der an ihrem Sitz hing.

Van Gogh benützt ähnliche Töne, um menschliche Isolation auszudrücken, aber in dieser Dichte störten diese Farben so erheblich mein ästhetisches Empfinden, dass ich für Sekunden die Augen schloss, um die unangenehme Wirkung abzuwehren.

"Fee", wie sie die Mutter nannte, fürchtete nicht nur das Fliegen. Die Vorstellung von Seuchen, Krankheiten ließen sie fiebern, und sie horchte bereits am zweiten Reisetag ängstlich jede Regung ihres Körpers ab und schluckte allerlei Tabletten zum Zwecke der Vorbeugung. Da die Mutter mit aufdringlicher Stimme darüber sprach, verdrehte sich der vor mir sitzende Reisende den Hals, um die Betroffene genau zu sehen. Er warf zuerst lange sondierende Blicke auf sie, die sich eine Zeit lang im Leeren verloren, bevor er sagte: "Verwöhnende Erziehung! Überbehütung! Das sieht man ja immer noch." Dann versteckte er seinen geronnenen Ärger hinter Ironie. "Das Leben ist eben kein Supermarkt, in dem man alles kaufen kann, was man gerade haben möchte. Die Realität strengt verwöhnte Menschen an. Sie sind weltfremd."

Das Über-die-Schulter-Sprechen nahm seiner Rede fast den Ton, so dass mich viele Worte nur bruchstückartig erreichten.

"Was fällt ihnen ein! Angst hat doch nichts mit Verwöhnung zu tun", empörte sich die Gescholtene. Die Stimme der Mutter wurde so rau wie Sandpapier. Wut verbog die Konturen ihrer Worte. "Das ist eine Beleidigung. Meine Tochter wurde nicht überbehütet. Sie ist krank. Aber das verstehen so grobe, gefühllose Menschen wie sie nicht." Er wandte sich mit einer abwehrenden Handbewegung ab.

Am ersten Tag besichtigten wir die Stadt. Die Geografen setzen Athen unter den 53ten Längen- und den 38ten Breitengrad. Sie steht unter der 300 Meter langen und 120 Meter breiten Akropolis.

Die weißen Häuser warfen die Sonnenhitze zurück. Es war nicht meine erste Griechenlandreise, aber die ständig wachsende Großstadt hatte ihr Gesicht verändert, dass ich es kaum wiedererkannte.

Wir fuhren mit dem Bus in die Altstadt mit der Agora. Zwischen der Akropolis am Nordhang und dem Gebirgsrücken des

Hymettos liegt die neue Stadt des Kaisers Hadrian. Unsere Reiseführerin erklärte alle geschichtlichen Zusammenhänge sehr genau, und "Fee" beteiligte sich sehr interessiert an allen Führungen. Aber nie sah ich die Dame - sie mochte in den dreißiger Jahren stehen - ohne die Mutter.

Ein Dia zeigt die beiden Frauen zwischen den Säulen der Akropolis, dort wo der riesige Zeus-Tempel, der Höhepunkt dorischer Bauordnung, auftaucht.

An den von Kalikrates entworfenen Nike-Tempel sah ich "Fee" den Fries betrachten, während die Mutter wartend von einem Fuß auf den anderen trat. Da ich mir die Gipsabdrücke der Figuren der Korenhalle ansehen wollte, deren Originalen ich im Britischen Museum begegnet war, verlor ich beide aus dem Blickfeld.

Die Reiseleitung fragte mich später aufgeregt nach ihnen. Man hatte sie zuletzt am Erechtheon gesehen. Die Schwester einer karitativen Einrichtung, die jedem Reiseteilnehmer einen kunstvoll gebastelten Anhänger ansteckte, half den Verirrten später, die Gruppe wiederzufinden. Seit sie in Rente sei, erzählte sie, wäre sie von November bis Weihnachten mit Basteln und dem Verpacken kleiner Geschenke an Bekannte und Verwandte beschäftigt, aber nach Weihnachten begänne sofort das Basteln der Reiseanhänger. Einen Tag vor Reisebeginn hätte sie den letzten Anhänger fertiggestellt. Das sei ihre besondere Freude. Ein nachsichtiges Lächeln der Reisenden quittierte den Bericht. "Fee", einem Nervenzusammenbruch nahe, geleitete ein junges Paar mit der Schwester zum Bus.

Es gibt keine Reise, bei der ich nicht einen alten Friedhof besucht hätte, um die Sarkophage zu bewundern. Die Griechen begruben ihre Toten außerhalb der Stadt, und ich fragte "Fee", ob sie nicht Interesse an den Reliefen großer Meister hätte. Der

Kunstführer nennt das Grabrelief der Priesterinnen, Familiengräber mit dekorativen Palmetten und Rosetten und Relieffragmente mit archaischen Plastiken, Jünglingsköpfe aus der Zeit 460 v. Chr.

Eigentlich glaubte ich ihre ablehnende Antwort zu kennen, aber Vorurteile greifen Teilaspekte heraus, übertreiben sie, lassen andere unberücksichtigt, verweigern sich dem logischen Denken. Ich wollte mich mit meiner Frage selbst widerlegen, aber "Fee" bestätigte mein Vorurteil. Frauen sollten im Ausland besser bei der Gruppe bleiben, begründete die Mutter die Ablehnung für die Tochter. Es war etwas in ihrer Erscheinung, das Interesse und Neugierde demonstrierte, ihre Neigung des Kopfes, die erwartungsvolle Stellung der Füße, aber die Argumente der Mutter schienen beweiskräftig genug, um die Zusage zu verweigern. Vermutlich hatte diese schon in früherer Zeit die Entscheidung an sich gerissen und der Tochter keine Entscheidungsfreiheit gelassen.

Ich genoss an diesem Nachmittag die Meisterwerke der Grabkunst allein.

Das Nationalmuseum besuchte "Fee" nicht mehr mit der Gruppe. Poseidon, das Relief der Nymphen und den Blitze schleudernden Zeus aus Bronze hätten sie sicher interessiert. Eigentlich wollte sie Harmonie durch Ausgleich studieren. Durch Ausgleich von Ruhe und Bewegung, Anpassung und Lockerung, Würde und Lebendigkeit, die Harmonie der Kontrapoststellung, in der das Geheimnis der klassischen griechischen Kunst liegt. Aber ein Reiseteilnehmer erzählte, dass der Reiseleiter der parallelen Gruppe an Malaria erkrankt sei. Diese Botschaft reichte für den Abbruch der Reise. Während die Mutter sich mit Hilfe des Hotels um das Umschreiben des Flugtickets bemühte, besuchten wir das Akropolis-Museum, um Prometheus mit dem Dreizack zu bewundern, der im Meer versank und später am Kap Arte Mision geboren wurde.

Vom Reiseleiter erfuhren wir, dass Mutter und Tochter bereits dreimal gebucht hatten und zurückgetreten waren.

Den Familiennamen glaubte ich bereits gehört oder gelesen zu haben! Liselotte Sattler. Als ich am Abend ihren Flugschein sah, wusste ich es. Der Name stand auf der Gedenktafel. "Fee" hatte man mit dieser Information sicher verschont. Da sie in ein anderes Bundesland reiste, musste es sich um ein Opfer des dritten Therapiezentrums handeln.

Einen Spezialisten hätte sie ihrer Angst wegen aufgesucht, aber die Tabletten wären erfolglos geblieben, sagte sie.

Nur Heilmar hätte das Rätsel lösen können, aber ich vermied jeden weiteren Kontakt.

Aus einer wissenschaftlichen Fachzeitschrift erfuhr ich später, dass er neurotische Verhaltensweisen in Relation zum Intelligenzquotienten untersucht hatte und zu bemerkenswerten Ergebnissen gekommen war.

Die beiden Damen reisten noch am gleichen Tag ab.

Wir wanderten zur Quelle des Arethusa. Die Nymphe verwandelte sich, um der Verfolgung durch den Gott zu entgehen, der zum größten Fluss des Peloponnes wurde und bei Olympia das Meer erreicht.

Damals sah man in den Nymphen bereits Symbole der männlich erotischen Wünsche.

Nino schien nicht nur eine verlängerte Pubertät zu durchleben.

Kinder spielten in dem fast ausgetrockneten Fluss. Das übriggebliebene Wasser bildete kleine Tümpel. Sie wirbelten den Schlamm auf, dass er auf die heißen Steine spritzte. Wir legten eine Pause ein und aßen Brot, Tomaten und in Öl getränkten Schafskäse.

Unterwegs passiert oft so viel, dass der Reisende seine Eindrücke selektieren muss. Nicht nur der Alltag, auch eine Reise ist von zufälligen Begegnungen geprägt. Der immer sehr sorgfältig gekleidete Herr, der im Flugzeug "Fee" Verwöhnung vorwarf, später der ganzen Reisegruppe durch ständig unangebrachte Kritik und Nörgelei auffiel, war es, der auf das "lächerliche Geraune" der beiden jungen Männer aufmerksam machte.

"Hoffentlich haben sie ihren Schafskäse vorher weihen lassen", sagte er provozierend, weil die beiden ein kurzes Tischgebet sprachen, und sein Lippenbärtchen hüpfte mit jeder Bewegung auf und ab.

"Sie haben wohl ihre schlechte Laune mit nach Griechenland genommen?", konterte der Angegriffene. "Wer den Himmel nicht in sich trägt, sucht ihn auf Reisen umsonst." Sein mechanisches Auge ließ sich nicht beirren. Er sperrte die beiden wie so vieles in seinen Fotoapparat, um sie zu Hause auf die Leinwand zu bannen.

Die Insel besuchten wir mit dem Schiff. Nach einer Wanderung unterhalb der Terrassen, die in Gold und Ocker vor uns lagen, mit dem Blick auf den hellen blauen Himmel und das tiefgrüne Meer, bestaunten wir vom Caldera von Santorin das Kykladen-Panorama. Auch die beiden jungen Männer sahen gebannt auf die zauberhafte Landschaft, die Licht und Meer schaffen. Mitten in meine Überlegungen hinein ertönte plötzlich ein Halleluja mit einem Jodler. Die beiden Männerstimmen vereinigten sich in einem Lobgesang. Hölderlin fiel mir ein:
"Und staunend hört ich oft die Wasser gehn
Und sah die Sonne glühn und sich an ihr
Den Jugendtag der stillen Erd entzünden."
Der Dichter spricht die vier Elemente an.
Liebe bringt sie in Einklang, schafft Harmonie. Hass dagegen

bringt sie in Verwirrung und schafft das Chaos. Diese Inseln sind tatsächlich aus Feuer, Erde, Luft und Wasser entstanden. Wo könnte man die Kraft des Feuers besser spüren als auf einer Vulkaninsel? Die schwarzen zerklüfteten Feuerberge kontrastierten mit dem hellen Licht und standen im Widerspruch zu den weißen Häuserwürfeln und dem stahlblauen Meer. Man fühlte die Spannung zwischen diesen Elementen deutlich. Wohin wir auch sahen, die Sonnenglut, das wogende Meer und die steinige Erde in der klaren Luft.

Trotz der Spötteleien der anderen Reiseteilnehmer jubelten beide weiter. Die abwehrende Geste des Nörglers wurde wild und zerstörerisch, aber die Sänger und Jodler ließen sich nicht ablenken. Sie erinnerten mich an meine eigene Jugendgruppe. Auch Micha dachte wie dieser junge Mann, bevor er sich selbst verfehlte, bevor er sein Gesicht wechselte.

Bei den Worten und dem Lobgesang des Behinderten brach etwas in mein Denken ein, das mich noch sehr lange beschäftigte.

Die Versuchung, diese Minenfelder wieder zu betreten, war groß, aber mein Vorsatz hatte sie entschärft.

Dass einem der jungen Männer nur ein leerer Hemdsärmel über die Schulter hing, fiel mir erst auf, als er jodelte und sang. "Bedanken sie sich bei dem, obwohl er ihnen nur einen Arm zugesteht?", fing der "Motzer" wieder an. So nannte ihn die Reisegruppe inzwischen. Man rügte ihn seiner Taktlosigkeit, und er fügte entschuldigend hinzu: "An ihre Behinderung wollte ich sie nicht erinnern, aber ich finde es halt komisch, dass sie sich auch noch bedanken. Die Funktionsfähigkeit der Glieder gehörte doch zum Mindestanspruch eines Menschen."

Er gehörte zu den Menschen, die nur mit ihrem eigenen Leben in Berührung kommen und daher andere Denkweisen nicht verstehen können.

"Meine Behinderung ist eine Tatsache. Da bedarf es keiner Erinnerung. Einen Mindestanspruch gibt es nicht. Alles geht viel langsamer und vieles nicht ohne die Hilfe meiner Freunde, aber man lernt Zeit zu haben; Zeit für alles und für jeden. Geld haben ist nicht wichtig, aber dafür für jeden ein gutes Wort." Was der "Motzer" sofort als "Geschwätz" bezeichnete. Er wurde geradezu aufdringlich, schwenkte seinen Kopf, dass das Lippenbärtchen hin und her wippte. Seine Augen nahmen einen listigen Ausdruck an. "Kein Geld", er lachte das Wort Geld so heftig, dass er einen Hustenanfall abwehren musste. "Und was die großen Reisen betrifft...?" "Viel betrifft mich nicht. Aber ich genieße das Mögliche", sagte er bescheiden.

"Wer die Welt nur begrenzt auf Reisen erleben kann, ist umso genauer über sie unterrichtet. Dafür sorgen nicht nur die Medien."

Der Rückflug verlief problemlos. Es brach keine Seuche aus, und es wurde kein Reiseteilnehmer krank, wie Liselotte Sattler gefürchtet hatte.

Da ich das Auto nicht so lange auf einem öffentlichen Parkplatz abstellen wollte, fuhr ich vom Flughafen mit der Eisenbahn zurück nach Hause.

Wie sich die Hügel hinziehen mit ihren Namen, die wir ihnen gaben! dachte ich. Die "steinerne Stadt", wie wir die Felsen scherzhaft nannten, lud zum Wandern ein. Im Herbst leuchtet in dieser Gegend der Mischwald zitronengelb, ocker und glühend rot, wenn die Sonne im Zenit steht.

Ich werde Tante Grete im Rollstuhl mitnehmen, nahm ich mir vor. Sie liebte das bunte Laub und im Frühling die leuchtend gelben Raps- und Löwenzahnfelder wie ich.

"Die Zeit mit den Kindern war schön, aber jetzt komme ich gerne wieder heim", sagte sie.

Heimat muss nicht unser Geburtsland sein. Sie ist vielmehr ein vertrauter Ort, eine Landschaft, in der wir uns wohlfühlen, die wir uns vertraut gemacht haben, in der Menschen leben, die wir lieben.

Zuhause rief ich Tante Grete an, teilte ihr meine Ankunft mit und versprach ihr, sie am folgenden Tag abzuholen. Ich putzte ihre Wohnung. Die warme Luft strömte durch die großen Fenster, und die Sonne heizte die so lange leerstehenden Räume auf. Der Herbstblumenstrauß ließ sie freundlich und warm erscheinen. "Wenn ich Blumen sehe, weiß ich, dass ich willkommen bin", sagte sie immer, wenn sie jemand einlud. Ich hatte sie in dem vom Gewitter etwas zerworfenen Garten gepflückt, durch den der Kater gerade streunte.

In meiner Wohnung ordnete ich die frische Heide, die ich beim letzten Besuch von meiner kleinen moorigen Insel mitbrachte und noch nicht in die großen und kleinen Vasen und Krüge verteilte. Sie kontrastierte mit einem Feldblumenstrauß auf dem Tisch. Eine Amsel sang in der vom Dunkel gefällten Tanne den Abend ein.

BELLETRISTIK AUS DEM ARTE FACTUM VERLAG

UND SO HAT MAN GELEBT ...

Erinnerungen eines Donauschwaben, von Franz Schweitzer

Franz Schweitzer erzählt in seinem einzigen Buch rückblickend fast 80 Jahre seines Lebens: seine harte, von Arbeit gezeichnete Kindheit, seine Erblindung als Folge einer Granatenexplosion im 2. Weltkrieg, die Vertreibung aus der Heimat Apatin, dort wo die Drau in die Donau fließt, und den harten Aufbau einer Existenz als Bürstenmacher.

Die Schicksalsschilderung von Franz Schweitzer ist eine dramatische Biographie. Wer Schicksale unseres Jahrhunderts verstehen will, muß dieses Buch lesen. Er selbst aufs Härteste betroffen, kannte keinen Haß und half denen, die in Jugoslawien in Not geraten sind. *203 Seiten, ISBN 3-923326-52-1*

FÜR'S LEBEN GEDACHT

Aus dem literarischen Nachlaß des Münchner Philosophen Otto Siegfried Diehl

Otto Siegfried Diehl zeigt in einer Auswahl von Tagebuchaufzeichnungen, Gedichten, Fabeln und Sinnsprüchen sowie Sonetten dramatisch das, was sich zur Zeit abspielt. Er spürt dem Verfall nach, welchem unsere Zivilisation entgegengeht. Seine Texte sind Spiegelbilder eines Menschen, der mit dem Menschen für die Menschen kämpft und um die Menschen leidet, es sind geistig rein destillierte Herzensergüsse, voll des tiefsten Idealismus. Jeder, dem das Weltgeschehen am Herzen liegt, kann die Einmaligkeit dieses Buches nachempfinden. *120 Seiten, ISBN 3-923326-51-3*

NIMM DIR DEIN LEBEN, DENN SIE GEBEN ES DIR ...

Ein Roman, den das Leben geschrieben hat, von Christa Piper

Die Verfasserin, Malerin und Schriftstellerin hatte ein Straßenbahnerlebnis, das sie sehr bedrängte und ihr keine Ruhe mehr ließ. Eines Abends bemerkte sie auf einem Straßenbahntisch den von Kindern gekritzelten Satz: "Nimm Dir Dein Leben, denn sie geben es Dir doch nicht!".

Die Autorin begann, sich mit Problemen von Jugendlichen auseinanderzusetzen. Sie verteilte Fragebögen in Schulen verschiedener Richtungen. Bei der Auswertung machte sie merkwürdige Erfahrungen. Sie unterhielt sich mit Jugendlichen, und es entstand schließlich ein allgemeines Bedürfnis, mit ihnen ein Buch zu schreiben. *120 Seiten, ISBN 3-923326-72-6*

... TROTZDEM CHRISTINE

Ein Roman von Christa Piper

Die Autorin hat hier Erfahrungen verarbeitet, die sie in einer Großstadt in der Beratungsstelle für Frauen sammelte. Mit Worten und Bildern sucht Christa Piper in ihrem Buch der Wirklichkeit auf die Spur zu kommen. "Neue Bücherei" schreibt dazu: "Modern in Thematik, Diktion und optischen Effekten, zeitlos in der bestechenden Schlichtheit von Wort- und Gegenstandswahl, sind sie ebenso Ausdruck der Lebensgefühle unserer Epoche wie ein Dokument unveränderlicher Positionen im Verhältnis vom Ich zum Du ... Christa Piper ist zweifellos eine ernstzunehmende Doppelbegabung." *180 Seiten, ISBN 3-923326-73-4*

SAATGUT

Leben und Resümee von Wolfgang Waag

"Jeder ist ein Kind seiner Zeit, der er nicht entfliehen kann", so beginnt Wolfgang Waag Resümee zu ziehen über 80 Jahre Leben im 20. Jahrhundert. Zwei Jahre vor dem 1. Weltkrieg, 1912, im sächsischen Vogtland geboren, erlebte Wolfgang Waag das Deutsche Kaiserreich, die Weimarer Republik, den Nationalsozialismus und Zweiten Weltkrieg, den sowjetischen Sozialismus und schließlich die erneuerte Demokratie der Bundesrepublik Deutschland.

Aus den Erfahrungen werden im Rückblick und Ausblick Folgerungen gezogen und Gedanken entwickelt, wie die Menschen künftig in Frieden und Freiheit leben können. *160 Seiten, ISBN 3-923326-53-X*

DIE WOLKE UND DER REGENBOGEN

Ein Roman von Christa Piper

Christa Piper, die sich als Malerin wie auch als Schriftstellerin über den Frankfurter Raum hinaus einen ernstzunehmenden Ruf erarbeitet hat, legt nun eine moderne Interpretation unserer Epoche vor. Zeitlos in der bestechenden Schlichtheit ihrer Wortwahl führt sie den Leser zum Kern der Geschichte: dem Gleichnis von der Dunkelheit und Problematik, das schon das Wunder des Regenbogens in sich trägt. In ihren Figuren mit den ausgeprägten Charakteren hat die Sozialpädagogin aus der Mainmetropole ihre Erfahrungen aus einer Beratungsstelle in der Großstadt mit einfließen lassen und spannungsreich deren Beziehungen miteinander verwoben. *154 Seiten, ISBN 3-923326-74-2*

ARTE FACTUM VERLAGSGESELLSCHAFT ♦ NÜRNBERG